Elke Werry

16 : 9

Fürs Fernsehen in die Ferne

Reportagen vom Filmemachen

Elke Werry

16 : 9

Fürs Fernsehen in die Ferne

Reportagen vom Filmemachen

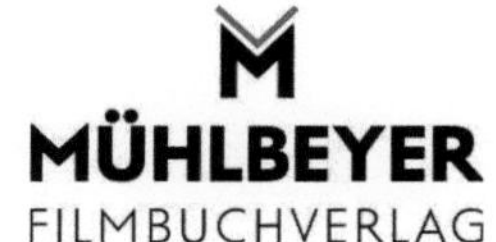

Bibliografische Information der Deutschen Nationalbibliothek:

Die Deutsche Nationalbibliothek verzeichnet diese Publikation in der Deutschen Nationalbibliografie; detaillierte bibliografische Daten sind im Internet über http://dnb.d-nb.de abrufbar.

Inh. Harald Mühlbeyer
Frankenstraße 21a
67227 Frankenthal
www.muehlbeyer-verlag.de

Lektorat, Layout: Harald Mühlbeyer

Umschlagbild: © Elke Werry

Umschlaggestaltung: Steven Löttgers, Löttgers-Design Birkenheide / Harald Mühlbeyer

Bildrechte: Alle Abbildungen © Elke Werry

ISBN: 978-3-945378-45-8

Druck: BoD, Norderstedt
Printed in Germany

Inhalt

Prolog: Dokumentarische Landschaften

»Wohin fährst du?«

»Nach China.«

»Was machst du denn da?«

»Bilder pflücken.«

Marco Polo reiste 1266 nach Peking, ich leider erst 1987. Ich war mit einem Team und einer Filmkamera unterwegs, ließ mich als Langnase begaffen und aß mich durch fremde kulinarische Spezialitäten. Ich benutzte türlose Toiletten und beobachtete ein Land auf dem Weg in die Moderne. China galt damals noch als ziemlich exotisches Reiseziel, über das es kaum Bilder gab.

Diese filmische Reise ins Reich der Mitte war eines der ersten Projekte, die mich in die weite Welt führten. Meine Dokumentarfilme, die folgten, brachten mich zu vielen unbekannten Zielen und zu Leuten, denen ich wahrscheinlich nie begegnet wäre. Ich habe Reisbauern auf den Philippinen porträtiert, Hirten im Pamirgebirge von Tadschikistan, Fischer am Mekong, Flusskapitäne in Laos oder Bananenbauern in Ecuador. Bei manchen Filmen bin ich Religionen näher gekommen, habe Muslime in Tunis, Samarkand oder Tansania aufgenommen, Mystiker in Zentralasien oder Besessene in Nepal. Ich durfte Archäologen oder Klimaexperten bei ihrer Arbeit beobachten, feierte tagelang mit marokkanischen Marabus oder fastete mit Koranschülern während des Ramadan. All diese Leute ließen mich an ihrem Alltag teilhaben und in ihrer Lebensgeschichte herumstöbern. Manchmal erzählten sie die unglaublichsten Geschichten, die in den Filmen gar keinen Platz gefunden haben. Von jedem Einzelnen habe ich eine Menge gelernt und bin dafür sehr dankbar.

Oft bin ich gefragt worden, wie es bei mir angefangen hat mit der Filmerei. Diese Frage ist einfach zu beantworten: Ich bin neugierig und naseweis. Außerdem finde ich es spannend, mich in fremde Lebenswelten hinein zu denken. Schon als Kind liebte ich Geschichten aus ferner Fremde und interessierte mich für alles Abenteuerliche und Unbekannte. Als kleines Mädchen schaute ich heimlich bei anderen Leuten in die Badezimmerschränkchen. Ich wollte wissen, womit sie ihre Haut eincremen, ihre Fingernägel schneiden, wie ihre Parfums riechen und welche Pillen sie nehmen. Fremde Orte, Religionen, Gebräuche kennen lernen, unbekannte Gerüche und Töne spüren, ungewohnte Speisen probieren, das kam später. Mich begannen Menschen zu interessieren, die ein anderes Leben führten als ich, ich wollte sie beobachten, sie kennen lernen, ihnen nahe sein und über sie berichten.

Über diese Neugier und die Lust, Fremdes zu entdecken und andere dafür zu begeistern, erzählt dieses Buch. Es ist ein Erinnerungsbuch. Meine Filmgeschichten und Reportagen beschreiben eine Auswahl aus Orten und Plätzen, an denen ich gedreht habe. Die meisten liegen jenseits der üblichen Reiserouten und viele haben sich inzwischen stark verändert, zum Beispiel die chinesische Insel Hainan, die ich noch vor dem Touristenboom erlebt habe. Andere Geschichten handeln von historisch oder archäologisch bedeutenden Orten, die kaum jemand kennt, darunter von der Unesco nominierte Weltkulturerbestätten wie Merw in Turkmenistan oder das Orchon-Tal in der Mongolei. Vor allem aber geht es um Begegnungen. Mit Menschen, die in den Dokumentarfilmen eine Rolle gespielt haben, oder anderen, die bei den Filmprojekten im Team dabei waren. Wichtig sind mir auch Momentaufnahmen am Rande, zum Beispiel am Abend mit dem Team übermüdet am Kneipentisch zu sitzen, den Drehtag nochmal zu besprechen und zu merken, dass das gemeinsame Erinnern genau so viel Spaß macht wie das Drehen selbst.

Das Abenteuer des Filmemachens beginnt damit, dass man sehen lernt. Mein Blickwinkel auf die Welt war 16:9, und deshalb heißt auch dieses Buch so. 16:9 bezeichnet bei Filmbildern das Seitenverhältnis von Bildbreite zu Höhe. Es ist ein weltweit gültiges Breitbildformat, das ein intensiveres Sehen am Fernsehbildschirm verspricht. Und das vor allem unseren natürlichen Sehgewohnheiten des Auges ähnelt.

Bei den meisten Projekten, die in diesem Buch beschrieben sind, war ich als Autorin oder Produzentin unterwegs, bei anderen als Kamerafrau. So gut wie alle waren Komplettproduktionen, meist für Fernsehanstalten. Konkret bedeutet das, dass der ganze Produktionsprozess von der Idee bis zur Abgabe begleitet wird, das heißt, die Filme werden nach den Dreharbeiten »sendefertig« an die Fernsehanstalten geliefert, fertig geschnitten und betextet, mit komponierter Musik und Profisprechern vertont und gemischt. All das konnte nur durch ein Team zustande kommen. Das waren in meinem Fall glücklicherweise nicht nur Kameraleute, Tonspezialisten, Cutter und Musiker, die ihren Job beherrschen, sondern Kollegen, mit denen ich mich auch privat gut verstanden habe und bis heute befreundet bin. Es waren Leute, die sogar unter Stress gute Laune verbreiteten und manchen schwierigen Dreh durch kreative Einfälle gerettet haben.

Ich habe jetzt dreißig beglückende und bereichernde Filmreisejahre hinter mir und hoffentlich noch ein paar vor mir. Ich begann in einer Zeit fürs Fernsehen zu arbeiten, da gab es noch keinerlei private Kanäle. Damals war das Fernsehen noch ein Leitmedium, Zuschauerquoten interessierten niemanden. Der Hunger nach Bildern aus der Welt war groß, und meine Geschichten spiegeln eine Epoche, in der es filmisch noch einiges zu Entdecken gab. Deshalb ist dies auch ein nostalgischer Text, der von etwas berichtet, das es so nicht mehr gibt.

Das Buch erzählt neben dem Making of-Aspekt auch und vor allem vom Reisen. Das Angenehmste bei Drehreisen ist für mich, dass ich einen echten Grund habe, unterwegs zu sein. Und noch etwas kommt dazu: Ich muss das, was ich sehe, bewerten, filtern, aussortieren, um es dann umzusetzen für ein Publikum. Die Wirklichkeit scharf stellen und rahmen. Deshalb genügt es natürlich nicht, einen Ort »interessant«, »schön«, »krass« oder »langweilig« zu finden. Es hilft auch nicht, Episoden oder Assoziationsschnipsel aneinander zu stricken wie Socken. Man braucht eine Geschichte, einen roten Faden und gute Helden. Bilder und Töne, die vor Ort ungedreht bleiben, darf man bedauern. Aber man muss sich spätestens nach den Dreharbeiten von ihnen verabschieden. Das ist schmerzhaft. Tut man das nicht, verwässert dies das Projekt oder man wird nie fertig damit. Meine Arbeit erscheint vielen als »Traumberuf«, bunt, prall, exotisch. Aber streckenweise ist dieser kreative Prozess auch einfach nur langweilig, besteht aus einer Ansammlung von Flugkilometern, aus fremden Wörtern und Gesten, aus Beobachten, Geduld und Warten. Vor allem aus Warten. Auf Programmkonferenzen, in denen ein Themenvorschlag oder eine Projektfinanzierung entschieden werden soll, auf Drehgenehmigungen, besseres Wetter oder richtiges Licht. Auf die Ereignisse und Leute, mit denen ich filmen will, oder auf die nächsten Abschlagszahlungen, um weiter zu drehen oder zu schneiden.

Die wenigsten Zuschauer ahnen, wie anstrengend es sein kann, einen Film fertig zu machen. Von einer Drehreise kann man ausgebrannt oder sogar krank wieder zurückkommen. Zum Glück ist mir das noch nicht passiert, denn beim Filmemachen geht die Arbeit an diesem Punkt weiter – oder, je nach dem, gerade erst richtig los. Manchmal verliert man auch sein Thema aus den Augen und muss ertragen, dass sich Geschichten nicht so »herbeizaubern« oder zurechtbiegen lassen, wie man es sich gewünscht hat. Denn im Gegensatz zu fiktionalen Projekten ist die Regiearbeit bei Dokumentarfilmen nur bis zu einem bestimmten Punkt planbar. Dann sollte man den Mut aufbringen, die Geschichten einfach »laufen zu lassen«.

Um es gleich vorweg zu nehmen: Es gibt kein Standardrezept für einen guten Dokumentarfilm. Es existiert auch kein Patent für ein direktes Eintauchen in die Dramaturgie. Das Aroma spannender Geschichten braucht viele Zutaten, und die Qualität eines Filmes macht aus, was davon bleibt, wenn er zu Ende ist. Ob er gelingt, hängt zum großen Teil von den Personen ab, die darin porträtiert werden.

Erstaunlicherweise ist das reale Erscheinungsbild der Protagonisten keine Garantie für einen akzeptablen Film. Viele Leute denken ziemlich lange darüber nach, was sie gut aussehen lässt. Aber manch smarter Porträtpartner macht vor der Kamera eine schlechte Figur. Andere können keinen Satz zu Ende bringen oder wirken steif wie ein Brett, da lässt sich mit der besten Regiearbeit nichts ausrichten.

Unbeschreiblich ist das euphorische Gefühl, das sich beim Filmemachen einstellt, wenn Szenen auf Anhieb funktionieren. Wenn man spürt, dass man das »richtige Gegenüber« und die richtigen Protagonisten für sein Projekt gefunden hat. Wenn die Gefilmten die Kamera vergessen und mit ihrem ganzen Körper zu reden beginnen. Manchmal sind das auch Leute, die schwarze Fingernägel oder den Geruch nach Erde und Lebendigkeit mitbringen. Oder witzig und spontan reagieren, wie ein vietnamesischer Reisbauer, der noch nie vor einer Kamera gestanden hat und auf die lapidare Frage, wie seine Reisernte dieses Mal ausgefallen sei, antwortet: »Mir geht es besser als denen, denen es schlechter geht«.

Zahlreiche kluge Bücher sind über den dokumentarischen Umgang mit Filmfigur und Stoff geschrieben worden, aber letztlich geht es immer um ein realistisches Setting. Und darum, für seinen Film glaubwürdige Personen zu finden, die auch der Betrachter des fertigen Filmes überzeugend findet und über die er mehr erfahren will. Einen Dokumentarfilm zu machen, bedeutet schließlich jedes Mal so eine Art Rückeroberung des Mediums aus dem realen Lebensraum. Dieses Abenteuer birgt hohen Suchtcharakter. Wir sind dabei nicht nur Chronisten, sondern eine Art Bilderjunkies, moderne Jäger und Sammler, die mit Kameras und Mikrofonen auf Beutefang ziehen. Auch der Versuch, die Leute dazu zu bringen, das, was sie uns bei der Recherche vorher schon persönlich anvertraut haben, noch einmal vor der Kamera zu sagen, kostet Zeit und Ressourcen. Viele Gigabyte Material, nach dem Motto »es wird dann schon das Richtige dabei sein«, machen aber nicht nur dem Cutter unnötigen Stress, sondern führen bisweilen auch zu frustrierenden Ergebnissen. »Überdreht« heißt das dann, ein Fehler, der häufig gemacht wird, aus Angst, sich bereits während der Dreharbeiten entscheiden zu müssen. Zum Glück habe ich diesen Job noch mit richtigem Filmmaterial gelernt. Ein Rohstoff, mit dem man sparsam umgehen muss, weil er so teuer ist. Sündhaft teuer, vor allem 35mm-Film. Hohe Drehverhältnisse, also ein hoher Verbrauch an Filmrollen, bläute man mir schon von Anfang an aus. Es ist gut, gelernt zu haben, wann eine Aufnahme »im Kasten« ist, trotz Videobändern, Speicherchip-Karten und Digitaltechnik.

Die Ergebnisse vieler Filmaufnahmen habe ich beim 35- oder 16mm-Filmemachen oft erst Wochen nach der Rückreise gesehen, nämlich dann, wenn das Bildmaterial entwickelt aus dem Kopierwerk zurückkam. Schwer vorstellbar, wie aufregend damals das erste Muster-Gucken war.

Heute ist nicht nur das Filmmaterial, auch das Fernsehmedium fast schon Geschichte. Fast. Die manisch visuelle Beredsamkeit unserer Zeit verlagert sich in rasendem Tempo auf andere Medien. Bewegtbildproduktion ist für Menschen unter 30 inzwischen eine alltägliche Kulturtechnik, die jeder beherrschen kann. Dass dabei

Qualitätskriterien auf der Strecke bleiben können, schadet nicht, wenn »user« auf allen möglichen Plattformen ihre Filmchen präsentieren, Dilettantismus wird zum Look erklärt. Bewegtbilder werden heute anders konsumiert, und es hilft auch nicht weiter, darüber zu jammern, dass sich der Dokumentarfilm verändert hat, nicht nur auf der Seite der Technik, die leichter, wendiger und digitaler geworden ist, sondern vor allem bei den Inhalten. Deshalb kann man sich lange darüber streiten, was heute eigentlich noch ein Dokumentarfilm ist. Es gibt keine klaren Dogmen mehr. Und weniger cineastische Schönheit. Es geht auch nicht mehr um Wahrheit, 24mal in der Sekunde. Das Genre erzählt wie eh und je aus dem Leben, aber es hat neben klassischen Formen jede Menge Hybridformen entwickelt, die sich »dokumentarisch« nennen, es aber kaum mehr sind. Sie heißen Doku-Dramen, Doku-Fiction, Doku-Soaps, oder Scripted Reality, eine Gattung, die vorgibt, ein »Drehbuch zur Wirklichkeit« zu schreiben. Heraus kommt dabei mehr Unterhaltung als Botschaft. Dazu gehört auch der verschärfte Einsatz von technischen Raffinessen, die längst nicht mehr nur Spielfilmteams beherrschen. Viele dieser Filme sind gut gemacht, aber gelogen. Auf der Suche nach dem größeren Publikum hat sich die Bandbreite und die Machart der nicht-fiktionalen Filme enorm verändert. Die kleine Welt dieser Medien und speziell der Bereich, in dem ich bin, ist größer geworden. Es gibt einige, die das bitter bedauern.

Wir klassischen Dokumentaristen neigen ja leider dazu, die Welt erklären zu wollen. Wir produzieren eher Krisenkino als Traumfabrik. Wie man sich dabei anstellt, dass das Publikum nicht gähnen muss, wie man mit der »Wirklichkeit« und seinen Protagonisten umgeht, ist ein nicht ganz unwichtiges Thema, das jeder, der solche Filme macht, für sich beantworten muss. Manche reden sich um Kopf und Kragen, bei dem Versuch, zu rechtfertigen, was heute erlaubt ist und filmisch »funktioniert«. Das fängt damit an, ob man seine Protagonisten wie Schauspieler behandelt, wie oft man Einstellungen wiederholen lässt, wenn einem das Bild nicht gefällt, wie man fehlende Szenen faked. Oder in der Postproduktion ein wenig nachhilft, wenn der Himmel zu grau aussieht. Manche brauchen eben immer Morgenrot, auch wenn es keines gibt.

Wer Dokumentarfilme macht, filmt zwangsläufig eine wie auch immer geartete Wirklichkeit ab. Dass der Filmemacher gleichzeitig seine eigene subjektive Haltung und Einstellung zum Thema ausdrückt, ist eine Banalität, mit der jeder konfrontiert ist. Das betrifft nicht nur die Dramaturgie oder die Kadrage der Bilder. Das fängt schon bei den Fragen an. Jeder kann seine Fragen so stellen, dass er garantiert die erwarteten Antworten bekommt. Es ist möglich, O-Töne von Gesprächspartnern während der Dreharbeiten oder im Schnitt so zu bearbeiten, bis sie werden, wie der Autor sie hören möchte. Man kann Handlungen inszenieren, die in Wirklichkeit nie statt finden. Fake, Fake, Fake ist kein Tabu mehr. Der Bearbeitung der Realität sind kaum Grenzen gesetzt, denn seit Langem ist der Dokumentarfilm nicht mehr an den strengen Wirklichkeitsbezug gebunden. Er hat sich im letzten Jahrzehnt mehr und mehr vom realistischen Anspruch entfernt, ist erfinderischer und subjektiver geworden. Auch deshalb, weil schon fast alles durch den medialen Fleischwolf gedreht wurde und sich das Sehverhalten der Zuschauer permanent verändert.

Bei all meinen Filmen ist es mir wichtig, eine Balance zwischen Nähe und Distanz zum Thema zu halten. Ich will nicht zu viel im Hotel sein, lieber bei den Menschen vor Ort. Ihnen nahe zu sein, heißt für mich, dass auch ich mein Essen mit den Händen esse, wenn sie das tun. Ich habe mit zugekniffenen Geschmacksnerven auch Schafsaugen gegessen, wenn sie mir als Ehrengast gereicht wurden. Oder frittierte Heuschrecken. Ich glaube nicht, dass dies allein einen besseren Film bewirkt, aber ich will mich zumindest auf die Ebene meiner Porträtpartner einstellen. Ich versuche, die Menschen, um die es geht, ganz dicht vor mir zu haben. Ich halte eine solche Nähe auch für eine vertrauensbildende Maßnahme, die einen passenden Rahmen für eine gemeinsame Arbeit schafft.

Wenn ein Filmprojekt los geht, habe ich vorher meist schon eine grobe Vorstellung von den Details und Problemen, die da auf mich zukommen werden. Manchmal schleicht sich der Gedanke ein, man würde das alles schon kennen, alles wäre Routine. Aber so ist es nie. Es ist jedes Mal wieder neu und anders, ein schöner Überraschungseffekt bei der Arbeit. Manche Filmemacher fürchten sich davor, dass ihr Film einen anderen Verlauf nehmen könnte als geplant. Sie bebildern einen daheim am Schreibtisch vorgefassten Drehbuchtext. Erzeugen »Soufgleurtexte«, was recht einfach ist, werten ihre Sujets auf und bauen sich ihren Film mit gesuchten »Belegbildern« und Motiven generalstabsmäßig zurecht. Andere Autoren wollen selbst eine Hauptrolle spielen. Das ist nicht mein Stil. Ich habe keinen einzigen Film gemacht, in dem ich im Bild gewesen wäre. In meinen Filmen kommen die Leute zu Wort. Ich lasse mich durch sie zu Umwegen oder Abwegen verleiten, begleite Protagonisten manchmal sogar dorthin, wo ich selbst eigentlich gar nicht hingehen will. Vielleicht klingt das altmodisch, aber ich hoffe, dass sich meine Zuschauer nach dem Film noch die eine oder andere Frage stellen. Und ich glaube immer noch daran, dass gut gemachte Dokumentarfilme dazu beitragen können, für einen anderen Blick auf die Welt zu sensibilisieren.

Warum ich dieses Buch geschrieben habe, hat auch noch einen anderen Grund. Die meisten, die meine Filme gesehen haben, fragen mich danach immer: Was war denn da noch? Wo habt ihr gewohnt, wer hat geholfen, übersetzt, getröstet, gekocht? Was ist schief gelaufen? Es sind diese vielen »Making-of Geschichten« drumherum, Erlebnisse, die oft genau so spannend sind wie die Filmprojekte. Manchmal sogar spannender. Meine »16:9«-Geschichten lassen ein Stück weit hinter die Kulissen einer Dokumentarfilmproduktion schauen. Sie erzählen von der Anspannung, wenn die Koffer gepackt werden, von Sprachproblemen und Missverständnissen, defekten Kameras und glücklichen Festen. Von Aufbruch und Abenteuern in einer Zeit, in der noch nicht alles bereist, beschrieben, fotografiert und gefilmt war.

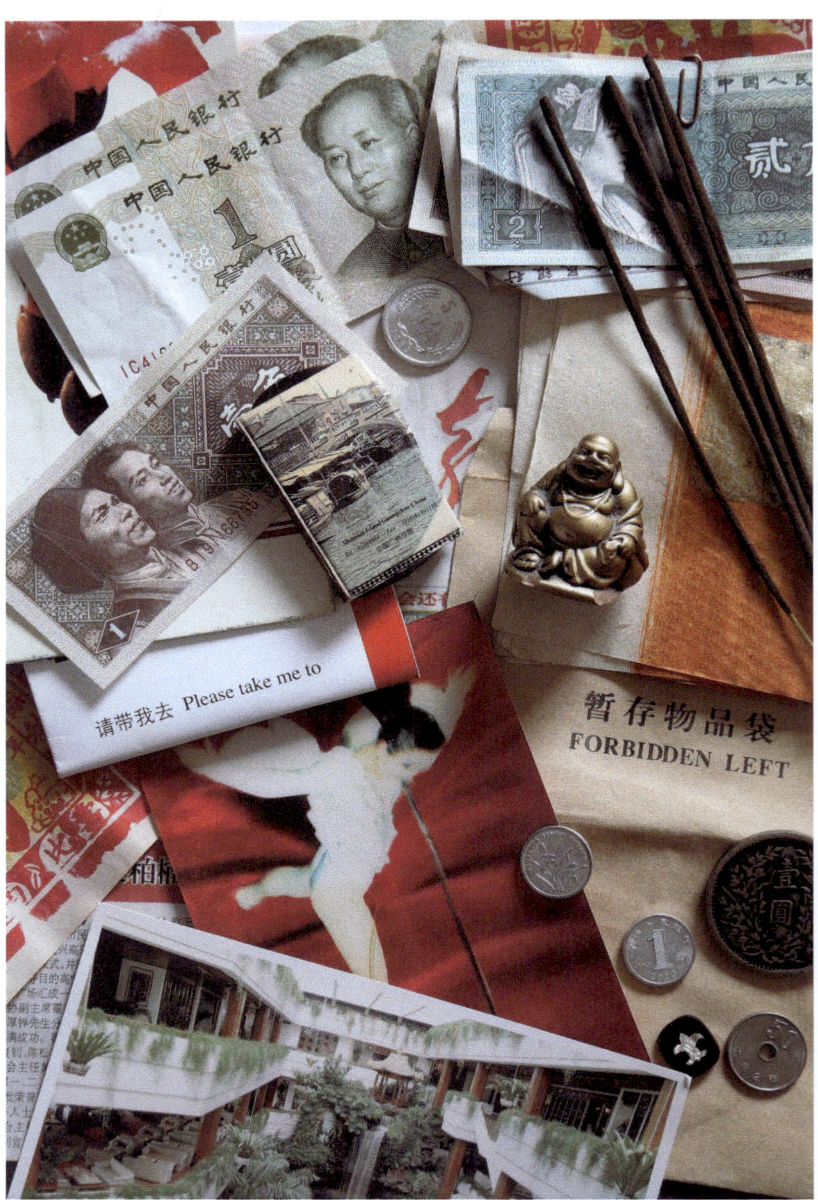
中国人民銀行
请带我去 Please take me to
暂存物品袋
FORBIDDEN LEFT

Durch das Tor zum gelben Drachen Chinas

Nein, wir haben nichts verpasst. Noch immer ist das Nachmittagslicht über dem Himmelstempel in der chinesischen Hauptstadt blau. So tiefblau, wie es einige Jahre später nicht mehr sein wird. Stativ und Kamera stehen, wir haben noch Blende 8 bei zwei Graufiltern. Das Mittagessen der großen Delegation dauerte wie immer ziemlich lange, aber es klappt noch alles mit den Filmaufnahmen. Wir stehen im Oktober 1987 drehbereit vor einem wunderschönen und gut restaurierten Tempel, der früher den Kaisern der Ming- und Qing-Dynastie als Opferstätte nach guten Ernten diente. Meditierend und fastend verbrachten sie hier die Nacht der Wintersonnenwende, umgeben von ihrem ganzen Hofstaat. Vor dem Tempelaltar sollen sie sich sogar niedergeworfen haben. Aber seit China eine Republik ist und der Glaube keine Rolle mehr spielt, verlor auch der Himmelstempel seine religiöse Funktion. Seitdem ist er nur noch überwältigend schön und ein Wahrzeichen Pekings. 38 Meter hoch ragt er aus einer dreistufigen Marmorterrasse auf, und für die Filmaufnahmen kadrieren wir den Himmelstempel so, dass er diagonal ins Bild passt. Monumentaler geht nicht mehr. Gebühren für die Dreharbeiten werden für uns zum Glück noch keine fällig, aber das soll sich ändern. 1998 wird der Himmelstempel zum Unesco-Weltkulturerbe ernannt, wie kurz zuvor die Verbotene Stadt, die größte Palastanlage der Welt. Spätestens zu diesem Zeitpunkt erfährt das baugeschichtliche Erbe Chinas internationale Wertschätzung, und wer dieses filmen will, wird dafür kräftig zur Kasse gebeten.

Wir sind im Herzen Chinas. Stehen vor der Verbotenen Stadt, dem ehemaligen Kaiserpalastkomplex. Drehen die obligatorischen Peking-Aufnahmen am Platz des Himmlischen Friedens, auf dem damals noch keine Uhrenverkäufer stehen, die für 10 Dollar schlechte Rolex-Kopien anpreisen. Und auch keine Polizisten und Soldaten. Aber es liegt bereits ein frischer Wind nach Veränderung in der Luft. Zwei Jahre nach unserer Drehreise werden auf diesem Platz des Himmlischen Friedens Barrikaden und Panzer stehen, Schüsse fallen und Blut fließen. Vielleicht hätte man es damals schon ahnen können, dass die zaghaften Versuche nach mehr Demokratie blutig niedergeschlagen werden und als Tian'anmen-Massaker in die Weltgeschichte eingehen. Wie ein Wächter der alten Zeiten hängt am Eingang zur Verbotenen Stadt ein überlebensgroßes Porträt des großen Steuermanns Mao Zedong. Die meisten Besucher lassen sich hier fotografieren, bevor sie das weitläufige Gelände der Verbotenen Stadt mit unzähligen Gebäuden und Pavillons betreten. 9999,5 Räume sollen die kaiserlichen Söhne des Himmels bewohnt haben, ein halber Raum weniger als den Göttern des Himmels zustand.

Wir fangen Blicke ein von durchschnittlichen chinesischen Bürgern, die sich ebenso staunend und ehrfurchtsvoll wie wir durch den »Palast der irdischen Ruhe«, die »Halle der Harmonie«, die »Halle der Vollendung« oder die Gemächer der Konkubinen bewegen. Seit 1924 sind die Tore zu der Verbotenen Stadt des ehemaligen Kaiserpalastes für die normale Bevölkerung geöffnet. Aber nicht nur die Bauern aus der Provinz klopfen an fein geschnitzte Marmorbalustraden, an große Bronzelöwen, edelsteinverzierte Opfergefäße und löwenähnliche Türknäufe des großen chinesischen Kaiserreiches, als müssten sie sich versichern, dass dies keine Fata Morgana ist. Alle tun das. Auch wir. Und jeder geht nach Hause mit einem eigenen Film im Kopf von den alten Zeiten, der zweitausendjährigen Herrschaft der Kaiser in China.

Am Nachmittag quält sich unser Bus durch Tausende von Fahrrädern in die Innenstadt von Peking, wir filmen das neue China im Aufbruch. Baustellen und Betonburgen, jetzt fängt es an. Überall sehen wir Plakate, die zeigen, wie es einmal aussehen soll: schöner, moderner, größer. Das Land versucht, den kommunistischen Mief zu vertreiben und wirbelt alles durcheinander. Deng Xiaoping, der Führer der kommunistischen Partei Chinas, hat dem Land Reformen verordnet. China ist auf dem Weg zu der am schnellsten wachsenden Volkswirtschaft der Welt. Es modernisiert sich in den 80er Jahren grundlegend, vom Westen fast unbemerkt und leicht belächelt. Noch. Bei der Umgestaltung nimmt Peking die Vorreiterrolle ein, ist eine Art Leitstern in die Moderne. In schnellem Tempo werden Gebäude abgerissen und neue errichtet, die Hauptstadt braucht akzeptable und zeitgemäße Wohnungen für die rund 6,5 Millionen Bewohner. Neue Fabrikgebäude, Büros, Hotels für Touristen und Geschäftsleute werden hochgezogen. Dafür werden ganze Stadtviertel mit niedrigen Wohnhäusern ohne private Wasserversorgung plattgewalzt, auf historische Bausubstanz wird keine Rücksicht genommen. In den 1940er Jahren besaß Peking noch fast 8.000 Tempel und religiöse Denkmäler im Stadtbereich, in den 1980er Jahren sind es nur noch 150.

Unsere offiziellen Begleiter lassen uns ihren Stolz spüren, dass ihr Land den Anschluss an die modernen Zeiten gefunden hat. Alles Neue finden sie gut. Alles, was groß ist und das menschliche Maß sprengt, das gefällt ihnen. Unser Hauptbegleiter, abgestellt von der staatlichen Reiseorganisation CITS, kommt aus dem Zeigen gar nicht mehr heraus und wundert sich, dass wir nicht jedes Hochhaus aufnehmen wollen. Er ist ein lustiger Bursche, der die Angewohnheit hat, uns zu bespaßen und alles mit Sprüchen zu kommentieren. Sein Repertoire reicht von umfangreichen Konfuzius-Zitaten bis hin zu allgemeinen Lebensweisheiten wie: »Ist eine Sache einmal passiert, dann rede nicht darüber, denn es ist schwer, verschüttetes Wasser wieder zu sammeln«. Diesen Spruch gebraucht er vorzugsweise, wenn sich unser Busfahrer wieder mal verfährt. Gerne gibt er uns auch kleine Rätsel auf, die etwa so lauten: »Wie nennt man einen chinesischen Polizisten?« – »Langfingfang«. »Hahaha«. Es ist schwer, ihn zum Schweigen zu bringen, wenn Ton-Atmos aufgenommen werden sollen. Die Betreuung einer Filmcrew ist neu für ihn, normalerweise reist er ausschließlich mit Touristengruppen durchs Land. Aber nach einigen Tagen des gegenseitigen Beschnupperns kehren freundschaftliche Routinen im Team ein. Nach und nach wird es selbstverständlich, dass der Fahrer, wenn er gerade nichts zu tun hat, seine weißen Fahrerhandschuhe aus Baumwolle auszieht und unser Stativ trägt.

Was heute nur mit allergrößtem Sicherheitsaufwand filmbar wäre, wird uns damals bedenkenlos genehmigt. Die Landung eines Flugzeuges aus Europa auf dem Pekinger Flughafen und das Filmen der Passkontrolle bei der Einreise am Zoll. 77 Millionen Fluggäste werden dort heute pro Jahr abgefertigt. 1987 ist der Flugverkehr noch so gering, dass man einem Filmteam erlaubt, zu Fuß mit dem Equipment vom Terminal aus auf das Rollfeld zu spazieren, dort eine halbe Stunde rumzustehen, um auf einen Landeanflug der Lufthansa zu warten. Und diesen aus nächster Nähe aufzunehmen. Dennoch wird es für uns kein guter Drehtag. Das Flugzeug wirbelt bei der Landung ziemlich viel Staub auf. Dieser dringt in die Kamerakassette ein und verschrammt dabei eine halbe Filmrolle Negativmaterial. Es trifft genau die Aufnahmen an der Passkontrolle, die wir nur zweimal gedreht haben, weil alles so schön klappte. Aber es lässt sich später ausbessern, in der Postproduktion wird die Szene mit dem Wärterhäuschen und dem Abstempeln des Passes etwas vergrößern, so dass die Schramme außerhalb des Bildrandes bleibt.

Am nächsten Morgen sitzt unser Begleiter und Dolmetscher nachdenklich am Frühstückstisch. »Was ist?«, frage ich ihn. »Ich mache mir Sorgen, dass ihr unsere chinesischen Speisen nicht mögt, dass es euch zu fremd ist, aber wir haben hier kein europäischen Frühstück«, sagt er in bestem Deutsch, das er auf der Pekinger Universität gelernt hat. In der Tat ist das Frühstück durch und durch chinesisch, denn auf europäische Gäste ist man hier noch nicht eingestellt. Es gibt Hunderte von Dim Sum, gedämpfte Häppchen im Bambuskörbchen, gefüllt mit leckeren, aber undefinierbaren Köstlichkeiten, die auf einem Rollwagen von einer beschürzten Serviererin durch den Frühstücksraum gefahren werden. Dazu diverse Suppen, Reis und Nudeln. Es riecht nach Frittiertem und Fisch, nach Zimt und Haferschleim. Ich finde das alles großartig und probiere mich morgens um halb sieben durch das ganze Sortiment. Was mir viel mehr Sorgen bereitet, ist die Tatsache, dass wir nur die schönen Seiten Chinas vorgeführt bekommen und auch nur diese filmen sollen. Wir fühlen uns rundum gepampert und kontrolliert. Themen wie Minderheiten, Konflikte, Armut, Landflucht oder Umweltverschmutzung dürfen in dem Film keine Rolle spielen. Jede Frage danach ist schon eine Zumutung. Das neue, schöne China will sich präsentieren, aber manchmal gelingen uns im Laufe der Reise dann doch Bilder, die nicht der offiziellen Propaganda entsprechen. Und noch nicht in den neuen, bunten Reisekatalogen zu finden sind.

Noch bevor der Berufsverkehr beginnt, fahren wir mit dem Produktionsbus zum Pekinger Hauptbahnhof. Wir wollen dort drehen und im Anschluss mit dem Zug weiter fahren nach Schanghai. Vor dem Hauptbahnhof sitzen schon etwa 300 Leute auf ihren Gepäckstücken und Kisten, auch im Inneren des Bahnhofs herrscht enormes Gedränge. Als Alleinreisender ohne Sprachkenntnisse kann man sich hier nicht zurecht finden, es gibt kein einziges Schild auf englisch, auch alle Zugfahrpläne existieren damals nur auf chinesisch.

Unser Konzept des Filmes besteht aus einer »subjektiven Kamera«, die stellvertretend für einen Chinareisenden stehen soll, der sich durch das Land bewegt. Wir wollen deshalb eine kleine Szene in der Pekinger Bahnhofshalle drehen, in der die subjektive Kamera radebrechend nach dem Weg fragt, sich zu orientieren versucht und schlussendlich das Gleis nach Schanghai findet. Aber solche Experimente liebt man hier nicht. Irritierte Beamte kreuzen das Bild und rufen nach Verantwortlichen. Das Ganze artet zu einem Menschenauflauf aus und gelingt erst nach mehreren Anläufen. Spätestens in der Bahnhofshalle merken wir, dass es hilfreich war, all die Drehorte, an denen die »subjektive Kamera« Eindrücke einfangen soll, akribisch voraus zu planen. Und diese Drehorte auch genehmigen zu lassen, denn noch sind Dokumentarfilme in China absolutes Neuland. Sich frei und spontan bewegen, filmen, wo man will, das geht gar nicht. Zum Glück haben wir Unterstützung, wenn es brenzlig wird, denn unser Projekt ist eine deutsch-chinesische Koproduktion.

Vielleicht hätten wir es einfacher haben können, wenn wir mit einem echten Protagonisten durch das Land gefahren wären. Aber das wollten wir nicht, da dies zu viele persönliche Assoziationen geschaffen hätte. Wir wünschten uns keinen Prominenten als Reiseführer, auch keinen Rentner, Studenten oder Schauspieler, wir wollten überhaupt keine Identifikationsfigur. Der Blickwinkel der Kamera sollte für eine Person stehen, wie sie jeder sein könnte, mit einer Perspektive, die uns einen großen Spielraum lässt. Mal staunend, manchmal nachdenklich, oft kommentierend. Das Projekt war eine Art »China-für-Anfänger-Film«, der den Zuschauer für das Land sensibilisiert. Wesentliches Thema war ein Sich-Einlassen auf das Fremde, ein vorurteilsfreies Reisen »durch das Tor zum Gelben Drachen«, wie der Filmtitel verspricht. Heute müsste ein Film ganz anders heißen, um Aufmerksamkeit zu wecken, etwa »Chinas Milliardäre und ihre Mercedes-Cabrios«. Aber damals gilt das Reich der Mitte noch als das große unbekannte Land, das Thema verlangt nach einer allgemeineren Linie. Zu unseren Bildern gibt es einen subjektiven Text, den wir im groben Gerüst vorher schon geschrieben haben. Der Kommentartext sieht auch ganz normale Dialoge zwischen der »Kameraperson« und anderen Personen vor, die sich auf der Reise treffen. In der Praxis funktioniert das gut, da alle gefilmten Personen die Kamera als ihr natürliches Gegenüber betrachten und oft spontan direkt in die Kamera antworten. Unser Problem ist der Materialverschleiß, denn wir drehen auf 16mm-Film. Dazu kommt die Unsicherheit, ob der direkte Blick in die Kameralinse nicht merkwürdig wirkt. Denn üblicherweise richten die Gefilmten im Dokumentarfilm ihren Blick zum Autor, der direkt neben der Kamera steht, niemals direkt in die Linse. Bis zum endgültigen Schnitt des Filmes wissen wir nicht, ob dieses Konzept überzeugend und glaubwürdig ist. Aber am Ende funktioniert es überraschend gut.

Die Zugfahrt nach Schanghai wird ein Genuss. Wir sitzen in der »weichen Klasse« auf flauschig gepolsterten Bezügen, trinken Grüntee aus großen Blechkannen und lassen die Landschaft vorbei fliegen. Über weite Strecken sieht man Reisfelder und kleine Dörfer. Im Zug drehen wir eine Szene, in der ein chinesischer Fahrgast unserem »subjektiven Reisenden« eine Zigarette anbietet. Dieser lehnt ab, weil er Nichtraucher ist, kann das aber nicht erklären. Daraufhin legt der chinesische Fahrgast aus Höflichkeit seine Zigarette beiseite, obwohl man überall rauchen darf. Eine Kommunikationsfalle aus Sprachnot. Die Realität im damaligen China ist eigentlich ganz anders: Überall wird noch geraucht und gespuckt.

»Kamela, Battelie, Action!« Wir müssen grinsen, denn einer der chinesischen Begleiter hat sich unsere Codewörter bei Drehbeginn zu eigen gemacht und gibt jetzt jedes Mal stolz die Kommandos, auf deutsch mit chinesischem Einschlag. Wir filmen die Highlights von Schanghai: zuerst das frühmorgendliche Tai-Chi-Ritual an der Uferpromenade, die fließend weich ineinander übergehenden Bewegungen, die die Körperenergie mehren und die Meridiane durchlässiger machen sollen. Eine Art chinesischer Volkssport, der zwar heute in jeder deutschen Volkshochschule gelehrt wird, damals aber noch als eine Art Geheimlehre galt.

Dann folgen durchkomponierte Stadtansichten, die Shoppingmeile Nanjing Lu und das Huxinting-Teehaus, ein zweistöckiger, offener Holzpavillon neben einem See, direkt vor den Toren des Yuyuan-Gartens. Dieses Teehaus ist nur über eine Zickzackbrücke erreichbar. Man erklärt uns, die Brücke sei so konstruiert worden, um böse Geister fern zu halten, die sich nur in geraden Linien bewegen könnten. Das berühmteste aller chinesischen Teehäuser wurde schon von vielen illustren Gästen besucht, sogar die englischen Queen Elisabeth sei hier gewesen, erzählt man uns stolz, aber immer noch sitzen hier auch normale ältere Herren rauchend beim Tee und Mahjong-Brettspiel.

Für uns wird dieses Teehaus zur Kulisse für eine Szene mit einer jungen chinesischen Reiseleiterin, die unser »subjektiver Reisender« hier kennen lernt, und mit der er in deren Alltag eintaucht. »Kamela, Battelie, Action!«, dann fängt sie an zu erzählen. »Ich werde immer wieder von meinen Reisegruppen nach der Arbeit zum Essen eingeladen«, sagt sie und lächelt etwas unsicher. »Aber das geht nicht, ich wohne soweit draußen und komme sonst gar nicht mehr nach Hause. Das darf ich auch gar nicht, ich darf keine Einladung annehmen.« Gerne würden wir dazu noch die eine oder andere Frage stellen, aber auch das geht nicht. Wir dürfen nichts mehr fragen. Die Filmbilder zeigen eine lange Busfahrt mit der Reiseleiterin durch die Stadt, in die Außenbezirke Schanghais, zu ihrer Wohnung. Eine Einzimmerwohnung, in der sie, ihr Ehemann und Sohn sowie auch ihre Eltern zusammen leben, weil den jungen Familien aus Wohnungsnot noch keine eigenen Wohnungen zugeteilt werden können. Ihr Luxus besteht aus einer Klimaanlage, die mehr Abwärme als Kühlung produziert, einem Kühlschrank und einer eigenen Toilette ohne Klodeckel, aus der Flusswasser rieselt. Ihr Boden ist mit Linoleum belegt. Die durchgelegenen Schaumstoffmatratzen hat sie akkurat mit löchrigen Laken bespannt, über denen eine bestickte Tagesdecke liegt. Ob ihr Kopf voller Sorgen ist, habe ich nicht herausfinden können. Vermutlich träumen beide von einem besseren Leben. Wir haben eigentlich recht wenig dort erfahren, aber zumindest zeigt dieser Ausflug in die Wohnung der Reiseleiterin einen winzigen Ausschnitt aus dem realen Leben der jungen Generation, die sich sehnlichst etwas Luxus, mehr Platz und vor allem mehr Verantwortung wünscht.

Wir werden etwas früher fertig mit den Dreharbeiten und ich äußere den Wunsch, in Shanghais »Kaufhaus Nummer 1« noch ein paar Mitbringsel für zu Hause einkaufen zu wollen. Ich habe schon während der Dreharbeiten die schöne Seidenwäsche gesehen und mit dem Gedanken gespielt, mir ein paar Stücke günstig mitzunehmen. Gleich drei unserer Begleiter fühlen sich verpflichtet, mich beim Einkaufen zu beschützen. Ich versuche sie auf dem Weg in die Wäscheabteilung abzuschütteln, damit ich in Ruhe all die Schlafanzüge, Nachthemden und Seidenhemdchen befummeln kann, die zwar spottbillig, aber in meiner Größe nur rar zu finden sind. Ich verschwinde mit einem Berg in die Umkleidekabine zum Anprobieren. Plötzlich wird der Vorhang leicht zur Seite geschoben, meine Begleiter stehen kichernd davor, freuen sich, dass sie mich gefunden haben und begutachten lautstark die Ware an mir. Bei zwei Seidenshirts gehen alle Daumen hoch: kaufen!

Wenn es Nacht wird in Shanghai, bin ich jedes Mal von neuem froh, mich zurückziehen zu können. Endlich Stille und Alleinsein. Nie würde ich jetzt den Fernseher anmachen. Was im Rest der Welt passiert, ist mir egal. Ich rolle das Kopfkissen zusammen, lege mich umgekehrt ins Bett, die Füße auf das erhöhte Kissen, und merke, wie sich die angespannten Muskeln langsam erholen. Ich liege einfach nur da, im Kopf tanzen die Bilder und Töne all der fremden Eindrücke, die gefilmten und noch viel intensiver die nicht gefilmten. Der Kopf schaltet nicht ab. Der Schlaf kommt dann wie ein schwarzes Loch, das die vorhandene Materie und die Gedanken aufsaugt, verdaut, neutralisiert. In Antimaterie verwandelt, bis nichts mehr übrig bleibt vom Reich der Mitte. Für die chinesischen Begleiter unserer Reise scheint es andere Entspannungsprozeduren zu geben. Sie relaxen in der Gruppe, jeden Abend im gleichen Ritual. Nach dem Abendessen und einem Meeting zur Vorbereitung des nächsten Tages versammeln sich die Chinesen im Schlafanzug in einem ihrer Zimmer. Sie trinken Bier, spielen Karten und tauschen sich aus. Der Fahrer holt sich meist in der Nacht nochmal Essen aus der Küche, tapst im Schlafanzug durch alle Zimmer und bietet allen von den Speisen an. Keiner der chinesischen Projektbetreuer, die sich in wechselnder Zahl zu uns gesellen, schläft in einem Einzelzimmer. Das ist keineswegs ein Kostenproblem, da die meisten Hotels, in denen wir wohnen, in staatlichem Besitz sind und dort große Zimmerkontingente für Staatsmissionen freigehalten werden, die quasi nichts kosten. Niemand will alleine schlafen. Privatheit und Intimsphäre kennt man nicht. Mehrfach passiert es mir, dass der Room Service ins Hotelzimmer kommt und die Reinigung inklusive Staubsaugen vornimmt. So tut, als sei niemand im Zimmer, obwohl ich im Bett liege. Heftiger gestischer Protest führt dazu, dass das Zimmermädchen das Hotelzimmer verlässt und nie mehr wieder kommt. Nicht nur auf dem Land sind die Toiletten noch ohne Türen und alle Geschäfte müssen »coram publico« verrichtet werden, was ziemlich gewöhnungsbedürftig ist. Vor allem dann, wenn man als Langnase staunend angeschaut wird, so groß, weiß und unübersehbar wie man ist.

Ausländer, »Langnasen«, sind damals in China ein »unbekanntes Etwas«. Der ungewohnte Anblick löst noch bei den meisten eine stereotype Reaktion aus: Stehenbleiben und starren. Manchmal dauert es fünf Sekunden, manchmal fünfzig, bis der Mund wieder geschlossen wird, die heruntergeklappte Kinnlade zugeht und man sich wieder seinen eigenen Geschäften widmet. Argwöhnisch werden Kontakte zu Ausländern beobachtet, sogar Gespräche sind eigentlich verboten. Wir hören unterwegs auch von der Geschichte einer jungen Frau, die angeblich ein Liebesverhältnis mit einem Ausländer hatte, die Haare geschoren bekam und von der gesamten Gemeinde aus dem Quartier geprügelt wurde. Man sieht damals auch keine jungen chinesischen Pärchen, die sich in der Öffentlichkeit berühren oder gar küssen. Das würde Erziehungslager bedeuten. Im China der 80er Jahre gibt es noch an jeder Ecke und in jedem Wohnquartier staatstreue Blockwarte, die die Bewohner wachsam beobachten und melden, wenn jemand nicht den richtigen Weg geht.

Damit wir nicht bei jeder Filmaufnahme von einem Pulk Gaffender umringt werden, bedienen wir uns eines Tricks, der prima funktioniert. Während die Filmkamera läuft, tritt einer aus dem Team zehn Meter beiseite, packt die Polaroidkamera aus und beginnt zu fotografieren. Spätestens dann, wenn das Foto mit lautem Surren aus der Maschine herauskommt, ist die Menschengruppe zur Polaroidkamera hinübergedrängt. »Instant satisfaction«, denn dort gibt es wirklich was zu sehen. So werden unzählige »Polas« verschossen und als Andenken verschenkt, um einigermaßen ungestört filmen zu können.

Die nächste Station: Ein Flug nach Guilin in die südchinesische Provinz Guangxi und anschließend eine filmische Bootsfahrt auf dem Li-Fluß nach Yangshuo. Meine Erinnerung an Guilin ist nass, nass, nass. Die südchinesische »Stadt des Duftblütenwalds«, deren Name sich auf die große Anzahl von Osmanthus-Bäumen bezieht, versinkt im Matsch, als wir ankommen. Der »Gipfel der Einzigartigen Schönheit«, ein Karstberg mitten in der Stadt, ist eingetaucht in tief hängende Wolken. Somit nicht mehr sichtbar und folglich nicht filmbar. Wir überbrücken die Schlechtwetterperiode mit unwichtigen Innenaufnahmen, die wir später im Schnitt wegwerfen.

Dann wird es Zeit für ein paar Bilder aus dem bäuerlichen China. »Kamela, Battelie, Action!« Wir fahren zu einigen kleinen Dörfern, die von der modernen Zeit unberührt scheinen. Aber der erste Eindruck trügt. Nach dem Tod Mao Zedongs 1976 wurde die landwirtschaftliche Produktion massiv vorangetrieben, was man von außen kaum sieht, denn es gibt noch kaum Maschinen und Hilfsmittel. Doch die Bauern erwirtschaften jetzt ein Drittel mehr Ertrag, seit sie nach 30 Jahren kollektiver Landwirtschaft in Volkskommunen aus der zentralen Planwirtschaft entlassen wurden. Auch neu eingeführte Reis-Hochertragssorten haben dazu beigetragen, dass China satt wird. Wohlhabend sehen sie dennoch nicht aus, die Helden der Landwirtschaft. Die meisten tragen abgewetzten Mao-Look, die traditionelle blaue Arbeitskleidung, wenn sie ihren Reis, das Gemüse, Hühner- und Schweinefleisch auf eigene Kasse auf der Straße und auf Bauernmärkten darbieten. Früher mussten sie all ihre Produkte an staatlichen Stellen abgeben, aber das sei jetzt anders. Sie dürften ihre Überschüsse privat verkaufen und heute seien auch zwei Reisernten pro Jahr normal, manchmal sogar drei, hören wir erstaunt.

Am Abend verwöhnt man uns mit einem Bankett. Eingeladen hat die örtliche Distriktverwaltung, sie will das opulente Abendessen auch nutzen, um die eine oder andere touristisch interessante Information loszuwerden. Es gibt eine Menükarte in Revolutionsrot zum Aufklappen mit goldenem Bändchen. Auf der rechten Seite stehen die Namen der Gerichte auf chinesisch, links die englische Übersetzung. Das Abendessen besteht aus zehn Gängen, von denen die meisten gleichzeitig auf den Tisch gestellt werden. Es beginnt mit »sieben kalten Köstlichkeiten« als Vorspeise, gefolgt von einer kräftigen Hühnersuppe, die so serviert wird, dass man auch sieht, was drinnen ist. Unter dem geschlossenen Deckel der Suppenterrine schauen die Hühnerfüßchen mit Krallen hervor, die dann, nachdem sie ausschließlich von den chinesischen Gästen liebevoll abgenagt worden waren, auf den Tisch gespuckt werden und dort auch bis zum Ende des Mahls liegen bleiben. Schon bevor die Kellnerinnen weitere Platten mit einer raffiniert süß-sauer gewürzten Mischung aus Riesengarnelen und Ananas, Bohnenpüree mit Schwein in Chili-Soße und sautiertes Rindfleisch an Wasserspinat auftragen, erhebt der Vorsitzende zum zweiten Mal sein Glas zum Trinkspruch: »Möge die chinesisch-deutsche Freundschaft wachsen und unser Tisch immer reichlich gedeckt sein. Gan Bei!«

»Gan Bei« heißt »trockne das Glas und trinke leer«. Der Maotai-Schnaps aus der Südprovinz schmeckt weich und fast wie Wodka. Aber wie gefährlich er ist, merke ich erst später. Zu spät, denn meine ganze Aufmerksamkeit gilt den Speisen. Fast gleichzeitig deuten wir fünf des deutschen Teams auf eine weitere Platte, auf der schön dekorierte, glasierte Fleischstücke liegen, die wir nicht der Menükarte zuordnen können. »Was ist das?« »Das ist Bergschatz«, sagt unser Dolmetscher und in der Tat findet sich auf der Speisekarte ein Gericht namens »Treasures of the Mountains«. Der Kameramann, der immer noch unter den Folgen seiner Erkältung leidet, bekommt einen schweren Hustenanfall. »Was ist Bergschatz?«, fragen wir. »Na ja, eine Fleischspeise aus den Bergen«, sagt unser Begleiter und dann fallen weitere blumige Worte. »Aber von welchem Tier?« Er kenne den Namen des Tieres nicht, aber es habe eine lange Schnauze, erklärt er uns, bis wir gemeinsam darauf kommen, dass es sich um einen Ameisenbär handelt. Er schmeckt köstlich. Die restlichen Speisen, die dann aufgetragen werden, sind weniger aufregend, chinesische Nudeln mit Fleischsoße, Weißkohl mit Pilzen, Mandarin-Fisch mit süßer Soße. Und als Dessert gibt es eine Früchteplatte. Noch bevor wir überhaupt mit dem Nachtisch begonnen haben, erhebt der Vorsitzende zum siebten und letzten Mal sein Glas mit folgender Ansprache: »Sie haben heute einen schweren Tag gehabt und werden morgen einen schweren Arbeitstag haben, gute Nacht.« Damit steht er auf, stößt ein letztes Mal an und verschwindet. Mit ihm die komplette chinesische Delegation der Distriktverwaltung, während gleichzeitig die Kellnerinnen beginnen, den Tisch leer zu räumen. Typisch chinesisch, damals wie heute, herzlich, aber ohne Rücksicht auf das Individuum. Der Chef bestimmt, wann Schluss ist.

Als wir auf das Boot nach Yangshuo steigen, regnet es in Strömen. Der gutgelaunte Kapitän, ein untersetzter Mittfünfziger mit fehlenden Frontzähnen grinst und lässt für uns übersetzen: »Das Wetter ist hier immer so, ihr habt keine Chance auf Sonne«. Im Nachhinein war es ein Glücksfall, die Li-Fluss-Sequenzen wirken im Film wie eine chinesische Tuschezeichnung, regenverhangen melancholisch und irgendwie typisch für ein vergehendes traditionelles China mit Terrassen-Reisfeldern, Wasserbüffeln, strohgedeckten Dörfern und Komoranfischern.

Am nächsten Abend folgt prompt eine intime Diskussion mit unseren chinesischen Begleitern über das Verständnis von Schönheit. Dabei geht es zunächst um alte Meister, um schöne Landschaften, um Sonnenuntergänge und nach einigen Bieren auch um schöne Frauen. Wir streiten uns darüber, ob es einen universell gültigen Schönheitsbegriff gibt, sozusagen eine weltweit und zeitlos geltende Ästhetik. Bei dem Gespräch spielt interessanterweise das Werden eine größere Rolle als das Sein. Ein besseres und bequemeres Leben ziehe automatisch mehr Schönheit nach sich, da sind sich unsere chinesischen Freunde ganz sicher. Als schön und vornehm gilt hier die Blässe. »Bald müssen auch unsere Frauen nicht mehr soviel im Freien arbeiten wie die Bauersfrauen, deren Gesichter von der Sonne ledergelb gegerbt werden. Bald können sie sich schöner anziehen und ihre Hände mit Handschuhen schützen«, so hören wir. Ja, das Schönheitsideal der kleinen Füße existiere nicht mehr, der unförmige Look aus der Mao-Zeit sei kaum noch zeitgemäß, aber große Augen mit doppelter Lidfalte und ein herzförmiges Gesicht sollten hübsche Frauen schon haben. Vor allem aber keine abstehenden Ohren. Und dass die Liebenden besser zusammenkommen können, das wünscht man sich hier auch. Schade, dass wir diese Unterhaltung nicht drehen können.

Die letzte Station der filmischen Reise: die Insel Hainan, das südlichste Eiland im Reich der Mitte. Wir haben das Glück, die Insel in einem Zustand kennen zu lernen, bevor Bagger und Beton kommen. Bis heute ist Hainan für uns eine »Weißt du noch wie schön das damals war«-Location. Wir erfahren es schon im ersten Gespräch nach unserer Ankunft: Bald soll die Insel, auf der einst in Ungnade gefallene Beamte zwangsumgesiedelt wurden, zur Wirtschaftssonderzone erklärt werden. Wo jetzt noch schwarze Hängebauchschweine am Sandstrand suhlen, sollen internationale touristische Anlagen entstehen. Erste Pläne für Apartments, Hotels und Feriensiedlungen für chinesische Kader liegen bereits umsetzungsbereit in den Schubladen der Planer. Die subtropische Insel mit der ungefähren Größe Baden-Württembergs hat über dreihundert Sonnentage im Jahr. Die sollen in Wert gesetzt werden, auf internationalem Tourismusniveau. Vor allem für Chinesen, die Geld haben und neuerdings auch Recht auf Freizeit. Zu der Zeit, als wir auf Hainan filmen, ist die Insel weit, weit weg von all dem, was moderne Entwicklung heißt. Es gibt keine Luxus-Strandresorts, und die natürlichen Schätze der Insel sind noch unberührt. Es gedeihen Kaffeefelder statt Hotels, kleine Bananenwälder, Ananas- und Orangenhaine, Pfeffer- und Kokosnussbäume. Strohgedeckte Hütten stehen an menschenleeren weißen Sandstränden.

In Sanya, einem Dorf ganz im Süden der Insel, essen wir fangfrischen Fisch und Meeresfrüchte in einer kleinen Fischerkneipe. Sie hat den merkwürdigen Namen »Der Hirsch blickt zurück«. »Der zurückschauende Hirsch ist ein Wahrzeichen von Hainan und auch ein Symbol für die kommenden Entwicklungen«, erklärt uns der ortsansässige Manager des staatlichen Reisebüros CITS. »Einst hatte ein Jäger einen Hirsch bis ganz in den Süden der Insel verfolgt, erzählt eine alte Legende. Als der Hirsch keinen Ausweg mehr sah, blickte er flehend zum Jäger zurück und der Jäger brachte es nicht mehr übers Herz, den Hirsch zu töten. Der Hirsch aber verwandelte sich in ein wunderschönes junges Mädchen, und natürlich heirateten die beiden Helden unserer Sage«. Ich lächle höflich. Aber nach dem Märchen kommt er gleich zur Sache. Er hält uns einen langen Vortrag, den man uns simultan übersetzt, und staunt darüber, dass die Kamera nicht läuft. Der Tourismusexperte hofft, dass auch wir mit unseren Bildern zu Wohlstand und Entwicklung auf der Tropeninsel beitragen werden. »Wohlstand« und »Entwicklung«, das scheinen seine Lieblingswörter zu sein. Seine Visionen sind klar: Bald soll der Tourismus boomen und es soll so aussehen wie an der spanischen Costa del Sol oder in Hawai. Oder noch schöner. Alle vorsichtigen Kommentare, dass das Paradies doch schon vollkommen sei, lassen ihn völlig kalt. Dass das alles auch anders ausgehen kann, wagen wir nicht zu sagen. Da gibt es keine Verständnisebene. Er zeigt uns, wo die ersten Hotels stehen werden, natürlich Hochhäuser mit Meerblickbalkonen, wo die großen Swimmingpools gebaut werden sollen, wo das Einkaufszentrum Platz finden wird. Dann bietet er uns einen Drink vom Baum der Liebesfrüchte an, einen Litschisaft, und schenkt jedem von uns zur Erinnerung eine ausgehöhlte Kokosnuss mit Deckel und Ständer, verziert mit chinesischen Schriftzeichen. Für all die vielen Andenken und Geschenke, die man uns im Laufe der Reise hat zukommen lassen, müssen wir am Ende einen extra Koffer kaufen, den größten, den es im Laden gibt.

Zum Abschluss der Hainanaufenthaltes will uns der Tourismusmanager noch den besten Strand der Insel zeigen. Etwas verschämt bittet mich die einzige Frau unter den vielen chinesischen Begleitern, ihr einen meiner Badeanzüge zu leihen, damit wir alle zusammen einmal schwimmen gehen können. Aber eigentlich hat sie Angst vor der Sonne und schnell wird klar, dass sie wie alle anderen gar nicht schwimmen kann und noch nie zuvor im Meer gebadet hat. Aber Quietschen und Plantschen, Spritzen und Fotografieren reichen vollkommen aus, um die Illusion des Paradieses zu erzeugen.

Die letzten Male: »Kamela, Batteli, Action!« An der südlichen Spitze der Insel filmen wir einen großen Felsbrocken mit roten, chinesischen Schriftzeichen. »Das Ende der Welt«, steht darauf geschrieben. Vor tausend Jahren mag das zutreffend gewesen sein, aber die Insel Hainan träumt sich jetzt eine neue Zukunft. Nicht als Ende, sondern als Mittelpunkt einer schönen, modernen Welt.

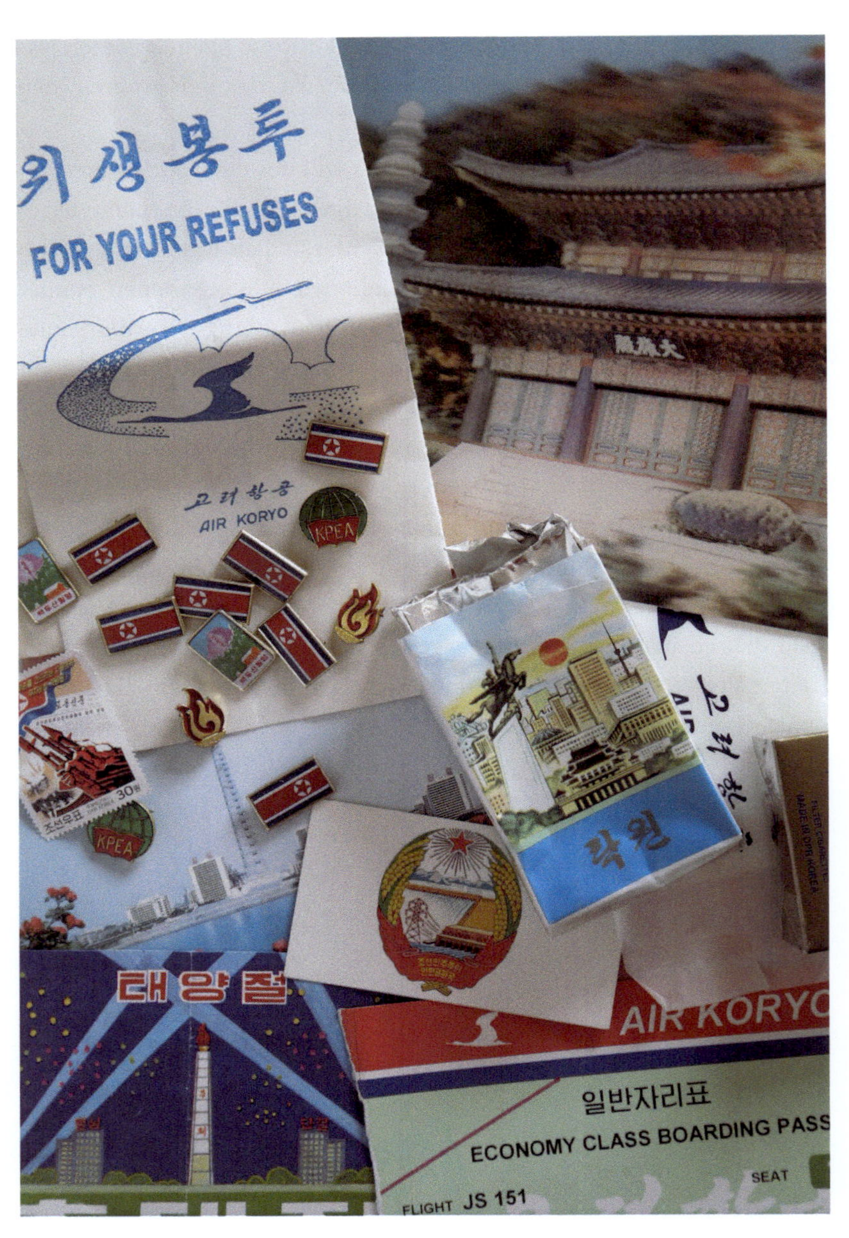

위생봉투
FOR YOUR REFUSES
고려항공
AIR KORYO
KPEA
KPEA
30원
조선우표
락원
태양절
AIR KORY
일반자리표
ECONOMY CLASS BOARDING PASS
SEAT
FLIGHT JS 151

Nahaufnahmen aus Nordkorea

Der Mythos wohnt hinter hellgrauen Betonfassaden. Es ist kalt und zugig im Herzen der Hauptstadt, auf dem 75.000 Quadratmeter großen Kim Il Sung-Platz, dem Platz der Paraden und Aufmärsche. Dort entstehen meine allerersten Bilder, im Herbst 2002 in der Hauptstadt Pjöngjang. Bilder von einem Land, über das wir wenig wissen. Ein Land, dem auch wir mehr als fremd sind. Neben mir stehen zwei offizielle Begleiter der Regierung, die sich ihre kalten Hände aneinander reiben und beobachteten, welche Motive ich ins Bild setze. Ich schwenke über die monumentale Studienhalle des Volkes, über das Porträt des revolutionären Staatsgründers Kim Il Sung, die Nationalflagge mit rotem Stern in weißem Kreis auf rotem Untergrund, die Porträts von Marx und Lenin, die koreanischen Schriftzüge in Revolutionsrot, das Wandrelief mit dem engelsgleichen Helden, der siegreich die Trompete bläst.

So sieht er also aus, der politische und kulturelle Mittelpunkt von Pjöngjang, nicht nur monumental, sondern bombastisch. Es sind für mein westlich geprägtes Auge wundersame Ansichten, und während ich diese Bilder filme, frage ich mich, wie es sich wohl anfühlt, das Leben in dieser Stadt. Zum Nachdenken komme ich nicht. Einer der Begleiter drückt seine Zigarette in der leeren Schachtel aus, hustet und holt Luft, um mir als Einführung eine kurze Belehrung zur politischen Geschichte zu geben: »Der Generalsekretär der Arbeiterpartei Kim Jong Il ist der getreueste Fortsetzer des koreanischen revolutionären Werkes, der Oberste Befehlshaber der revolutionären Streitkräfte Koreas und der große Führer des koreanischen Volkes. Er hat seit Anbeginn des Weges zur Revolution die Vollendung des Werkes Kim Il Sungs, des großen

Führers des koreanischen Volkes, als die Mission seines Lebens betrachtet. Er hat sich unvergängliche Verdienste um Partei, Revolution, Vaterland und Volk erworben.«

Mit großen Worten und großen Bauten empfängt die Hauptstadt ihre ausländischen Besucher, aber das ist es eigentlich nicht, was uns interessiert. Auf Themen wie Geschichte, Partei und Revolution sind die Filmprojekte nicht ausgerichtet. Es geht darum, mehr über Nordkorea zu erfahren als in den Schlagzeilen der Presse steht. Und um den Versuch, Lebensrealitäten in der demokratischen Volksrepublik Korea einzufangen. Fünfmal war ich für verschiedene Dokumentarfilmprojekte für das deutsche Fernsehen in diesem Land. In einem Staat, dessen Türen normalerweise für ausländische Medien fest verschlossen sind und das wie kein anderer schon so lange vom Rest der Welt isoliert ist. Ein Land, in dem Menschen nicht darauf warten, uns ihre Geschichte zu erzählen. Jeder, der zu Hause mitbekommt, dass ich in Nordkorea drehe, stellt immer die gleichen Fragen: Wie ist es denn da wirklich? Was ist anders, wenn man in Nordkorea arbeitet? Meine Antworten sind immer gleich: Erstens: Das Land der Kims ist anstrengend. Extrem anstrengend. Zweitens: Es lässt einen nicht mehr los. Drittens: Nichts ist wie es scheint.

Ich durchwühle meinen Rucksack und reiche eine Audiokassette an unseren Fahrer. Er nimmt seine Zigarette in die rechte Hand, mit der er auch das Lenkrad hält, fummelt mit seiner Linken an seinem Kassettenrekorder herum, schiebt die Kassette ein und dreht die Lautstärke auf. »Eat to the Beat« von Blondie. Keiner sagt mehr etwas. Drei Männer in dunklen Anzügen lauschen dem Sound und fangen an, mit den Füßen zu wippen. Es ist eine Musik, die sie noch nie gehört haben und hier auch nicht hören dürfen. Weder diese noch eine andere westliche Popmusik, von der ich jede Menge dabei habe. Der Fahrer dreht die Lautstärke noch ein wenig weiter auf, gibt Gas und steuert seinen Bus über eine sechsspurige leere Straße. Am Straßenrand laufen dunkel gekleidete Gestalten entlang mit undefinierbaren Bündeln auf dem Rücken. Draußen wird es langsam dunkel. Bleiernes Grau senkt sich über die Landschaft und lässt die roten Propagandaschriftzüge am Straßenrand verblassen. Wir sind auf dem Weg nach Haeju an der Westküste von Nordkorea.

Am nächsten Tag stehe ich mit der Kamera am Hafen. Soeben hat »Fortune Bay« in Haeju angelegt, ein Schiff aus Wilhelmshaven, das einen langen Weg hinter sich hat. In seinem Rumpf befinden sich 6.000 Tonnen gefrorenes Rindfleisch aus Deutschland. Knapp vier Stunden dauert es, bis die nordkoreanischen Soldaten und Hilfskräfte die 10.000 weißen Pappkartons mit dem gefrorenen Fleisch, die für den Standort Haeju bestimmt sind, aus dem Schiff ausgeladen und auf offene Lastwagen gestapelt haben. Geredet wird nicht viel bei der Arbeit, zack, zack, ohne Handschuhe werden die Kisten verstapelt und abtransportiert. Es ist Anfang November und beißend kalt. Die gefrorenen Kisten, alle 25 Kilo schwer, bleiben den Arbeitern an den Händen kleben. Die meisten von ihnen tragen nur dünne Stoffschuhe und billige dünne chinesische Jacken, die nicht wärmen. Im Takt fahren die Lastwagen ab. Auf den Ladeflächen stehen die Arbeiter im schneidenden Fahrtwind, ohne mit der Wimper zu zucken. Sie sehen aus wie die Helden auf den Gemälden des sozialistischen Realismus im Museum von Pjöngjang.

Das gefrorene Fleisch wird in die Gebäude der Public Distribution Center (PDC) gebracht. Das sind staatliche Ausgabestellen, die sich bemühen, die rund 24 Millionen Nordkoreaner durch Lebensmittelzuteilungen auf Stempelkarten zu versorgen. Am nächsten Morgen filme ich, wie die Mitarbeiter des PDC von Haeju im gekachelten Vorraum stehen und die Arbeit verrichten, die getan werden muss. Mit hochgekrempelten Armen holen sie weit aus und zerhacken die zusammengefrorenen

Rindfleischblöcke aus den Paketen in Portionen. Dann werden die großen Teile zersägt. Die abgeschlagenen Brocken spritzen über den glatten Fußboden. Die Bilder werden mir nie mehr aus dem Kopf gehen.

Alle besonders Bedürftigen sollen bald aufgerufen werden, sich ihre Ration Rindfleisch abzuholen. Es sind Familien mit schwangeren Frauen, stillende Mütter, Familien mit Kleinkindern. Die Nachricht erhalten sie direkt auf einen Radio-Empfänger in ihrer Wohnung, ein kleiner Kasten, der nie ausgeschaltet werden darf. Ich bleibe mit der Kamera an der Ausgabestelle, schwenke über die fast leeren Holzregale mit ein paar bunten Glasflaschen und filme die Zuteilerinnen mit ihren weißen Schürzen und sorgfältig gebügelten Häubchen. Die Belastungen des Lebens scheinen in ihren Puppengesichtern spurlos vorüber gegangen zu sein. Sie vermitteln ein Bild, das glauben lässt, dass sie alles im Griff haben.

Kurze Zeit später kommen sie, die ersten »Beneficiaries«, wie sie im Expertenjargon der internationalen Hilfsorganisationen bezeichnet werden, die Unterstützungsempfänger. Alles Frauen. Dass sie Hunger leiden, sieht man nicht, die gepflegte Winterkleidung verdeckt ihre schmale Statur. Bei aller Not legen die Koreanerinnen sehr viel Wert auf ihr Äußeres. Die Frauen tragen unscheinbare dunkle Stofftaschen in der Hand, lassen sich ihre Lebensmittelkarte mit einem winzigen roten Stempel abzeichnen und bekommen vier Kilo Rindfleisch ausgehändigt, das zuvor exakt abgewogen wurde. Wir befragen sie bei laufender Kamera. Ich schäme mich, Bilder zu machen von Menschen, die offensichtlich in Not sind. Die erzählen, dass ihr Land von Naturkatastrophen heimgesucht wird. Die niemals Fragen nach einem »guten Leben« stellen. Die gehorchen im Sinne eines unbedingten Gehorsams. Und denen immer wieder, seit sie denken können, gesagt wird, dass ihr Land das stolzeste Land auf der ganzen Welt sei, während gleichzeitig der Rest der Welt denkt, es sei ein erbärmliches und bankrottes Regime.

Und natürlich passiert der Abgleich im eigenen Kopf: Wie würde ich mich verhalten, wäre ich in dieser Situation? Wie fühlt sich Hunger an, den man selbst nie kennen gelernt hat?

Eine Frau schaut bedrückt in die Runde der Mitarbeiterinnen der staatlichen Verteilstation, weiß nicht, was sie auf unsere Fragen antworten soll und darf. Ich sehe ihre Furcht, etwas Falsches zu sagen. Dann bricht es aus ihr heraus. Sie weint. Krallt die Fingernägel in ihr Fleischpäckchen, das man ihr in altes Zeitungspapier eingeschlagen hat, und erzählt, dass sie seit fünf Jahren kein Fleisch mehr gegessen hat. Und bedankt sich bei uns, den Leuten aus Deutschland, für das Rindfleischglück.

Bei diesem Besuch 2002, während einer Zeit großer Nahrungsmittelknappheit in Nordkorea, können wir bei einer ungewöhnlichen Hilfsaktion mit der Kamera hautnah dabei sein. Im Zuge der BSE-Krise hatte sich in Europa der »Rinderberg« gehäuft. Niemand wollte damals Rindfleisch kaufen und essen, auch kein BSE-freies, geprüftes und zertifiziertes Fleisch. Immense Mengen sollten zur Marktbereinigung vernichtet werden. Aber dann kam es anders: Deutschland verschenkte das Fleisch von fast 100.000 Rindern als Winterhilfe an bedürftige Bürger von Nordkorea. Die gesamte Spendenaktion war umstritten. Viele wollten den Stalinisten keine Steaks gönnen. Es ging nicht um den Marktwert von knapp 80 Millionen Euro. Kern der Argumentation war, dass diese Hilfslieferung das »System Nordkorea« nur unnötig weiter am Leben halten würde. Erst als die koreanische Regierung signalisierte, sich um größtmögliche Transparenz zu bemühen und den Kontrolleuren bei der Fleischverteilung erlaubte, sich frei im Lande bewegen zu können, willigte die deutsche Regierung ein, das Fleisch zu verschenken.

Die Spendenaktion wird von neun deutschen Inspektoren überwacht. Sie sollen auch dafür sorgen, dass die Hilfsgüter weder auf dem Schwarzmarkt noch bei Funktionären oder bei der Armee landen, sondern wirklich bei denen ankommen, die das Eiweiß dringend benötigen. Das deutsche Monitoring-Team arbeitet nach dem Prinzip »Random Access«, »wahlfreier Zugriff«, ein Verfahren, das in Nordkorea normalerweise nicht gestattet wird. Es kontrolliert unangemeldet in Kindergärten, Waisenhäusern, Krankenhäusern und Schulen, ob die Fleischrationen wirklich verteilt werden, und unsere Kamera darf dabei sein. Die Reise im Windschatten der Fleischverteilungskontrolleure machen wir nur zu zweit, ein kleines und unauffälliges Team. Als erstem Fernsehteam erlaubt man uns, über den Alltag aus dem Norden Koreas zu berichten. Das Land öffnet sich uns ein kleines Stück weit und genehmigt, was sonst strikt verboten ist: nämlich »Kontakte zu normalen Bürgern«.

Zwei, manchmal drei nordkoreanische Begleiter sind während der Dreharbeiten immer an unserer Seite. Dass jedem Ausländer in Nordkorea sogenannte »Betreuer« zugeteilt werden, ist inzwischen allgemein bekannt. Das betrifft normale Touristen, vor allem aber Journalisten. Die Betreuer kümmern sich Tag und Nacht um ihren Gast, wohnen im gleichen Hotel. Sie dolmetschen und filtern die Bilder, die der Ausländer zu sehen bekommt, passen auf, dass er sich innerhalb der vorgeschriebenen Zone bewegt, keine Ausflüge alleine unternimmt, mit keinem Nordkoreaner redet. Wer meint, bei der Ankunft in Pjöngjang könne man sich einen Mietwagen leihen und auf eigene Faust das Land erkunden, hat das »Prinzip Nordkorea« nicht verstanden. Ein Besuch verlangt die Bereitschaft, sich auf ein System einzulassen, das es sonst in der Welt nicht mehr gibt. Und alles, was man dort sieht, weckt den Wunsch, noch mehr über dieses rätselhafte Land zu erfahren.

Mit den Begleitern, die man uns bei den verschiedenen Projekten zugeteilt hat, haben wir Riesenglück. Sie sind extrem kooperativ, hilfsbereit und meistens gut gelaunt. Für uns erwirken sie Genehmigungen für Drehorte, auf die wir vorher nicht zu hoffen wagten. Manchmal wirken sie ziemlich müde und ich brauche einige Zeit, um zu begreifen, warum. Es liegt an unserem umfangreichen Programm, für das sie bereits frühmorgens und auch noch spätabends telefonieren, Genehmigungen einholen und Termine klären müssen. Was in einem Land, in dem es zu jener Zeit nur eine Million Festnetzanschlüsse und keine Mobiltelefone gibt, nicht gerade einfach ist. Wie unsere Betreuer mit den anderen kommunizieren, ist uns nicht klar, aber wir bekommen mit, dass sie für Genehmigungen kleiner Drehorte manchmal zu drei verschiedenen Behörden laufen müssen.

Am Anfang ist es merkwürdig, immer einen zweiten »Schatten« an der Seite zu haben, obwohl wir das von anderen Dreharbeiten kennen. Aber wir sind uns sympathisch, daraus entsteht so etwas wie ein persönliches Vertrauensverhältnis und über die Arbeit hinaus eine Freundschaft, die auch viele private Gespräche zulässt. Da kommen nicht nur Fragen, wie ich denn die nordkoreanischen Männer finde, was wir zu Hause so essen, wie die deutsch-deutsche Wiedervereinigung abgewickelt wurde, wie Deutschland regiert wird oder wie viel ein Laptop bei uns kostet. Wir reden über Glück, Musik, Freiheit und über das Leben mit seinen guten und schlechten Seiten. Darüber, was eine schöne Frau auszeichnet und wie man sie erobern kann. Wir sprechen über Energiesparlampen, Rezepte für Krabbensalat, seltsame Krankheiten und ungewöhnliche Heilmethoden. Eines Abends traue ich mich zu fragen, ob sich in Nordkorea viele Leute umbringen, wenn sie nicht mehr weiter wissen. »Das kommt vor«, sagen sie einstimmig, aber keiner von ihnen kennt jemanden, der sich das Leben genommen hat. Es wundert mich, wie selbstverständlich sich unsere Begleiter zwischen ihrer eigenen Welt und den Eindrücken von »draußen« bewegen, die ihre tägliche Arbeit mit Journalisten zwangsläufig mit sich bringt. Wenn man weiß, wie es »draußen« aussieht, könnte man »drinnen« zerbrechen. Aber das passiert nicht. Die Loyalität zum eigenen Land ist größer.

Schon manche Ausländer sind auf die verwegene Idee gekommen, in diesem Land einen beliebigen Bürger auf der Straße anzusprechen oder gar ein spontanes Interview machen zu wollen. Fehlanzeige. Kontakte mit Ausländern sind nicht erlaubt, und von all den vielen Menschen, die wir im Laufe der Dreharbeiten »genehmigt« treffen und mit denen wir zum Teil viele Stunden zusammen verbringen, stellt niemand auch nur eine einzige Frage an uns. Keiner ist neugierig, ob aus Gleichgültigkeit oder aus Angst vor verfänglichen Diskussionen und deren negativen Folgen. Auch das ist eine spezielle Erfahrung, die ich so noch nicht erlebt habe. Zu gerne wüsste ich, ob sie hinter unserem Rücken reden. Und ob sie unsere Anwesenheit nur aus Pflichtgefühl ertragen und froh sind, wenn sie die Tür hinter sich zumachen können. All dieses Spekulative »Was denken die eigentlich wirklich?« beschäftigt mich mehr als das, was ich täglich sehe und höre.

Manchmal versuchen wir auszuloten, was filmisch noch außerhalb der genehmigten Drehorte möglich wäre. Bilder von Fabriken zum Beispiel, aber das ist absolut tabu. Kritisch sind auch Aufnahmen von Soldaten und jegliche Form von Militär. Für uns gelten klare Loyalitätsregeln, dass wir nichts filmen, was unseren Begleitern schaden oder sie gefährden könnte. Wir können ja wieder zurück fliegen, sie sind nach der Veröffentlichung der Filme ihren Behörden rechenschaftspflichtig. Mit Konsequenzen, die für sie und ihre Familien existenzbedrohend sein können. Wir wollen auch nicht hinter ihrem Rücken oder unter Ausnutzung unserer Freundschaft Bilder erzwingen, um die Zensur triumphierend zu überlisten, ein beliebter »Sport« mancher Nordkorea-Besucher.

Als wir am nächsten Tag unangemeldet mit dem Monitoring-Team in einer Krippe in Haeju eintreffen, liegen die Kinder gerade beim Mittagsschlaf. Die Inspektoren kontrollieren die Küche, die klinisch sauber ist. Ja, in der Suppe für die Kinder schwimmen einige Fleischstückchen. Es ist auch noch genügend Fleisch aus Deutschland vorhanden, um in den nächsten Tagen eine kräftige Sogogi Guk, eine Rindfleischsuppe, zu kochen. Kaum sind die Kinder wach, versammeln sie sich zum Singen. Ob speziell für uns oder weil Singen nach dem Mittagsschlaf immer auf dem Programm steht, wissen wir nicht. Die putzigen Kleinen sind zwischen drei und fünf Jahre alt und schon fest in der Obhut der nordkoreanischen Erziehung. Ihr Leben ist eine Mutprobe mit ungewissem Ausgang. Von klein auf lernen sie Wörter wie »Kampf«, »Pflicht«, »Mission«, »Treue«, »Revolution«, hören von den Errungenschaften des Landes und vom Glanz der Führer. Perfektion oder besser Gleichschaltung in Perfektion, darum geht es, und natürlich immer wieder um die Huldigungen des Führers Kim Jong Il, der einem Gott gleich verehrt wird. Vor den Kleinen steht die Erzieherin in einer Tracht aus grüner Seide mit blütenweißer Schürze und gibt den Takt vor. »Wir gehen durch schwierige Zeiten«, singen die Kinder, stampfen im Takt auf den Boden und bewegen ihre unterernährten Ärmchen zu eleganten Tanzposen. »Wir bitten niemanden um Hilfe, wir werden immer voran schreiten. Wir arbeiten kraftvoll und fröhlich unter der Führung unseres lieben Generals, um unser Land zu einem starken Land zu machen.« Alle Kinder singen bereitwillig mit, als wollten sie uns zeigen, was sie schon alles können. Sie tragen dicke Wollpullover und man sieht es ihnen nicht an, ob sie unterernährt sind. Die meisten haben große, wache Augen und rote Bäckchen. Aber dann bemerkt man es doch: die Kinder sind wesentlich kleiner, als sie in ihrem Alter sein sollten, manche wirken lethargisch und kraftlos. Wahrscheinlich leiden sie an Eiweiß- und Vitaminmangel und sind leicht anfällig für Krankheiten. Während ich die tanzenden und singenden Kinder filme, frage ich mich, wie diese wohl in 20 Jahren über ihre Erziehung denken werden.

Das Abendessen im Hotel ist wohlschmeckend und üppig wie immer. »Jetzt noch einen Nachtisch?« »Nein danke.« Wer könnte nach den Eindrücken dieses Tages so tun, als sei die Welt in Ordnung? Ich schlendere in den Hotelshop für ausländische Gäste, kaufe ein paar Zigaretten und eine kleine Packung, die den vielversprechenden Namen »Hangover-Chaser-Tea« hat, aber es gelingt mir nicht, meine trübe Stimmung zu verjagen. Ich schlafe schlecht und träume wild. Im Traum verliere ich alle Bilder, die ich gedreht habe. Unbekannte Eindringlinge kommen in mein Zimmer, öffnen meinen Schrank und streichen mit einem großen Magneten über die Videobänder. Alle Bilder sind gelöscht, auf den Bändern blitzt nur noch weißes Rauschen. Ich habe dieses Szenario schon mehrmals geträumt, aber der Rest ist noch beunruhigender. Im weiteren Traum filme ich keine normalen Menschen. Optisch sehen sie völlig normal aus und verhalten sich auch so. Aber in der Mitte ihres Rückens, etwa auf der Höhe des sechsten Brustwirbels, stecken kleine Metall-Schlüssel, wie sie auch Blech-Aufziehfiguren haben. Meine Filmfiguren agieren wie Spielzeuge, die ihre Energie entfalten, wenn sie aufgezogen werden, um dann, nach einigen Sekunden völlig zu erstarren, wenn der mechanische Antrieb fehlt. Sie stehen da wie versteinert. Ich gehe duschen und dann hinunter zum Frühstücksraum. Es ist alles in Ordnung, das Frühstück für uns Ausländer ist gedeckt, der Toast steht auf dem Tisch, chinesische Marmelade, Butter, die Nescafédose und sogar das Blumensträußchen aus Plastik. »An nyeong ha se yo«, »guten Tag« begrüßt mich das rotgewandete Serviermädchen und fragt, ob sie noch Rühreier bringen soll.

Wir filmen in der Taek Am-Kooperative. 1953 gegründet, leben heute 2850 Menschen hier von ihrer Hände Arbeit. Der Chef, Herr Ri, erklärt uns, dass Reis, Obst, Gemüse und Tabak angepflanzt werden. Außerdem hat die Kooperative eine kleine Bienenzucht. Es gäbe 34 Traktoren, 10 Lastwagen, 4 Kindergärten, 10 Kinderkrippen, 2 Grundschulen, eine höhere Schule sowie ein Krankenhaus, so hören wir von ihm. All das würde von der Kooperative verwaltet. Wir dürfen auf dem Feld drehen, das Pflügen mit dem Ochsen aufnehmen, weil alle Traktoren defekt sind, eine Familie in ihrem Alltag begleiten und mit ihr zu Mittag essen. Wir hören, wie die Ehefrau ihren Mann vom Feld reinruft: »Komm, das Essen ist fertig«. Auf einem niederen Tisch sind die Speisen angeordnet: Reis, frischer Salat, scharfe Chilis und Kimchi, eingelegter Kohl, das Lieblingsgemüse der Koreaner. Dazu gibt es Tee und einige Flaschen Maekchu, koreanisches Bier. Fleisch wird nicht serviert. Würde es welches geben, könnten wir glauben, das Mahl sei für uns inszeniert. Die Familie und wir sitzen im Schneidersitz um den Tisch herum auf Strohmatten auf dem Fußboden. Alles wirkt echt und koreanisch.

Warum es vermutlich auch in Zukunft schwer sein wird, genügend Nahrungsmittel für die Menschen in Nordkorea zu produzieren, wird uns klar, als wir über Land fahren. In den westlichen Provinzen, der Kornkammer Nordkoreas, wachsen Reis, Mais, Gerste, Weizen und Kartoffeln. Aber wir sehen magere und ausgezehrte Ochsen, die die Felder pflügen, kaputte Traktoren, oft fehlt es an Bewässerungsanlagen. Es gibt zu wenig Benzin und keinen Dünger. Selbst schwerste Arbeiten müssen manuell erledigt werden, und alles, was zwei Füße und zwei Hände hat, wird abkommandiert zum Sonder-Einsatz, wenn es etwas zu Ernten gibt.

Rückblende. Nordkorea ging es einmal viel besser. Es war ein Land der verarbeitenden Industrie, keine Agrargesellschaft. Ein Leuchtfeuer im internationalen kommunistischen Wirtschaftssystem. Nach dem Koreakrieg war der Norden sogar entwickelter als der Süden. Der schweren Krise Nordkoreas ging ein wirtschaftlicher Abstieg voran, der mit dem Zusammenbruch der Sowjetunion begann und große Teile des Handel mit den kommunistischen Staaten wegbrechen ließ. Aus Mangel an Rohstoffen arbeiten derzeit viele Fabriken nicht mehr. Jeder dritte Einwohner der einstigen Industrienation ist dazu gezwungen, bäuerliche Arbeiten zu leisten, um das Allernotwenigste zu erwirtschaften. Aber die Aussicht auf ertragreiche Ernten des geliebten »choson bap«, eine nordkoreanische Reissorte, ist utopisch, denn für großflächigen Reisanbau ist der Boden ungeeignet, und es ist viel zu kalt. Noch dazu kommen immer wieder lange Dürreperioden im Wechsel mit Flutkatastrophen. Deshalb bleibt der Arbeiter- und Bauernstaat jedes Jahr hinter seinem Produktions-Plansoll zurück, was zwar jeder Nordkoreaner bitter am eigenen Leib spürt, aber offiziell keiner wissen darf.

Wie kritisch sich der Mangel auch im Gesundheitssystem niederschlägt, erfahren wir, als wir in einem Provinzkrankenhaus filmen. Wir werden von einem nervösen Klinikchef empfangen, der uns auf die schwierige Situation vorbereitet. Zwei Krankenschwestern stehen neben ihm und streichen sich pausenlos die Schürzen glatt. In einer Gesundheitsbroschüre, die im Flur liegt, lese ich das Vorwort von Kim Il Sung:

»In unserem Gesellschaftssystem ist der Mensch das wertvollste Element. Es ist unser Ziel, das öffentliche Gesundheitswesen weiter zu entwickeln, um das Leben der Menschen zu schützen und für die Gesundheit der Arbeiterklasse vorzusorgen.«

In der Klinik sind nur wenige Krankenzimmer belegt. Hierher kommt nur, wer sich zu Hause absolut nicht mehr zu helfen weiß. Nordkorea hat gut ausgebildete und motivierte Ärzte, aber es gibt zu wenig Medikamente, keine Desinfektionsmittel, keine funktionierende Technik. Nicht nur das Röntgengerät sei seit zwei Jahren außer Betrieb, es könnten auch kaum Operationen durchgeführt werden, erklärt der Klinikchef. Es fehlen Betäubungsmittel für Narkosen, Verbandszeug, Penicillin. »Wir sollen eigentlich Nachschub bekommen, wenn wir alle Antibiotika verbraucht haben«, so hofft er. »Aber es kommt bedauerlicherweise nichts. Deshalb gestalten sich die Behandlungen als äußerst schwierig. Es gibt oft keinen Strom und nicht einmal mehr ein Krankenfahrzeug. Das Krankenhaus verfügt zwar noch über einen LKW, aber der hat schon ausgedient. Der Motor springt nicht mehr an.«

Wir, das westliche Filmteam, schauen uns ratlos an, können einfach nicht glauben, dass ein Land, das noch vor ein paar Jahrzehnten medizinische Geräte exportierte, einen Gesundheitsstandard hat, der kaum mehr die Notversorgung aufrecht erhalten kann. Als ich dann in einem der Krankenhauszimmer filmen darf, betätige ich reflexhaft den Auslöser und kann nicht richtig hinsehen: Es sind Kinder ohne jede Hoffnung, die hier auf den Betten liegen, entkräftet, ausgezehrt und dem Tod nahe. Ihre ebenso blassen Mütter stehen ratlos an den Betten. Sie müssen eine Situation ertragen, die die Kraft einer jeden Mutter übersteigt. Das Krankenhauspersonal gibt unter den schwierigen Umständen ihr Bestes. Aber Glukose-Infusionen sind das Einzige, was man für die Kranken tun kann, und diese werden in Bierflaschen aufbereitet. Essen müssen die Angehörigen mitbringen. Auch mit dem Heizen sieht es schlecht aus. Mitten im November gibt es kein Brennmaterial. Selbst die Seife ist knapp.

Es ist klar, dass sich unsere beiden Begleiter schämen, dass wir Bilder von Not und Elend sehen und das Leid ihrer Bevölkerung mit dem Film in die Welt tragen. Bilder der Not verletzen den Stolz Nordkoreas. Fragt man nach den Ursachen der Krise, dann kommen diese meist von außen. Schuld sind Überschwemmungen, Dürreperioden, Nachschubmangel, vor allem aber die Amerikaner. Gäbe es die Amerikaner nicht und wären die USA nicht in Südkorea, dann gäbe es keine Not und auch sonst keine Probleme. Viele Nordkoreaner glauben, dass sich andere gegen sie verschwören und ihnen schaden wollen. Wenn man sich damit näher auseinandersetzt, versteht man diese Art von Feindbilddenken als eine Folge von lebenslanger Propaganda.

In vielen Köpfen ist der Kalte Krieg noch nicht beendet, die alten Feinde nicht vergessen. Auch nicht die düsteren Zeiten, in denen Japan, Russland, China und die USA in und um Korea kämpften. Der rigide politische Kurs des Nordens lässt sich zum Teil aus der Vorgeschichte erklären, dem langen und entwürdigenden chinesischen und japanischen Protektorat von 1905-1945. Der Ausbau der militärischen Abschreckung in Nordkorea, der fast ein Drittel des Staatshaushaltes kostet, befriedigt deshalb auch den alten Wunsch nach nationaler Stärke. Eine Stärke, die niemand mehr ungestraft herausfordern soll.

Es ist Erntezeit für Weißkohl, das Basisprodukt für Kimchi, die scharf und gesalzen eingelegte Gemüsespezialität, die während des Winters ein Minimum an Vitaminversorgung gewährleistet. Wir filmen auf einem großen Acker, vor dem ein Propagandawagen steht, mit einem verbeulten Lautsprecher auf dem Dach. Im Auto sitzt eine junge Frau mit Dauerwelle vor dem Mikrofon. Mit enthusiastischem Pathos feuert sie die Arbeiter im Feld an: »Volksgenossen, die ihr erwählt seid, die große Ernteschlacht zu schlagen, seid gegrüßt. Ihr seid im Dienst des großen Willens des Großen Führers, der alle Zeit strebt, die Volksgenossen gesund zu nähren. Schlagt nun die Ernteschlacht, Euer Herz, es brenne heiß.«

Eine Kapelle mit zwei Akkordeonspielern und einigen gut aussehenden Sängerinnen steht am Rande des Feldes und begleitet das Herauszupfen der Kohlköpfe mit munteren Liedern. Frauen und Männer arbeiten im Eiltempo und stapeln die Weißkohlköpfe auf der Ladefläche eines Lastwagens. Wir können den Kooperativenchef befragen, wie die Ernte ausgefallen ist. »Wir haben früher so ein Leben geführt, dass wir keinen anderen zu beneiden wussten«, sagt der 52-Jährige. »Aber seit einiger Zeit ist die Ernte schlecht. Wir sind aber sicher, dass wir die jetzige schwierige Situation überstehen werden. Wir leben schon in zuversichtlicher Erwartung. In fünf Jahren werden wir ein Leben führen, dass wir keinen anderen zu beneiden brauchen. Wir werden uns in Städten und in Familien, in einem Haus, das viel besser ist als unser jetziges, wieder sehen können, wo man sich keine Sorgen um Nahrungsmittel, Kleidung und allerlei Lebensmittel machen muss.« Ich biete dem Kooperativenchef Zigaretten aus meiner letzten Schachtel Lucky Strike an. »Was sind das für Zigaretten?«, fragt er. »Amerikanische«, erkläre ich. »Gut so«, sagt er, zündet sich eine an und lächelt schelmisch, »man muss den Feind verbrennen«.

Die Sorgen sind groß in Nordkorea, aber noch größer ist die Zuversicht, dass man es aus eigener Kraft schaffen kann, die Lage zu verbessern. Jeder Vierte im Land hat nicht genügend zu essen, so schätzen Experten des Welternährungsprogramms, aber kaum ein Koreaner erzählt uns das vor der Kamera. Nur ein alter Rentner in der Stadt Hamhung traut sich zu berichten, wie er die schwersten Jahre der Not überstanden hat. »Alles haben wir damals gegessen, um den Hunger zu stillen. Wir haben wilde Kräuter gesammelt, Blätter, Eicheln, gemahlene Rinde, sogar Gras zu Brei gekocht,« erzählt der Rentner mit leiser Stimme. Erst im Laufe der Dreharbeiten begreife ich, welchen Einfallsreichtum die Leute aufbringen müssen, wenn es ums Überleben geht. Sie fangen Frösche, Hunde, wilde Vögel, und wer kann, züchtet irgendetwas Essbares auf dem Balkon oder im Vorgarten. Manche müssen ihre Besitztümer verkaufen für ein bisschen Essen. Selbst in besten Zeiten kann Nordkorea nur etwa sechzig Prozent des Nahrungsmittelbedarfes für seine Bevölkerung produzieren, und das Land kann es sich kaum leisten, die fehlenden vierzig Prozent zu importieren, denn es fehlt an Geld und Devisen. Aber mitten in der schlimmsten Hungersnot in den 90er Jahren, die vielleicht sogar mehr als eine Million Tote fordert, bestätigt die französische Cognac-Firma Hennessy, dass Nordkorea mit Bestellungen für 750.000 Dollar pro Jahr ihr bester Kunde ist.

Unsere Begleiter drängen zur Rückfahrt nach Pjöngjang. Offensichtlich fühlen auch sie sich in der armen Provinz nicht wohl. Auf der langen Rückfahrt veranstalten wir in unserem Teambus ein Wunschkonzert mit Weltmusik. Alle außer meinem Kollegen möchten wieder die Langfassung von »O Superman« von Laurie Anderson hören. Dazu wird Kette geraucht. Müde erreichen wir Pjöngjang, die Metropole der Werktätigen, die Stadt der Monumente, Plattenbauten und Exerzierplätze. Auf der breiten Chollima-Straße im Stadtzentrum fahren sogar ein paar Autos, eine schmucke junge Polizistin regelt den Verkehr. Es sind viele Fußgänger unterwegs, die Hauptstädter kommen gerade von der Arbeit nach Hause. Ich beobachte die Leute auf der Straße aus dem Busfenster heraus. Die Männer mit dem Porträt ihres Staatschefs als Anstecknadel am Revers, kurze Haare, niemals strubbelig, vorwiegend Hosen mit Bügelfalte. Die Frauen ebenfalls mit dem Porträt ihres Staatschefs als Anstecknadel am Revers, präzise Haarschnitte mit Dauerwelle, unauffällig dunkel gekleidet. Alle Schrittbewegungen sind energisch, kontrolliert, niemals wird geschlurft. Kaum jemand läuft auf der Mitte der Trottoirs, sondern eher schnellen Schrittes am Rande. Die Stadt scheint ihre Bewohner einzuschüchtern, aber verglichen mit dem Rest des Landes geht es den Menschen in der Dreimillionenstadt besser. Wer in Pjöngjang lebt, gehört eher zur Elite und ist ausgesprochen staatstreu, denn die Hauptstadt gilt als Schaufenster für das ganze Land.

Im Koreakrieg Anfang der 50er-Jahre hatten die Amerikaner 450.000 Tonnen Bomben auf die Halbinsel geworfen, viele davon trafen Pjöngjang. Das neue Pjöngjang entstand auf dem Reißbrett. Die Machthaber nutzten die Architektur als Mittel der politischen Selbstdarstellung, mit breiten Straßenachsen und riesigen Gesellschaftsbauten. Wer in Pjöngjang wohnt, genießt den Komfort einer kommunistischen Musterstadt.

Uns fällt auf, dass sich alle Gebäude in Pjöngjang dieser Art von Architektur unterordnen. Geschäfte reihen sich unauffällig in das Straßenbild, sind von der Straße aus kaum zu erkennen. Es gibt so gut wie keine Werbeplakate für irgendwelche Produkte, keine Neonreklamen. Nur Wandtafeln mit den Porträts der Führer, geschmückt mit Blumenmotiven und Gedichten, die etwa so lauten: »Rot floss das Blut, Blut floss herab vom Berge Jangbaek, auch das Amnokwasser so rot, blutrot floss es hinweg. Blumen erblühen heute, Blumen rot wie Blut, Blumen im freien Land, Korea hat es gut: Heiß ersehnt der General, weltbekannt das Wort für alt und jung, heute kündet überall seinen Ruhm dies Lied: Kim Il Sung!«

170 Meter hoch über Pjöngjang ragt eine rote Flamme, die jede Nacht beleuchtet ist, auch wenn der Rest der Stadt im Dunkeln liegt. Es ist die Flamme des Juche-Turmes. Ein Symbol für Nordkoreas eigenwilligen Weg auf der Suche nach politischer Souveränität, wirtschaftlicher Selbstversorgung und militärischer Eigenständigkeit. Die Juche-Theorie, die von Kim Il Sung begründet wurde und in allen Köpfen bis heute fest verankert ist, sieht in den Volksmassen die »Herren der Revolution«. Jeder soll Herr seines Schicksals sein und jeder die Kraft haben, sein Schicksal zu entscheiden, so die Theorie. Doch wer meint, dass jeder seines Glückes Schmied sein soll, sollte ihm zumindest nicht den Hammer wegnehmen.

Neben den vielen sozialistischen Großbauten und Wohnsiedlungen besitzt Pjöngjang auch ein Theater im griechischen Baustil, eine neoklassizistische Kongresshalle und einen Triumphbogen, der dem von Paris ziemlich ähnlich ist, aber sechs Meter höher. Fast alle diese Bauten filme ich, einige bei den Dreharbeiten für den Dokumentarfilm über die Fleischverteilung, andere bei späteren Filmprojekten. Ich bin mit der Kamera im Studienpalast des Volkes mit einer Sammlung von angeblich drei Millionen Büchern, im 1. Mai-Stadion, das für 150.000 Zuschauer Platz haben soll, im Kinderstudentenpalast, im Museum des Vaterländischen Befreiungskrieges, im Revolutionsmuseum, in der großen koreanischen Kunstgalerie, im Opernhaus an der Yonggwang-Straße, im Kaufhaus Nummer 1, sogar in der Hauptverkehrswache mit den hübschesten Polizistinnen der Hauptstadt.

Was uns aber mehr am Herzen liegt als monumentale Bauten sind Bilder vom Leben einer normalen Familie in Pjöngjang. Und Menschen, die uns in ihre Wohnung lassen. Wir landen bei Frau Uu, einer 58-jährige Rentnerin mit einem sympathischen, offenen Blick, der aber schnell in Strenge umschlägt, wenn ihr etwas nicht passt. Sie wohnt zusammen mit ihrem Sohn und ihrer Schwiegertochter in einem Wohnblock in der Nähe der Chollima-Straße. Bis vor Kurzem war Frau Uu noch als Arbeiterin in einem Produktionskollektiv tätig, jetzt hilft sie dem jungen Ehepaar, deren Baby zu versorgen. Wir schlagen vor, Frau Uu mit der Kamera beim Kochen für die Familie zu beobachten, und sie stimmt zu. Ich klemme mich mit der Kamera in die Ecke neben ihrem Küchenherd und filme, wie sie einen kleinen Kohlkopf schneidet, den sie von ihrem Balkon geholt hat. Dann wäscht sie im Steinwaschbecken die Weißkohlblätter, etwas mühsam, weil das Wasser kaum Druck hat und nur als kleines Rinnsal aus dem Hahn kommt. Als wir sie fragen, ob die Familie satt wird, sagt sie: »Bohnen und Getreide sind knapp. Vor allem auch Reis. Es gab mehrere Naturkatastrophen, deshalb haben wir jetzt diese Not.«

Dann sitze ich mit den beiden Jungen auf dem Wohnzimmersofa. Sohn und Schwiegertochter von Frau Uu tragen dicke Wollpullover und handgestrickte Socken, das Baby ist in eine dicke karierte Decke gehüllt, weil die Heizung nicht richtig warm wird. Die Möblierung ist spärlich, neben dem Sofa ein Sessel, ein Tisch, ein Regal mit ein paar Büchern, ein kleiner Fernseher, auf dem ein gehäkeltes rosa Deckchen liegt. Darauf steht eine Blumenvase mit Plastikblumen. Über dem Fernseher, weit oben an der Wand wie allgemein üblich, hängen in dunkelbraunem Holzrahmen die beiden Portraits der Führer Kim Il Sung und Kim Jong Il. An der anderen Wand ein Kalender, ein Landschaftsbild mit Wasserfall, das ist alles. Als wir die Schwiegertochter fragen, wie es der Familie gehe, beklagt sie sich nicht, lobt Land und Regierung und fängt an zu lächeln. »Wenn ich mein Kind sehe, denke ich immer an den geliebten Führer Kim Jong Il und seine Armee-Zuerst-Politik und danke ihm, dass wir im besten Land der Welt leben können.«

Wir hätten uns eine andere Antwort erhofft. Aber was soll die junge Frau anderes sagen? Nordkorea kreist um sich selbst. Die Bevölkerung ist seit mehr als 50 Jahren eingesponnen in einen Kokon aus Staatspropaganda. So hat auch Familie Uu in ihrem Leben nichts anderes kennen gelernt als die vermeintliche Überlegenheit des nordkoreanischen Staates. Sie glaubt, dass es den Menschen in anderen Staaten noch schlechter geht und verachtet jeden, der nicht genügend Durchhaltekraft für den schweren Marsch aufbringt, den ihr Heimatland gehen muss. Niemals wird sie sich beklagen, schon gar nicht bei Ausländern wie uns. Und niemals erreichen Familie Uu andere Informationen über ihr Radio- oder Fernsehgerät als die der staatlichen Medien der Demokratischen Volksrepublik Korea. Was anderswo auf der Welt passiert, erfahren die meisten Nordkoreaner selten. Sie kennen kein Internet, kein Video. Ausländische Zeitungen sind nicht nur verboten, es gibt sie schlicht nicht. Oder nur für eine ganz kleine Elite, die Zugang zu internationalen Medien hat und sogar aus China geschmuggelte DVDs anschauen kann. Der Normalbürger wird durch staatliche Zeitschriften nur mit Informationen versorgt, die er wissen soll. Ich frage mich wie schon so oft während der Dreharbeiten: Was denken Menschen, die schon seit mehr als einem halben Jahrhundert so leben, eigentlich wirklich? Und was wird passieren, wenn sie merken, dass es auch noch eine andere Welt gibt als ihr Paradies der Arbeiterklasse?

Für den durchschnittlichen Genossen scheint das Leben in Pjöngjang nicht einfacher zu werden, aber es gibt auch »Ausnahmebürger«. Solche treffen und filmen wir im Bowlingzentrum von Pjöngjang. Es sind Bilder aus einer ganz anderen Welt. In der großen Bowlinghalle sitzt die hippe Jugend der Hauptstadt, vermutlich Kinder von Funktionären, gut genährt und mit modischem chinesischem Outfit bekleidet. Fast alle wirken selbstbewusst. Manche Teenager tragen Sonnenbrillen und Kappen mit Nike-Logo, einige Mädchen so kurze Röcke, wie wir sie in der Stadt noch nie gesehen haben. Es entsteht der Eindruck, dass sie sich fast schon vom alten Nordkorea verabschiedet haben.

Privilegierte Hauptstädter sehen wir auch in stilvollen Restaurants wie dem Moranbong. Die Elite lässt sich mit Chauffeur in alten Benz-Limousinen vorfahren, um dann diskret an Tischen hinter Bambusstellwänden Platz zu nehmen. Dort bespricht man die neuesten Geschäfte, feiert ein Familienfest oder eine neue Liebe und verspeist mit metallenen Essstäbchen vorzugsweise große Meeresfrüchte-Platten. Ob ein Abendessen zu fünft auch mit 130 Euro zu Buche schlägt wie für uns, kann ich nicht in Erfahrung bringen.

Nordkorea beginnt sich zu verändern. Wer genau hinschaut, bemerkt auch zaghafte ökonomische Reformen. Es gibt seit einiger Zeit legale Privatmärkte mit Produkten nordkoreanischer Bauern und vor allem mit Waren aus China. Neu eröffnete Lebensmittelgeschäfte und Restaurants erwecken Erwartungen, die vorerst nur wenige befriedigen können. Aber das Land macht derzeit einen ersten Versuch, dem Wohlstand eine Tür zu öffnen. Vielleicht sind auch die bunteren T-Shirts, die man bei unserem Besuch 2005 sieht, die zunehmende Zahl von Privatautos mit gelben Nummernschildern auf den Straßen oder die vereinzelten Werbebotschaften ein Zeichen dafür, dass sich die Wirtschaft erholt. Die Hungersnot scheint gebannt, und hier und da bemerkt man Konsumgüter, die es in Nordkorea vorher nicht gab. Seit Kurzem sieht man sogar westlich gekleidete Menschen mit Mobiltelefonen. Das Interesse ist groß, jeder möchte an der neuesten modernen Errungenschaft teil haben, obwohl die Geräte noch ein Vermögen kosten. Der Netzbetreiber Koryolink verzeichnet bereits eine Million Nutzer, die mit einer Prepaid-Karte telefonieren. Aber die mobile Reichweite ist gering, funk-

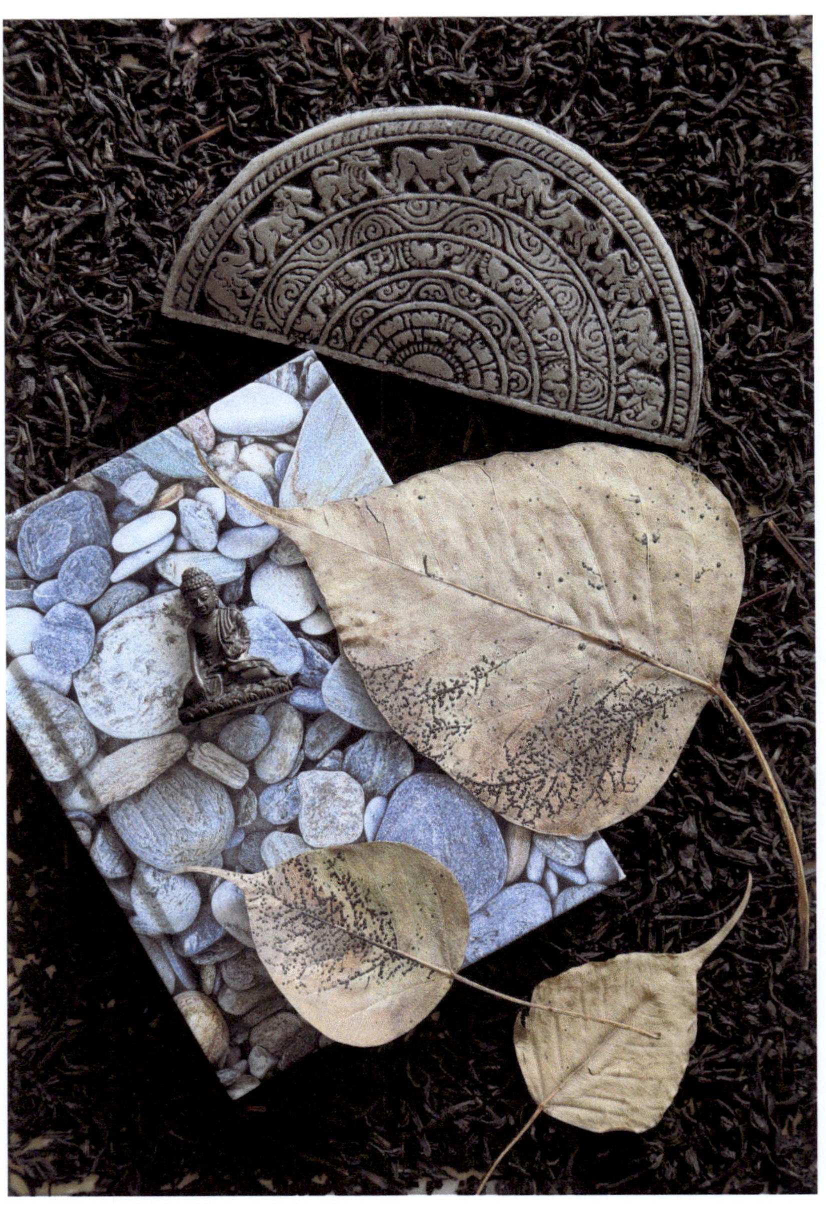

Nah bei Buddha in Anuradhapura, Sri Lanka

Ich wache auf, weil das Dach bebt. Es klappert wie verrückt, für einen kurzen Moment denke ich sogar an ein Erdbeben. Das Geräusch ist unbekannt, ungleichmäßig, dröhnend. Ich springe aus dem Bett, laufe ans Fenster und verdrehe meinen Kopf nach oben Richtung Dach. Da sehe ich sie, die Hutaffen, die kreischend über das Blechdach turnen und sich dann in den Bäumen des Nachbargrundstücks nieder lassen. Schon wach? Es ist sechs Uhr morgens, gerade hell geworden und Zeit zum Aufstehen. Vor der Zimmertür hat sich eine große Pfütze mit Regenwasser gebildet, das in der Nacht durch die Decke getropft ist. Das Wasser aus dem Wasserhahn läuft nicht, aber im Erdgeschoss gibt es frischen Kaffee und Omelett mit gekochtem Reis und Gemüse-Curry. Ich bin in Anuradhapura, in der nördlichen Zentralprovinz von Sri Lanka. Ein Ort, an dem der Buddhismus seinen Anfang nahm, und in dem die Glücklichen leben, die nach nichts streben.

Nach dem Frühstück fahre ich mit Anton ins Gelände. Anton, ein kleiner, drahtiger Mittvierziger, verdient seinen Lebensunterhalt als Guide und ist in Anuradhapura geboren. Er kennt sich hier gut aus und spricht einigermaßen Englisch. Anton hat einen Freund angeheuert, einen zuverlässigen Tuc-Tuc-Fahrer, der uns mit seinem Dreirad-Moped mit breiter Rückbank zur Vorbesichtigung zu den geplanten Drehorten bringt.

Anuradhapura ist eine zweigeteilte Stadt. Sie besteht aus einem modernen Teil, der erst im 19. Jahrhundert gegründet wurde und sich wie jede x-beliebige Stadt in Sri Lanka anfühlt. Und einem antiken Teil, einer großflächigen Stadtruine, die lange im Dschungel versteckt und vergessen lag, bis sie 1820 von einer britischen Expeditionsgesellschaft wiederentdeckt wurde. Diesem antiken Anuradhapura gilt mein Besuch und das Filmvorhaben. Es zählt heute zu den wichtigsten Sehenswürdigkeiten Asiens, vergleichbar dem fast tausend Jahre jüngeren Angkor Wat in Kambodscha oder Pagan in Burma.

Am ersten Besichtigungstag schaffen wir nicht einmal ein Viertel der Ruinenstadt. Nicht nur wegen der Hitze, sondern vor allem, weil die antike Stadt unerwartet groß und weitläufig ist. Das alte Anuradhapura dehnt sich auf einer Fläche von über vierzig Quadratkilometern aus. Wo man heute über Baumwurzeln stolpert und sich in wegelosem Gelände in dichtem Grün verläuft, sollen einst über 100.000 Menschen gewohnt haben. Vielleicht sogar noch mehr, denn ein erheblicher Teil der antiken Bauten ist bis heute noch gar nicht freigelegt. Die ältesten Ruinen stammen aus dem 3. Jahrhundert vor, die jüngsten aus dem 11. Jahrhundert nach Christus. Dann wurde die einstige Königsstadt der 119 Singhalesenkönige von tamilischen Hindu-Cholas aus Indien erobert und zerstört. Die architektonischen Reste der buddhistischen Hochkultur holte sich der Dschungel schnell zurück.

Wir fahren zuerst zu den Höhlenklöstern Vessagiri, klettern über riesige, abgerundete Gesteinsbrocken, auf denen herrenlose Katzen streuen. Man hätte die Höhlen auch in die »Topliste der unheimlichen Orte« aufnehmen können. In den Felsnischen mit Blick in die dicht bewaldete Ebene sollen einst Mönche gelebt haben, die sich Buddhas Lehre strengstens zu Herzen genommen hatten. Und die Steine sehen so aus, als hätten sie alles mitangehört, die Sprüche, die Mantren, die neuen Gedanken. Noch ahnte damals niemand, dass sich in der Abgeschiedenheit der Wälder ein geistiges und kulturelles Zentrum entwickeln würde, das für Jahrhunderte die Geschichte des tropischen Inselstaates prägen sollte. Lange vor Christi Geburt suchten die Anhänger der neuen buddhistischen Religion hier nach dem Pfad der vier edlen Wahrheiten.

Sie lebten asketisch, zurückgezogen und in Harmonie mit der Natur. Hier waren sie dem Himmel nahe und ließen sich von einer Landschaft gefangen nehmen, die man noch heute als wildromantisch bezeichnen kann. Tröstlich ist, dass Archäologen festgestellt haben, dass die Mönche zumindest einen Luxus kannten: eine Traufleiste an ihren Eremitenfelsen, die sie sich gemeißelt hatten, damit das Regenwasser daran abtropfen konnte, statt ins Innere ihrer unkomfortablen Höhlen zu rinnen.

Anton will mir einen ganz besonderen Platz zeigen, »a holy place«. Wir halten hinter einem kleinen Wäldchen und laufen über sumpfiges Gelände. Dahinter liegen die Reste einer Steinbrücke. Sie besteht aus Pfeilern, Querbalken und über drei Meter langen Längsträgern, alle massiv aus Stein. Die Brücke führt nur ein kurzes Teilstück über den Malwatu-Fluss, der größte Teil ist eingestürzt. »Von da aus sind sie nach Anuradhapura gekommen«, ruft Anton und zeigt auf den kleinen Fluss und die Brücke. »Das sagen alle unsere Vorfahren, über diese Brücke sind sie gekommen«.

Die Missionierung ist historisch belegt, die Impulse kamen aus Indien. Ob aber Thera Sanghamitta, die Tochter des indischen Herrschers Ashoka, 236 vor Christus mit großem Gefolge wirklich über diese eine Steinbrücke nach Anuradhapura gekommen war, ist eigentlich nicht wichtig. Viel wichtiger ist, dass Sanghamitta zusammen mit ihrem Bruder aus Indien angereist war, um Sri Lanka einen neuen Glauben zu bringen. Mit sich trug sie einen kleinen Ableger von einem Pappel-Feigen-Baum. Kein gewöhnlicher Baum, sondern ein Steckling von eben jenem Bodhi-Baum in Indien, unter dem Siddhartha Gautama seine Erleuchtung erfahren hatte. Und zu Buddha wurde, als er 35 Jahre alt war.

In Anuradhapura wird seit über 2.000 Jahren ununterbrochen gebetet. Wer zum heiligsten Ort gelangen will, muss zuerst strengste Sicherheitskontrollen passieren: Musterung, Body-check, Taschenkontrolle, Röntgen. Das ganze Gebiet ist weiträumig abgezäunt, denn es haben Anschläge stattgefunden. Der letzte war 1992, und bei dem Überfall durch tamilische Rebellen wurden auch viele Bauern aus der Gegend massakriert. Etwa 25 bewaffnete Soldaten bewachen heute rund um die Uhr einen Baum. Den Sri Maha Bodhi-Baum, den Baum der Erleuchtung. Dieser Baum ist eingefriedet, wird von einem goldenen Gitter umzäunt und von speziellen Priestern rund um die Uhr gehegt und gepflegt. Einige altersschwache und brüchige Äste werden sogar von goldenen Krücken-Stangen gestützt. Mit den Baumblättern flattern Hunderte von buddhistischen Fahnen im Wind. Der Sri Maha Bodhi ist ein Ableger eben jenes Bodhibaumes aus Indien, der in seiner Urform schon lange nicht mehr existiert. Eine große Pappel-Feige, deren Blätter eine ähnliche Form haben wie die Umrisse der Insel Sri Lanka. Eine Form wie eine Träne. Oder ein Blutstropfen.

Vom heiligen Bodhibaum berichten zahllose Legenden und Schriften. Überliefert ist, dass schon der antike Herrscher Dutthagamani dem Baum eine extra Wasser-Zuleitung spendiert haben soll. Auch nach der Zerstörung der Stadt haben Mönche den Baum geschützt, gepflegt und über ihn geschrieben. Deshalb gilt er als der älteste historisch dokumentierte Baum der Welt. Weil er ein lebendiges Symbol Buddhas ist, wurde der Sri Maha Bodhi-Baum zum nationalen Heiligtum erklärt. Diesen Baum zu erhalten zählt heute zu den offiziellen Aufträgen der Regierung, der Direktor des weltberühmten botanischen Gartens des Ortes Kandy trägt die Verantwortung dafür, dass er immer vital bleibt. Und nicht nur mein Begleiter Anton, auch die meisten Buddhisten in Sri Lanka glauben fest daran: So lange der Sri Maha Bodhi grüne Blätter trägt, so lange wird auch der Buddhismus in Sri Lanka bestehen.

Mit einem lauten Klatschen wirft ein Gläubiger eine Kokosnuss in den Innenhof neben dem Bodhibaum. Dann murmelt er ein Gebet, hält inne. Anuradhapura gehört zu den wichtigsten Wallfahrtszielen der modernen Singhalesen. Täglich kommen Hunderte von Pilgern in die Tempelanlage rund um den heiligen Baum. Sie tragen ihre besten Kleider und bitten um Buddhas Beistand für Gesundheit und Wohlergehen. Um Erlösung aus dem ewigen Kreislauf des Lebens, Erlösung vom Leiden. Die Besucher vollziehen Rituale, wie sie wahrscheinlich schon im antiken Anuradhapura üblich waren: Sie verehren den heiligen Baum, Reliquien und Buddhabildnisse, umrunden den Bodhibaum, die Buddhastatuen. Immer im Uhrzeigersinn und immer in devoter Haltung.

Es scheint etwas Besonderes über diesem Ort zu liegen, der trotz des nicht abreißenden Stroms von Pilgern ein Gefühl der Ruhe vermittelt und die Erinnerung an Buddha bis heute wach hält. Die ganze Botschaft der Religion konzentriert sich hier. Und die ewig unerfüllbare Erwartung der Erlösung aus dem Kreislauf des Seins. Pausenlos bringen die Gläubigen Blumen, Früchte und Geschenke in Glanzpapier, die sie über das goldene Gitter zu den Baum-Wächtern hoch reichen. Ganz nahe an den Baum kommt niemand außer den Bewachern, eine Plattform und ein Gitter trennen die Gläubigen vom Allerheiligsten. Eher gelangweilt legen die Baum-Bodyguards die Spenden auf den goldenen Gitterzaun neben dem Baum. Manchmal sind auch orangefarbene Stoffballen darunter, Opfergaben für neue Roben für die Mönche. Man vergesse nicht, dass im buddhistischen Denken die Geschenke bringenden Laien den Mönchen gegenüber zu Dankbarkeit verpflichtet sind und nicht umgekehrt. Erst wenn die Mönche die Spenden annehmen, verbessert sich das Karma der Normalsterblichen.

Rund um den Baum stehen Andachtstempel mit Buddhastatuen, vor denen man sich niederkniet. Die Luft ist schwer vom Rauch der Öllampen, dem Duft der Räucherstäbchen, und melancholisch modrig dort, wo die Sonne die Lotosblüten auf den Opfertischen verwelken läßt. Matschige Vergänglichkeit schimmert dunkelgrün von unten aus den Pflanzenbouquets. So riechen sterbende Blumen.

Im Vorraum kann man sich von heiligen Männern gegen eine kleine Spende die Zukunft voraussagen lassen. Die Andachtszeremonien, durch einen Trommelwirbel angekündigt, finden morgens um sechs Uhr, vormittags um 10.30 Uhr und um 18 Uhr am Abend statt. Der diensthabende Mönch liest Gebete, die Gläubigen sitzen rund um die Plattform und stimmen leise in die Gesänge ein. Die Gebete stammen aus dem Pali-Kanon, einer Textsammlung des Theravada-Buddhismus, welche die ältesten vollständig überlieferten Reden des historischen Buddha beinhaltet. »Buddhan saranan gacchami, dharman saranan gacchami, sanghan saranan gacchami« oder so ähnlich höre ich es murmeln. Ich frage Anton, was denn die Botschaft dieser Gebete sei. »Unser Glaube kann uns vom Leiden erlösen«, sagt er, »aber die wichtigste Grundlage für ein glückliches Leben liegt darin, moralisch einwandfrei zu leben. Und außerdem muss das Ego gehen. Jeden Morgen, wenn man aufsteht, soll man ein neuer Niemand sein. Buddha, Dharma und Sangha müssen wir immer anrufen und zu ihnen Zuflucht nehmen.«

»Was ist Dharma und Sangha?«, frage ich. Anton lächelt. Er lächelt fast immer. »Dharma sind die Lehrgesetze Buddhas, so etwas Ähnliches wie die Gebote im Christentum. Sangha ist das dritte Juwel der drei Juwele des Buddhismus und meint die Gemeinschaft der Mönche und Gläubigen. Auch die drei meistbekannten Suttas, die Lehrreden, können wir alle auswendig rezitierten, das Mahamangala Sutta, Buddhas großer Vortrag über die Schirmherrschaft, das Ratana Sutta, der edle Vortrag Buddhas und das wichtigste, Karaniyametta Sutta, sein Vortrag zur liebevollen Freundlichkeit.« Ich bin beeindruckt. Bevor wir den Tempel verlassen, sammle ich noch ein paar abgefallene Blätter des Bodhi-Baums vom Boden auf und packe sie vorsichtig in mein dickes Notizbuch, ohne die Blattspitzen abzubrechen. Vielleicht kann die heilige Kraft des Baumes auch ein paar Freunde in Deutschland erfreuen.

Am nächsten Tag fahren wir zu den berühmten Dagobas von Anuradhapura. Anton erklärt mir mit wunderbarer Gelassenheit all die Details, die Reiseführer sonst weglassen. Auch an Geschichtsbewußtsein scheint es ihm nicht zu mangeln. Ich lerne, dass eine Dagoba eine spezifische Untergruppe eines Stupa ist, ein Symbol Buddhas. Ausgehend von indischen Vorbildern hat sich in Sri Lanka allmählich eine eigene Architekturform herausgebildet: Ein meist halbkugelförmiger, massiver Steinbau, der sich auf einer kreisförmigen Basis erhebt und durch Treppenstufen von vier Seiten erreichbar ist. Manche Dagobas sind wie ein Reishaufen gebaut, andere wie eine Blase, wieder andere sehen aus wie eine Glocke. Die architektonische Symbolik ist kompliziert zu verstehen. Die Halbkugel der Dagoba soll das Weltei darstellen, sie gilt als Ausdruck des Samsara, des Kreislaufs der Vergänglichkeit, und gleichzeitig als dessen Überwindung, die Rückkehr der Seele zum Nirwana.

Die älteste Dagoba mit dem Namen Thuparama ist schneeweiß gestrichen, glatt und schmucklos. Zwanzig Meter hoch ragt sie aus dem Gelände und ist von Steinsäulen umgeben. Ihr Alter sieht man ihr nicht an, aber sie stammt noch aus der Zeit, als die singhalesische Könige den Buddhismus als Staatsreligion einführten. Gebaut im 3. Jahrhundert vor Christus zählt sie sogar zu den ältesten buddhistischen Bauwerken der Welt. Immer wieder hat man die Thuparama-Dagoba restauriert und gepflegt, denn der Reliquienbau birgt angeblich ein Stück vom rechten Schlüsselbein Buddhas.

Nicht weit entfernt steht ein weiteres Wahrzeichen Anuradhapuras mit schwer aussprechbarem Namen, die Ruwanweliseya-Dagoba, übersetzt bedeutet das in etwa »Schmucksandpagode«. 110 Meter ist sie hoch, mit einer Spitze, in der ein großer Bergkristall leuchtet. Die Dagoba war über Jahrhunderte das größte Bauwerk der buddhistischen Welt, bis ihr in Anuradhapura noch zwei weitere Stupas Konkurrenz machten: Abhayagiri und Jetavanarama. Kein Pilger will die Umrundung dieses Heiligtums versäumen, und auch wir steigen die Stufen hinauf zum symbolischen Thron Buddhas auf der Ruwanweliseya-Dagoba, vorbei an 344 Elefantenfiguren aus weißem Stuck, denen man die Stoßzähne aus Elfenbein geraubt hat. Schon frühmorgens ist der Steinboden der Zugangstreppen heiß und brennt an den Füßen. Selbstverständlich werden auch diese Tempelanlagen barfuß betreten und die Dagobas im Uhrzeigersinn umrundet.

Ein paarmal war ich auch nachts an den Tempeln und bin unvermeidlich auf Berge von Insekten getreten, die von den Leuchtstoffröhren angezogen wurden, die die Dagobas die ganze Nacht hindurch anstrahlen. Schwer zu sagen, was unangenehmer war, das kribbelnde Gefühl an der Fußsohle oder die Geräusche, wenn die dünnen Chitinpanzer der Insekten unter meinen Tritten zerquetscht wurden. Wahrscheinlich habe ich damit massiv gegen ein buddhistisches Gebot verstoßen: Töte kein Lebewesen. Aber gnädig und verzeihend erscheinen die Blicke, die die großen stehenden Buddha-Statuen auf der Plattform der Ruwanweliseya auf ihre Besucher werfen. Die aufwendige Kultstätte wurde mit Erlösen aus einer Silbermine finanziert. Der Auftraggeber, König Dutthagamani, konnte jedoch Buddhas Tempel nicht mehr umrunden. Er starb schon 137 vor Christus und erlebte die Fertigstellung der Dagoba nicht mehr.

»Lass uns zu den Klöstern gehen«, meint Anton. Mein Magen knurrt, aber die Arbeit geht vor. »Yes, please« sage ich und versuche den Kopf hin und her zu wiegen statt zu nicken. Nicken ist hier die falsche Geste und bedeutet ein »Nein«.

Die Klöster waren eine eigene Welt. Vier große Anlagen mit vier verschiedenen, zum Teil konkurrierenden Mönchsgemeinden verteilten sich über die antike Stadt. Unter dem dichten Laubdach des Dschungels leuchten weithin Ziegelruinen, Reste von Mauerwerk, halbverfallene Treppen, Stelen, spärliche Reste von Grundmauern. Zwischen den Fugen freigelegter Steinquader sprießt schnell wieder hohes Gras, wachsen Büsche und Bäume, die üppige Vegetation der Tropen fordert ihren Raum. Es herrscht ein ständiger Kampf zwischen der Natur und der menschlichen Baukunst, und zahllose Arbeiter sind damit beschäftigt, die antike Ruinenstadt von Pflanzen zu befreien, zu pflegen und zu erhalten.

In dem weitläufigen ehemaligen königlichen Garten liegen die Überreste des ältesten Klosters der Insel. Es hieß Mahavihara, was einfach nur »Großkloster« bedeutet. Hier entstanden die theoretischen Grundlagen des Theravada-Buddhismus, des ältesten Zweiges der buddhistischen Schulen, die reine Lehre. Auch die heutigen Mönche hier verhalten sich noch nach den Regeln dieser altbuddhistischen Ordensgesetze und sind stolz darauf, einen exakten Gegenentwurf zur modernen materialistischen Welt zu leben. Ihr Alltag verläuft weitgehend emotionslos, manchmal sogar lethargisch. Und ihr Glaube stützt sich auf Buddhas Aussage, dass sich kein Unglück ohne eigenes Verschulden ereignet. Das Mahviahara-Kloster kann mit einer Sensation aufwarten. Wissenschaftler sind sich so gut wie sicher, dass die erste Niederschrift des Pali-Kanons der Theravada-Buddhisten, das Tipitaka, den Mönchen dieses Klosters zu verdanken ist. Man kann davon ausgehen, dass diese Lehrreden Buddhas auf Originalüberlieferungen bestehen, denn kurze Zeit nach dem Tod des Meisters versammelten sich all seine wichtigsten Mönche, darunter Ananda, der ihn mehr als 25 Jahre lang begleitet hatte. Sie rezitierten Buddhas Lehrsätze, die jungen Adepten mussten sie auswendig lernen. Dann wurden sie in der Pali-Sprache bereits im ersten vorchristlichen Jahrhundert aufgeschrieben, höchstwahrscheinlich hier, im Mahavihara-Kloster von Anuradhapura. Das Tipitaka enthält aber nicht nur Lehrreden über die Ursachen der menschlichen Leiden wie Gier, Hass und Unwissenheit, es beschreibt auch den rechten Weg zur Überwindung dieser Leiden. Gibt Anweisungen für diejenigen, die sich im rechten Verstehen, Denken, Reden, Handeln, Leben, Streben, Gedenken und Sichversenken üben wollen. Der historisch treue Kanon enthält sogar Details aus dem Leben des Meisters, zum Beispiel, dass Buddha an einem Bandscheibenvorfall litt und an den Folgen einer unbekömmlichen Mahlzeit starb.

Die verschiedenen Klöster des alten Anuradhapura gruppieren sich rund um eine ummauerte Zitadelle, dem Sitz des Königs und des Adels. Bereits um 100 nach Christus soll Anuradhapura die neuntgrößte Stadt der Welt gewesen sein. Allein der königliche Wohn- und Repräsentationsbereich hatte damals die Größe einer mittelalterlichen europäischen Stadt, aber die Paläste waren nicht aus Stein, wie die Großbauten der Klosteranlagen, sondern vor allem aus schnell vergänglichem Holz gebaut. Kaum etwas ist davon geblieben. König Devanampiya Tissa, einer der damaligen Herrscher über den Norden Sri Lankas, förderte den neuen buddhistischen Glauben. Er war es, der den Geist Gautamas zur Entfaltung kommen ließ, und schon in antiker Zeit entstand so eine enge Beziehung zwischen Königtum und Buddhismus. Der König persönlich soll mit einem goldenen Pflug den geweihten Bereich für das Mahavihara-Kloster abgesteckt haben, berichten die Chroniken. Außerhalb der Stadtmauern wohnten die Bauern, die Anuradhapura mit Nahrungsmitteln versorgten. Auch von ihren einfachen Bauten hat sich nichts erhalten. Die Bauern leisteten nicht nur Abgaben in Naturalien, sondern auch handwerkliche Arbeiten und Frondienste in den Klöstern, denn Arbeit und Gelderwerb war den buddhistischen Mönchen untersagt. Auf dem Weg zur Überwindung des leidhaften Daseins wurden sie von allen weltlichen Pflichten und Aufgaben entbunden. Die Mönche Anuradhapuras wanderten auch nicht mit ihrer Bettelschale zu den Gläubigen, wie damals in anderen buddhistischen Ländern üblich. Die Nahrung wurde ihnen von der Gemeinde gebracht. Ihr Speiseplan unterschied sich nur wenig von dem, was man noch heute in Sri Lanka isst, der Genuss der Nationalspeise Reis und Curry ist bereits für vorchristliche Zeiten archäologisch belegt. Die Mönchsverpflegung wurde im »Catussala« organisiert, dem klösterlichen Speisesaal, in dem noch heute zwei riesige Tröge aus Stein zu bewundern sind. In dem mehr als 13 Meter langen »Reisboot« servierte die gläubige Bevölkerung jeden Morgen ihre Essensgaben für mehr als 4.000 Mönche. Im kleineren Trog wurden Curries gereicht, die scharf gewürzten Gemüse-Beilagen zum Grundnahrungsmittel Reis, die manchmal sogar Fleisch enthielten.

Wie streng bis heute Privilegien verteidigt werden und Nicht-Eingeweihten der Zugang versperrt wird, bekomme ich zu spüren, als ich um eine Drehgenehmigung für den sogenannten »Kupferpalast« anfrage. Einst war er ein neunstöckiges antikes Hochhaus für über 1.000 Mönche mit einer angegliederten Halle für Zeremonien. Übrig geblieben ist nur noch ein Wald von einzelnen, freistehenden Säulen.

Nach mehreren erfolglosen Versuchen, einen Zuständigen ausfindig zu machen, lande ich in einem schmuddeligen Büro der Mönchsvereinigung. Es ähnelt einem Kramladen, in dem Erhabenes und Profanes dicht beieinander stehen: sperrmüllreife Tische und Schränke, jede Menge Fotos im Goldrahmen, bunte Buddhafiguren auf gehäkelten Deckchen, ein Stapel Pappkartons, kitschige Blumenvasen mit Plastik-Lotosblüten. Ein dicker Mönch mit dem Charisma eines nassen Lappens hört sich meine Rede gar nicht erst zu Ende an. Ich kenne diesen Blick. Aus seinem Gesicht ist unschwer herauszulesen, dass er nicht willig ist, einem profanen Publikum das Tor zum Theravada-Buddhismus zu öffnen. »No, not possible«. Punkt. Aus. Ende. Auch der Verweis darauf, dass ein Weltkulturerbe wie dieses doch eigentlich einer großen Öffentlichkeit näher gebracht werden sollte, stimmt ihn nicht um.

Es gibt aber genügend anderes zu filmen. Bei den Dreharbeiten, die drei Wochen später beginnen, konzentrieren wir uns auf die Dagobas, die Ruinen der alten Klosteranlagen und die Zitadelle mit dem ehemaligen Königssitz. Genügend Stoff für einen Film. Es gelingt auch, vier Mönche dazu zu begeistern, aus der Bibliothek einige kostbare alte Pali-Texte auf Palmblättern herauszuholen und in der weitläufigen Ruinenanlage des ehemaligen Klosters zu rezitieren. Hier ist ihr Lieblingsplatz, hier spazieren sie die ewig gleichen Wege. Obwohl wir ihre Geduld ziemlich strapazieren, weil wir für die Szene Schienen legen und zuerst das unebene Gelände nivellieren müssen, werden es am Ende dichte und intensive Bilder. Heilige Männer mit leuchtend orangenen Roben im dunkelgrünen Grasland, die zwischen niederen Steinmauern umher wandeln und meditativ versunken auf einem über 2.000 Jahre alten Klostergelände ihre Mantren beten.

Wir befinden uns schon mitten im Rausch tropischer Bilder, als ein Problem auftaucht. Ein Genehmigungsproblem. Es war das letzte, womit ich gerechnet habe. Aber vielleicht hätte ich es ahnen können. Nach meiner Recherchenreise hatte ich mich um eine Drehgenehmigung über die Botschaft Sri Lankas bemüht und außerdem um eine Genehmigung vom Antikendienst in Colombo, weil wir ja in einer archäologische Stätte filmen wollten. Beide Genehmigungen dauerten ziemlich lange und kosteten Drehgebühren. Danach war für mich der Fall erledigt. Am Rande der Verhandlungen gab es noch eine Erwähnung, dass ich einen sogenannten »Officer« der National Film Corporation Sri Lanka kontaktieren müsse. Dies nahm ich aber nicht so richtig ernst, zumal mir die Botschaft versicherte hatte, alle meine Papiere seien ausreichend und es könne damit losgehen.

Am zweiten Drehtag im Gelände bekommen wir plötzlich Besuch von unserer Hotelbesitzerin und einem mürrisch aussehenden Mann, der ziemlich offiziell aussieht und von irgendeiner Behörde zu sein scheint. Beide hatten einen Anruf bekommen aus Colombo, waren sehr aufgeregt und meinten, wir müssten sofort aufhören zu arbeiten. »Ihr müsst zuerst zurück in die Hauptstadt nach Colombo fahren und den Officer der National Film Corporation abholen!« Ich stellte mich stur. Zurück nach Colombo und wieder nach Anuradhapura würde mindestens einen komplett verlorenen Drehtag bedeuten. Undenkbar. Die beiden haben einen winzigen Zettel dabei, auf den eine Telefonnummer gekritzelt ist. Ich rufe in Colombo an und habe einen mürrischen Officer am Telefon. Ich nehme meinen ganzen Charme zusammen und bitte ihn, mit dem Zug oder dem Bus zu uns kommen. Versichere ihm auch, für die Kosten aufzukommen und ihn am Bahnhof abzuholen. Natürlich würden wir auch nichts arbeiten, bis er kommt, wir hätten ja auch noch gar nicht mit dem Filmen begonnen. Zum Glück lässt er sich darauf ein. Am nächsten Abend hole ich ihn am Busbahnhof ab. Es ist ein junger Beamter, der seine Pflicht tun muss. Sofort beginnt er, sich über die anstrengende Reise zu beklagen, fragt nach Essen und Zimmer. Seine Stimmung bessert sich schlagartig, als ich ihm direkt das gesamte geforderte Tagesgeld für sämtliche Drehtage ausbezahle. Danach ist er bei allen Dreharbeiten dabei, döst meist im Schatten und macht uns keine weiteren Probleme. An inhaltlichen Diskussionen beteiligt er sich nicht, geht immer früh schlafen und trinkt kein einziges Bier.

Seine wichtige Funktion offenbart sich erst am Ende der Dreharbeiten. Am Abflugtag sollen wir mit ihm zusammen zur National Film Corporation nach Colombo kommen. Ein Riesenumweg. Wir fahren am Flughafen vorbei und stehen auf dem Weg zu seinem Büro, das am anderen Ende von Colombo liegt, über drei Stunden im Stau. Aber es lohnt sich. In einem kleinen Zimmer packt der Officer mit zwei Kollegen eine 30 Meter-Rolle Schnur aus, mit der er sorgfältig unsere Rucksäcke mit den belichteten 35mm-Filmrollen verschnürt, was gefühlte zwei Stunden dauert. Dann klebt er ein rotes Siegel mit dem Corporation-Stempel darüber. No x-ray. Super. Am Flughafen reichen wir die Rucksackbündel mit den belichteten Filmbüchsen wie rohe Eier durch den Zoll und um das Röntgengerät herum. Niemand versucht sie zu öffnen. Das rote Siegel war ein echtes Laissez-passer.

Auf mindestens vier unserer Filmrollen befinden sich Bilder von großen, gemauerten, verzierten Wasserbecken, denn mit diesen hat es eine besondere Bewandtnis. Anuradhapura liegt in einer wasserarmen Region, umso verwunderlicher sind die vielen Seen, die in der Topografie der Region auffallen. Es sind aber keine natürlichen. Für die Wasserversorgung hat man künstliche Seen angelegt, die den Monsunregen speichern und die Bewässerung der Reisfelder regulierbar machen. Wir fragen uns, wie es König Devanampiya Tissa wohl damals gelungen war, seine Untertanen dazu zu bewegen, neben der schweren Arbeit im Reisfeld auch noch einen Stausee anzulegen. Vielleicht haben die frühen Buddhisten dies als religiöse Pflicht betrachtet, wahrscheinlicher ist, dass sie dazu gezwungen wurden. Bereits 430 vor Christus entstanden die ersten Wasserreservoire, was darauf schließen lässt, dass im antiken Sri Lanka eine frühe hydraulische Hochkultur geherrscht hat. Ausreichend Wasser machte die kulturellen Höchstleistungen erst möglich. Die Baumeister waren Zuwanderer aus Indien, meist Tamilen, die aus ihrer Heimat Kenntnisse in Bewässerungstechnik mitbrachten und die Singhalesen lehrten, wie man eine Trockenzone erblühen lassen kann. Und wie man durch effizienten Nassreisanbau eine Großstadt mit ausreichend Nahrung versorgen kann. Archäologen haben berechnet, dass das Wasser der damaligen Speicher für über 123.000 Bewohner der antiken Stadt ausreichte. Bis heute erfüllen diese »Tanks«, die drei großen künstlichen Staubecken, die den Monsunregen auffangen und mehrere Monate speichern, ihren Zweck.

Gefilmt haben wir auch das elegante »Zwillingsbecken« Kuttam Pokuna, der bekannteste historische Klosterteich Sri Lankas aus exakt behauenen Granitsteinen. Das Wasser für die beiden Becken wurde kilometerweit durch unterirdische Eisenrohre aus den Stauseen heran geleitet. Solche Becken dienten zwar den Mönchen zur Körperpflege, aber die architektonische Detailversessenheit, die für den Bau der Kuttam Pokuna aufgewendet wurde, lässt Archäologen darauf schließen, dass sie vorwiegend rituell genutzt waren. Dass die Mönche in den beiden Swimmingpools aus Stein ausführlich geschwommen oder geplantscht haben, glauben die Archäologen nicht, denn vermutlich wäre das ein sittlich nicht korrektes weltliches Vergnügen gewesen, eine Verfehlung.

Eine weitere elegante Badelandschaft Anuradhapuras, die Kühlung bei tropischer Hitze versprach, liegt im Südwesten der Siedlung. Das sogenannte »Elefantenbad«. 150 Meter lang, 50 Meter breit, 10 Meter tief und ebenfalls ganz aus Steinquadern gebaut. Heute tummeln sich Heerscharen von Mücken in dem sumpfiggrünen Wasser, das den Beckenrand nur zur Hälfte füllt. Das unterirdische Wasserleitungssystem, das das Bad speiste, funktioniert nicht mehr. Obwohl der Name anderes vermuten lässt, war es aber kein Luxusbad für Elefanten, sondern ebenfalls Wasserreservoir und Badeteich des nahe gelegenen Klosters. Spätestens dieses Motiv hat bei Kameramann Donald den unbändigen Wunsch ausgelöst, den Film und die vielen Bauten mit einigen Tieraufnahmen aufzuhübschen, er will unbedingt noch ein paar Elefanten drehen. Um solche Bilder zu bekommen, müssen wir etwas weiter fahren, denn aus Anuradhapura-Stadt haben sich die Dickhäuter längst verzogen.

Kaum haben wir ein paar Elefanten auf Zelluloid gebannt, fängt es an zu regnen, obwohl in dieser Jahreszeit gar kein Regen erwartet wird. Zwei nasse Tage lang schauen wir aus unserem Hotelfenster auf den Tissawewa Lake, eines der großen Staubecken der Stadt. Wir beobachten, wie der Wasserstand steigt und die Straße vor dem Stausee fast überflutet wird. Pilger nutzen die Zeit für ein erfrischendes Bad im See, denn es ist immer noch sehr warm. Ganze Busladungen steigen in die braune Brühe, weder Regen noch Schlamm scheinen ihnen etwas auszumachen.

Als die Sonne wieder hervorkommt, widmen wir uns der antiken Steinmetzkunst. Wir filmen in Granit gehauene Zwerge, Naga-Wasserschlangen, Blumenranken, Muscheln, Lotosblüten, aber auch »die schönste Fußmatte der Welt«. Das ist ein halbkreisförmiger Schwellenstein vor einem Tempelaufgang, dessen Flachrelief sich nach dem Regen besonders plastisch hervorhebt. Sein Durchmesser beträgt fast drei Meter, aber es ist trotzdem schwer, das einbetonierte Rundgitter aus unserem Bild heraus zu halten, das den wertvollen Stein vor den Tritten der Besucher schützt. In Sri Lanka heißen solche Schwellensteine »Mondsteine« und gelten als Höhepunkt der alten singhalesischen Steinmetzkunst. Die Motive sollen den Lebensweg von der Geburt bis zur Wiedergeburt versinnbildlichen: Elefant, Pferd, Löwe, Ochse, Schwäne und Lotosblüten. Die Schwäne, die in ihrem Schnabel eine Lotosblüte tragen, sollen den Rahm von der Milch trennen, also das Gute vom Bösen unterscheiden können. Hier kennt man viele Erklärungen zu der Symbolik der Ornamente, weiß zahlreiche Geschichten und Gleichnisse aus dem buddhistischen Kosmos. Für uns sind die Mondsteine einfach nur schön. So schön, dass wir sie in zeitraubenden Großaufnahmen abfilmen.

Erstaunlicherweise haben alle alten religiösen Stätten einen üppigen plastischen Bauschmuck: bis auf die Westklöster. Dort hausten und meditierten die streng-asketischen Waldmönche. Bei ihnen war alles schlicht und schnörkellos gebaut. Sie selbst trugen nur abgelegte Stofffetzen, die sie sich angeblich von Leichenverbrennungsplätzen besorgten. Ihr Essen soll nur aus Reis mit Bitteröl bestanden haben. Allein ihre Notdurft verrichteten die Waldmönche auf reich und kunstvoll verzierten Toilettensteinen, urinierten auf Blumenmotive und Ranken, die man noch heute bewundern kann. So schenkten sie der Welt des Luxus ihre Verachtung.

Die Dreharbeiten in den Klosterruinen der asketischen Mönche wecken bei uns profane Bedürfnisse, der Magen knurrt, und durstig sind wir auch. Unsere Bananen-Notnahrung haben wir bereits an all die niedlichen im Gelände umher streunenden Affen verfüttert. Jetzt brauchen wir Nachschub. Als wir zurück zum Auto gehen und unser Filmmaterial verpacken, laufen uns zwei Andenkenhändler entgegen. »Please buy Moonstone« ruft der eine, »Please buy Buddha«, der andere. Da wir weit und breit die einzigen Ausländer sind, gilt uns ihre gesamte Aufmerksamkeit. Das ganze Team kann nicht widerstehen und kauft einige der handtellergroßen grauen Mondstein-Mitbringsel mit den Tierreliefs. Sie machen sich sicher gut im Regal zu Hause und sind auch gut abzustauben. Wir fahren ein paar Kilometer weiter, bis unser Fahrer auf einem matschigen kleinen Parkplatz mitten im Wald anhält. Als wir aussteigen, entdecken wir ein kleines Dschungel-Restaurant mit zwei, drei improvisierten Tischen im Freien. Aus dem Haus dröhnt unerwartet laute Pop-Musik. Ein Rockabilly-Elvis-Song. Das schnuckelige kleine Dschungelrestaurant betreibt ein popbesessener Wirt, der fast alle 70er Jahre-Songs im Angebot hat. Mit musikalischer Untermalung von Boney M., Gary Glitter, Uriah Heep und Simon & Garfunkel verspeisen wir unsere höllisch scharfen Reishühnchen. Während wir essen, wippt der

Wirt auf seinem Rattanstuhl hin und her und spielt Luftgitarre zu den Songs. Danach gibt es sogar noch einen kurzen Mittagsschlaf in der Hängematte unterm Mangobaum.

Wir benötigen einen langen Drehtag, um die Restaurierungsarbeiten am Abhayagiri Kloster festzuhalten. Nicht nur, weil das Gelände so weitläufig ist, etwa doppelt so groß wie die Verbotene Stadt in Peking, sondern weil sich dort wirklich etwas tut. Das ehrgeizige Restaurierungsprojekt hat hohe Priorität, beschäftigt seit Jahren viele Mitarbeiter und wird vom zentralen Kulturfonds Sri Lankas finanziert. Maschinen helfen hier kaum, es wird von Hand gearbeitet wie früher. Auf der Plattform vor dem hohen Kultbau stehen Frauen, die aus einem großen Haufen frisch gebrannter Ziegelsteine einen nach dem anderen abheben und weiterreichen. Am Ende der Kette füllt die letzte Mitarbeiterin einen kleinen Lastenaufzug, der zur Spitze der Dagoba hochgezogen wird. Über hundert Meter hoch. Dort balancieren wagemutige Arbeiter über ein Bambusgerüst, das fast die Hälfte der Dagoba einkleidet. Stein für Stein ersetzen sie defekte und fehlende Ziegel und verbauen die frisch gebrannten für die neue Außenhaut. Die spezielle Mörtelmischung entspricht angeblich der antiken Rezeptur. Aber bevor die neuen Ziegel eingesetzt werden können, heißt es Unkraut jäten. Meterhoch ist das dichte Pflanzengestrüpp, das jahrelang ungestört auf der Außenfassade wachsen konnte. Tausende von Ziegel sind noch auszutauschen, das wird Jahre dauern. An das Innere der Dagoba hat man sich aus statischen Gründen nicht herangewagt, und niemand weiß heute mehr, welche heiligen Reliquien im Innern aufbewahrt sind.

Zum Abhayagiri-Klosterkomplex gehört auch eine interessante überlebensgroße Statue: der Samadhi-Buddha. 1886 hat man diese wertvolle Figur inmitten der Ruinen entdeckt, zu Boden gefallen und mit gebrochener Nase. Aber jetzt ist sie wieder in voller Schönheit zu bewundern, hat sogar ein Dach als Regenschutz. Sie zeigt den Erleuchteten in der Pose »Dhyana Mudra«, »in tiefer Meditation«, eine Darstellung, der eine besonders trostvolle Wirkung nachgesagt wird. Im vierten Jahrhundert, aus dem die Statue stammen soll, war dieser Anblick ziemlich ungewöhnlich, denn Buddha wurde damals als Person nicht plastisch dargestellt. Auch heute kann man im Angesicht Buddhas nicht tun und lassen, was man will, auch wenn er nur aus Stein ist. Ein großes Schild warnt alle Besucher: Es ist verboten, Fotos machen, bei denen die fotografierten Personen vor der Statue stehen und Buddha den Rücken zuwenden. Das verletzt die Würde Buddhas. Aber man darf vor ihm knien und beten, was viele Singhalesen tun. Und man darf den Samadhi-Buddha filmen, aber nur von vorne.

Das antike Anuradhapura war viele Jahrhunderte lang eine blühende städtische Zivilisation mit einer komplexen Gesellschaft. Das Ende kam rasch. Anfang des 11. Jahrhunderts wurde Anuradhapura aufgegeben. Lange lag die ehemalige Königsstadt verlassen, vom Dschungel überwachsen, von Erde begraben, von Räubern geplündert. Erst Mitte des vorigen Jahrhunderts begannen Archäologen mit intensiven Ausgrabungen, aber noch sind alte Siedlungsschichten nicht freigelegt und noch hat man vieles nicht verstanden. Auch manche Geheimnisse des frühen Buddhismus werden die religiösen Stätten nicht mehr preisgeben. Aber manchmal, in besonderen Vollmondnächten, kommt man in Anuradhapura Buddha ganz nah. Dann pilgern die Bewohner zu den alten Kultstätten. Im Fackelschein umrunden sie den Bodhi-Baum und ersteigen die Stufen zur großen Dagoba. Jetzt wird die Stadt des Glaubens wieder lebendig.

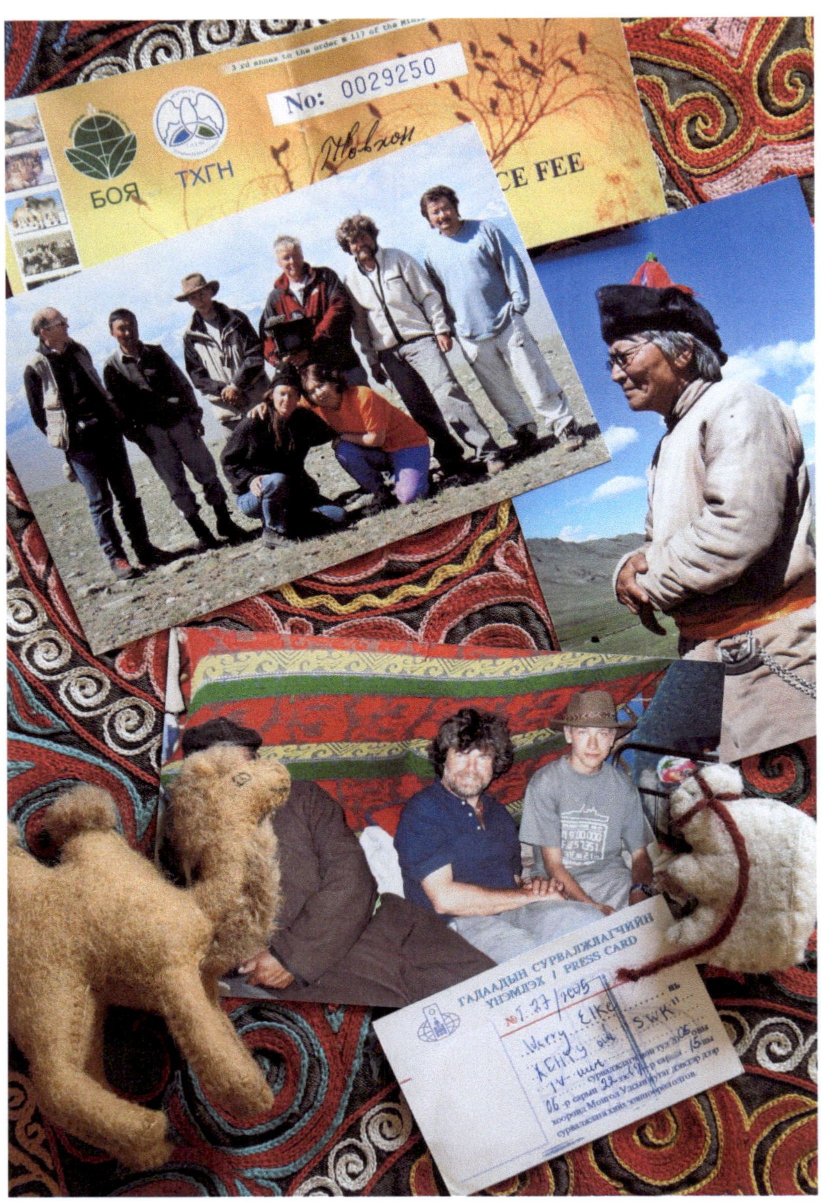
No: 0029250
БОЯ
ТХГН
CE FEE
ГАДААДЫН СУРВАЛЖЛАГЧИЙН
ҮНЭМЛЭХ / PRESS CARD

Zu Gast bei Nomaden in der Mongolei

Der Duft nach angebranntem Milchtee kriecht aus dem Frühstücksraum in mein Hotelzimmer in Ulan Bator. Die undichten Fenster sind mit Eiskristallen bedeckt, draußen auf der Straße haben sich dicke Eiskrusten in den Schlaglöchern des Straßenbelages festgesetzt. Es ist Anfang Mai. Nervös blättere ich in einem mongolischen Schönheitsmagazin, das zwei Jahre alt ist, klopfe den Staub vom Koffer, ziehe die Flughafenaufkleber ab. Es gibt wieder einmal Genehmigungsprobleme für das Filmprojekt. Ich soll heute noch eine zusätzliche Drehgenehmigung im Kultusministeriums in Ulan Bator beantragen, obwohl die Dreharbeiten bereits vom mongolischen Außenministeriums genehmigt sind, was normalerweise ausreicht. Uiii! Die Begründung für weitere bürokratische Verfahren erscheint mir mehr als fadenscheinig, aber für die Region, in der ich drehen will, fühlt sich auch das Kultusministerium zuständig, weil sie am Rande eines Naturschutzgebietes liegt. Das sieht verdächtig nach Sonderzahlungen aus.

Ich lasse die Hiobsbotschaft auf mich wirken und fahre zur Recherche. Am Abflugterminal in Ulan Bator herrscht unerwartet großes Gedränge, und es riecht schlecht. Zwischen kasachischen Bauern und mongolischen Geschäftsleuten drängen wir uns in ein Propellerflugzeug Antonov 24 der Monopolfluggesellschaft Miat für einen Flug ganz in den Westen der Mongolei, in den mongolischen Altai, nach Ölgii. Neben mir sitzt Aibora. Sie wird mich bei dem Projekt begleiten, organisieren und dolmetschen. Aibora hat mich schon in den ersten beiden Tagen über die grundsätzlichen Gepflogenheiten in der Mongolei aufgeklärt. Weil sie so schön erzählen kann und wir nach kürzester Zeit festgestellt haben, dass wir ähnlich denken, verspricht die Reise eine glückliche zu werden.

Ich wundere mich, dass wir nach zwei Stunden schon landen, denn eigentlich soll unser Flug drei Stunden dauern. Aber nein, es ist nur eine unplanmäßige Zwischenlandung, bei der einer der Kandidaten für das Ministerpräsidentenamt abgeholt werden muss, der gerade zum Wahlkampf unterwegs ist. Ein wuchtiger, baumstarker Mann steigt ein, mit dem man sich keinen Ärger wünscht. Folglich beschwert sich niemand. Vor dem Weiterflug nach Ölgii rutschen die kasachischen Bauern vor mir aufgeregt auf ihren Sitzen hin und her. Irgend etwas beunruhigt sie. Ich drehe mich um und sehe, dass es aus dem linken Flugzeugpropeller mächtig raucht. Von der Crew scheint das noch niemand bemerkt zu haben. Erst als einige wohlbeleibte Anzugträger mit Krawatte die Stewardessen alarmieren, steigen die beiden Flugkapitäne aus ihrem Cockpit und laufen um das Flugzeug. Sie rufen einen Mechaniker, der den Propeller mit einem großen Hammer bearbeitet. Er klopft und klopft, wir schauen von unseren Sitzen aus zu. Etwa zehn Minuten lang raucht es weiter, dann nimmt der Rauch ab, die Stewardessen schließen die Türen, und los geht es.

Wir kommen tatsächlich in Ölgii an und fahren dann noch dreieinhalb Stunden mit einem betagten Jeep der Marke Uljanowski Awtomobilny Sawod, UAZ genannt, einem russischen Viersitzer für schwer zugängliches Terrain, nach Tsengel. Über unzementierte Wege erreichen wir Holzhäuser mit großen, abgezäunten Innenhöfen. Sie stehen an einer langen Hauptstraße, die Aibora und ich hinunterschlendern, während wir uns immer wieder skeptisch nach den großen Hunden umdrehen, die ihr Revier verteidigen. Es sind keine Menschen unterwegs, aber wir spüren, dass hinter uns die eine oder andere Haustür einen Spalt weit auf geht. Vielleicht könnte sich gleich ein Holztor öffnen, ein Reiter mit geladener Pistole herauskommen und sich mit einem anderen duellieren. Aber nichts passiert. Alles bleibt still, wir sind nicht in einem Italo-Western, auch wenn es etwas danach aussieht. In Tsengel in der Bayan-Ölgii-Provinz wohnen friedliebende Menschen. In der Gesamtliste der mongolischen Siedlungen rangiert der Ort auf Platz 53, es ist ein kleiner Weiler mit 7.000 Einwohnern, 2.300 Meter hoch am Rande des Altai-Gebirges gelegen, in einer dünn besiedelten Grenzregion zu Kasachstan und China. Von Tsengel aus wollen wir weiter fahren zu unserem späteren Drehgebiet, zu den tuwinischen Nomaden, von denen heute noch rund 2.000 mit Tieren und Jurten im Altai umherziehen.

In der Gegend um Tsengel müssen drei Ethnien miteinander auskommen, was nicht immer einfach ist: Kasachen, Mongolen und Tuwiner. Fast jede Familie besitzt Schafe oder Kaschmirziegen, deren Wolle verkauft wird. Aber davon, dass sich die Kaschmir-Wolle in den letzten Jahren zu einer profitablen Einkommensquelle entwickelt haben soll, sieht man nicht viel. Außer Tierzüchtern gibt es in Tsengel ein paar Handwerker im Nebenberuf, einige Funktionäre, drei, vier Holzbaracken mit Ladenkiosk für Wodka und Ersatzteile, zwei Lehrer, einen Arzt und viele Hunde. Dazwischen fröhliche Kinder mit zerrissenen Wollpullovern und Rotznasen. In Tsengel steht auch eine Grundschule, in der die Kinder zuerst kasachisch und dann mongolisch lernen. Die Stimmung wirkt rustikal-sentimental.

Der Altai ist etwas Besonderes, er gilt bei Historikern und Archäologen als »Wiege der Zivilisation«. Man weiß heute, dass in diesem Gebiet sowohl der Ursprung der indogermanischen Sprachen liegt als auch die Urform der Turksprachen. Das nomadische Reitervolk der Skythen hat diese im ersten Jahrtausend vor Christus über den eurasischen Kontinent nach Europa verbreitet. Schriftliche Zeugnisse gibt es keine. Seit es besiedelt ist, wird das Territorium von Nomaden beherrscht, und noch heute dreht sich das ganze Leben der Bewohner um die Tiere. Das ist auch der Anlass für einen Dokumentarfilm über das Leben der turkstämmigen Minderheit der Tuwiner im West-Altai. Eine Dokumentation über Nomaden im Umbruch. Sie erzählt von den Schwierigkeiten zu überleben und von einem Alltag, der so ganz anders ist als der unsrige.

Der Fernsehsender, der den Film in Auftrag gibt, wünscht, dass ich das Leben der Menschen vor Ort durch die Sicht eines europäischen Protagonisten betrachte. Am Ende sind es der Bergsteiger Reinhold Messner und sein Sohn Simon, die eine Reise unternehmen und eintauchen in eine Begegnung mit den Tuwinern des Altai. Und zu Gast sind bei deren Stammesführer Galsan Tschinag.

Messner und Tschinag, Tschinag und Messner. Fast gleich alt, völlig gegensätzlich und doch ähnlich. Der Poet und der Sachbuchautor. Ein Glaubender, der Berge versetzen will, und ein Zweifler, der sie erklettert. Zwei Alphamänner in meinem Drehbuch. Konflikte sind vorprogrammiert. Ich war mehr als erleichtert, dass es in meinem Film nicht um Bergsteigen oder ums Sich-Beweisen ging, nicht um Rekorde, nicht um Achttausender, nicht um die großen Themen der Kletterer. Sondern nur um menschliche Begegnungen, um ein Sicheinlassen auf eine andere Welt.

Zur Vorbereitung habe ich einiges von Galsan Tschinag gelesen, dem Schamanen und großen Dichter der Tuwiner. Mit einem Germanistikstudium in Leipzig spricht er perfekt deutsch und hat mehrere Bücher in deutscher Sprache geschrieben. Tschinag ist nicht irgendein Dichter, sondern eine Legende für Leute, die sich für Poesie interessieren. Seine preisgekrönten Romane, Erzählungen und Gedichte handeln vom Leben der Tuwa-Nomaden in der Mongolei, von deren Konflikten mit der modernen Welt. Er schreibt leidenschaftlich, sehr leidenschaftlich, und wenn man seine Beschreibungen des mongolischen Winters liest, will man sich mit einer Wolldecke zudecken, man spürt die Kälte der Steppe im deutschen Wohnzimmer.

Einer seiner Texte beschreibt die zornigen Winde des Altai, und wir merken schon bei der Recherche, wovon er spricht. Allein schon das Pfeifen ist unheimlich. Der Wind reißt alles mit sich. Er verweht selbst große Gestrüpp-Ballen, verwirbelt sie mit dem trockenen Staub des Steppenbodens. Das Einatmen fällt schwer. Feine Staubkörner bohren sich wie Stecknadeln in die Haut. Wir sind froh, dass wir im Auto sitzen können, fahren durch fast wegeloses Gelände von graugrüner Farbe, unendlich weit, leer und eintönig. Steppe und Berge, Berge und Steppe. Es gibt keine Bäume mehr, alles ist abgeholzt. Weniger als ein Einwohner lebt hier auf einem Quadratkilometer und Aibora vergisst nicht zu erwähnen, dass man nie alleine reiten solle, weil man bei einem Unfall nicht mehr gefunden wird. »Altai« bedeutet »bunte Berge«, aber so sieht es hier eigentlich nicht aus. Es ist ein endloses Land in noch winterlichen Grautönen. Im »Wachholdertal«, so der Name des Ort, zu dem wir fahren, stehen nur ein paar vereinzelte Jurten vor der Bergen. Die meisten Tuwiner sind noch im Winterlager. Der Umzug mit den Tieren und den Jurten beginnt im April oder Anfang Mai, je nach Witterung. Erst wenn die Schafe Junge haben, verlässt man das triste Winterquartier. Der Umzug heißt auf Tuwa »gösch«, dieses Wort bedeutet »Abwechslung« für die Tuwiner. Schon in der ersten Jurte werden wir mit Arkhi begrüßt, einem Milchschnaps. Das Getränk, das gerne zu Ehren der Gäste serviert wird, wird in kleinen Schalen gereicht, mit der rechten Hand, während der Gastgeber seine Linke auf dem Herzen ruhen lässt. Eine schöne Geste. Arkhi ist zwar ein harter Angriff auf die Geschmacksnerven, aber ein Allheilmittel gegen schlechte Laune, Erkältung und Einsamkeit. In der Jurte brennt noch der runde Böllerofen, es ist angenehm kuschelig, die Luft von Rauch und Milchschnaps getränkt.

Geduldig zeigt uns die Familie ihr überschaubares Zuhause. Wir setzen uns auf die mit bestickten Überwürfen geschmückten Betten, ich stelle das Filmprojekt vor, Aibora übersetzt, alle nicken sanft.

Ich frage, warum draußen nur so wenige Tiere zu sehen seien. Der strenge Winter habe wieder einen Großteil des Viehs dahingerafft, erzählt die Familie. Die Tiere seien erfroren, obwohl sie dicht beisammen gestanden hätten, um sich zu wärmen. Sie waren geschwächt durch das wenige Winterfutter. Sie fielen einfach tot um. »Die Natur holt ihre Steuer«, sagen sie. Es sind ruhige, leise Erzählungen, die unter die Haut gehen.

Alle Familien, die wir besuchen, berichten, dass das Leben schwieriger geworden sei, obwohl es jetzt Dinge zu kaufen gäbe, die es früher nie gab. Ein langer Transformationsprozess liegt seit der Unabhängigkeit der Mongolei hinter ihnen. Viele Jahre waren sie in der sozialistischen Planwirtschaft als Melkerinnen oder Hilfsarbeiter unter Zwang sesshaft gemacht worden und in der ganzen Mongolei verstreut gewesen. Immer wieder hören wir heraus, dass sie stolz darauf sind, als Tuwa ihre Bräuche bewahren zu können, die anders sind als die der Mongolen. »Jetzt sind wir wieder freie Menschen«, sagt eine Nomadin.

Die Tuwa sind eine nationale Minderheit im Bajan-Ölgii-Bezirk der Westmongolei. Ethnisch gelten sie als ein Turkvolk und sprechen eine Turksprache, die mit dem Türkischen und Usbekischen verwandt ist. Die Kommunisten versuchten, die Tuwa in Plattenbauten zu pferchen, aber seit einigen Jahren sind sie wieder zurückgekehrt zum Nomadentum, leben auf den angestammten Plätzen ihrer Vor-Vorfahren, die sie fast vergessen hatten. Jetzt sind sie der Wildnis und der Marktwirtschaft ausgesetzt, werden allenfalls unterstützt von ihrem Stammesführer Galsan Tschinag und dessen Stiftung.

»Eh!« murmelt eine Nomadin namens Mundur und schnalzt mit der Zunge, »wir sind hier glücklich mit unseren Tieren, es fehlt uns nichts«. Niemals wolle sie wieder in die Stadt zurück. Manche junge Tuwiner sehen das anders. Sie würden gerne in die Stadt heiraten, ein wenig Komfort haben, eine Toilette in der Wohnung, warmes Wasser. Oder zumindest einen Wasserhahn und nicht ewig diese Eimer den weiten Weg vom Fluss in die Jurten schleppen. Hier sagt man: »Ich gehe mal nach den Pferden schauen«, wenn man auf die Toilette muss. Die ist die freie Steppe. Die Dunghaufen der Tiere werden von den Kindern wieder eingesammelt, wenn sie trocken sind, denn sie ergeben ein hervorragendes Brennmaterial für die Jurtenöfen.

Das Leben in Filzzelten und das Umherziehen mit den Tieren von Weideplatz zu Weideplatz bestimmt ihren Nomadenalltag. Ihre Tiere sind so etwas wie lebendige Vorratskammern. Die Tuwa essen das, was diese abwerfen, nämlich Milch und Fleisch, sie verarbeiten, tauschen und verkaufen deren Wolle, Leder, Filz und Fell. Jeder besitzt nur soviel, dass es von Weideplatz zu Weideplatz transportiert werden kann. Alles dreht sich um die Tiere, aber man redet nicht viel bei den Tuwinern und beklagt sich nicht.

Aibora hat als kleines Mädchen viel Zeit mit ihrer Großmutter in der Steppe des Altai verbracht. Sie erzählt mir vom Leben der Frauen, wie schwer es hier sei, ohne ärztliche Versorgung Kinder zu gebären. Sie erzählt mir auch von der Geburt ihrer Tochter. Sie war schon im achten Monat schwanger, hatte aber an ihrer Arbeitsstelle niemandem etwas gesagt. »Der Bauch war dick, aber es merkte niemand und alle dachten, ich hätte wieder zu viele Mantu-Teigtaschen gegessen. Ich saß mit meinen Kollegen bei einem Meeting am Tisch und schrieb und es lagen viele Papiere auf dem Tisch. Das Kind bewegte sich und plötzlich flogen alle Papiere durcheinander. Meine Kollegen dachte, es sei eine Maus im Konferenzraum. Ich erzählte ihnen dann, dass ich schwanger bin, und alle meinten, da kommt ein kleiner Fußballer, weil es so strampelt. Es war aber meine Tochter.« Solche schönen Geschichte bekomme ich zu hören, während draußen der Wind um die Jurte pfeift.

Aibora war eine der letzten mongolischen Stipendiaten in Leipzig vor der Wende gewesen. Unter den zur Auswahl stehenden Fächern wählte sie ausgerechnet Fernmeldetechnik, da gab es noch freie Plätze. Und in der Mongolei fehlte es damals an gut ausgebildeten technischen Arbeitskräften. Als sie mit dem Zug nach Ostdeutschland abreiste, steckten ihr die Verwandten einige Felle von Murmeltieren zu. Zum Verkaufen in schlechten Zeiten. »Aber mir ging es nie schlecht«, sagt sie, »mein Stipendiatengeld in Leipzig war höher als ein mongolisches Durchschnittsgehalt.« Davon habe sie aber viele dumme Sachen gekauft, die niemand braucht, gesteht sie kichernd. Und sie sei auch am Anfang ganz oft Rolltreppe gefahren. Es gab viel zu staunen und zu lernen für sie in Leipzig. Als Aibora zurück in die Mongolei kam, lief es nicht so gut und sie fühlte sich im Job ausgebeutet. Ein paar Jahre lang arbeitete sie als Telekomingenieurin, mit lauter Männern im Team, ständig gab es Ärger, weil Teile gestohlen wurden. Mal waren es die Kabeltrommeln, mal das Werkzeug, manchmal sogar die Kupferleitungen, die irgendwer zu Geld machte. Aibora wartete nicht auf bessere Zeiten, sie schmiss den Job hin und probierte etwas Neues. Jetzt arbeitet sie selbständig für den aufblühenden Tourismus, ihr Organisationstalent und ihr gutes Deutsch helfen ihr dabei.

Die nächsten Tage vergehen mit langen Spaziergängen in der Steppe. Es ist schwer, sich zu orientieren. Ich mache Fotos, wir besuchen verschiedene Jurten, sprechen mit den Nomadenfamilien, erklären das Filmprojekt. Meist werden wir im Anschluss zum Essen eingeladen. Man serviert uns kräftiges Hammelfleisch auf großen chinesischen Blechtellern mit Blumenmustern und jede Menge Milchschnaps. Ich lerne allmählich die Rituale der Gastfreundschaft kennen und die schnörkellose Kochkunst der Tuwa. Wir essen Schaf und Ziege, gekochte Innereien, luftgetrockneten Hartkäse, auf den man eigentlich nicht beißen sollte, solange man keine Zahnzusatzversicherung abgeschlossen hat. Es stört mich überhaupt nicht, dass im einzigen Topf auf dem Böllerofen zuerst Tee, dann Mittagessen, dann Hammel, dann wieder Tee gekocht wird und sich das salzige Hammelfett wie in einer Gemüsebrühe am Rand der Teeschalen absetzt. Am Anfang stört mich nur, dass das Essen bei den Nomaden fast nicht gewürzt ist. Aber auch dafür hat Aibora eine plausible Erklärung. »Es ist ja so, dass unsere Tiere den ganzen Tag würziges Gras und Kräuter fressen, und dann kann man sich das Würzen sparen.« Dieser verblüffenden Nomaden-Logik habe ich nichts entgegen zu setzen, beschließe aber, zu den Dreharbeiten ein paar Dosen getrocknete Petersilie und Dill mitzunehmen, auch, um den manchmal penetranten Hammelgeschmack zu dämpfen.

Über Nacht hat es geschneit. Als wir morgens die Tür der Jurte öffnen, liegt der Schnee über zehn Zentimeter hoch, und dicht gedrängt an die leichte Holztür steht ein Yak, um sich im Windschatten zu wärmen. Es glotzt mir direkt in die Augen. Es fällt schwer, draußen auf die Toilette zu gehen. Ich versuche das Feuer anzuzünden, was mir misslingt. Den Trick lerne ich von Frau Tsetsegma einen Tag später: Man muss zuerst etwas flüssiges Wachs auf die Ziegenköttel und den Yak-Dung träufeln, dann brennt das Feuer schnell. Zerknülltes Zeitungspapier hilft dabei gar nicht. Die Nomadin erzählt, dass es früher nur offenes Feuer in den Jurten gegeben habe. »Dann bekamen wir die runden, blechernen Bölleröfen mit dem langen Abzugsrohr durchs offene Jurtendach. Wir haben sie Feuergefängnis genannt«, sagt sie und lacht schelmisch.

Das Wetter will nicht besser werden. Wir merken, wie unser Fahrer unruhig wird. Er drängt auf die Rückfahrt, hat Angst vor noch mehr Schnee, der uns den Rückflug verpassen lassen könnte. Außerdem klagt er über Magenschmerzen, vielleicht auch, weil er den ganzen Morgen den Schnee vom Jurtendach gekehrt hat. Wir aber wollen zuerst noch eine Fahrt Richtung Har Nur unternehmen, dem Schwarzen See, rund 50 Kilometer von unserer Jurte entfernt.

Auf der Hochebene neben dem See steht ein wichtiges Heiligtum der Tuwiner. Ein Ovoo. Ein aufgetürmter Steinberg auf einem hohen Pass, mit wehenden blauen Fahnen vor einem Meer von Bergen und Wolken. Ein Platz der guten Geister.

Die Landschaft dort oben ist atemberaubend, man blickt bis nach China im Süden, nach Kasachstan im Westen und nach Russland im Norden. In der Senke ruht dunkel schimmernd der zugefrorene See, umgeben von über 4.000 Meter hohen Bergen. Wenn der Ausdruck nicht so abgedroschen wäre, könnte man sagen »ein majestätischer Platz«.

Ein paar Frauen sind mit uns gefahren und zünden ihr Räucherwerk an, ordnen die Steine auf dem Steinhaufen, legen neue hinzu, verspritzen Joghurt und Käse und fangen an zu beten. Dann umrunden sie den Ovoo dreimal im Uhrzeigersinn, und für alle gibt es einen Schluck Wodka zum Aufwärmen. Aibora erzählt, dass die Knochen von 400 toten Schafen den Untergrund des Ovoo-Heiligtums bilden. Der Platz auf der Spitze des Berges wurde von Schamanen ausgesucht, aber er ist auch ein buddhistisches Heiligtum. Die Tuwiner sind naturgläubig und lamaistisch, glauben an vieles, was ihnen hilft, ihren Alltag zu meistern. »Da wir unter Natur eine Einheit verstehen, betrachten wir auch den Himmel, einen Berg, einen Bach als unseren Partner. Auch das Pferd oder das Yak«, erklären mir die Frauen.

Am nächsten Morgen liegt noch mehr Schnee, und wir machen uns auf den Rückweg nach Ölgii. Ich lasse eine Kiste mit ein paar »Must-Haves« für die Dreharbeiten zurück: 1 roter Schlafsack, 1 große Isomatte, 1 Russenkappe mit Klappen, 1 Handtuch, 1 Paar kasachische Stricksocken, 1 Fernglas Modell »Hama«, 1 aufblasbares Kopfkissen Modell »Yeti«, 2 Waschschüsseln, 1 Taschenmesser mit Toolbox, 1 Spannungswandler 100 Watt, 1 Zigarettenanzünder mit Stecker und blauen Klemmen, 10 Kerzen, 3 Pakete Überall-Zündhölzer, 3 Taschenwärmer, 1 Flasche Mückenschutz, 1 Autobatterie 12 V 60 AH, 1 Thermoskanne.

Nach rund 80 Kilometern Fahrt macht der UAZ unrunde Geräusche und bleibt stehen. Der Fahrer tut wichtig, klappt die Motorhaube auf, misst den Ölstand und schraubt sogar die Kerzen raus. Eine halbe Stunde vergeht ohne Ergebnis. Dummerweise kommt auch kein anderes Fahrzeug vorbei, das uns helfen könnte. Aibora fragt: »Ist vielleicht das Benzin alle?« Eigentlich kann es das nicht sein, wir haben genügend mitgenommen. Der Fahrer wird noch blasser als er schon ist, überprüft auch das umständlich. Das Benzin ist tatsächlich leer. Es stellt sich heraus, dass er heimlich einige Liter auf eigene Kappe verkauft hat. Nach seiner Rechnung war noch genügend Sprit vorhanden für die lange Rückfahrt. Wir warten. Überraschend schnell kommt ein Jeep vorbei mit einer kasachischen Familie, der uns aus der Patsche hilft. Es beginnt das große Verhandeln um fünf Liter Benzin, dann fahren wir wieder. Wir erreichen Ölgii am Abend und haben eine wohlig warme Nacht, während es draußen weiter schneit.

Zwei Tage später kann ich endlich unsere Akkreditierung im Außenministerium in Ulan Bator abholen. Aber damit ist es doch noch nicht getan. Man macht mich darauf aufmerksam, dass zusätzlich wichtige Papiere vom Ministerium fehlen. Das könne schnell erledigt werden, höre ich, koste aber 1.000 US-Dollar und zusätzliche 200 Euro Servicegebühr für eine prompte Bearbeitung. Aibora führt viele Telefonate, dann lasse ich mich darauf ein. Es ist mir zu riskant, später beim Dreh Ärger zu bekommen, zumal die Funktionäre überall Spitzel haben und uns unendliche Schwierigkeiten machen können. Mit der Mobiltelefonnummer des obersten Kulturbürokraten in der Tasche, der die »Servicegebühr« einsackt, fühlen wir uns sicherer. Ein wenig Freizeitprogramm in Ulan Bator am Lama-Tempel, im Gandan-Kloster und im Kaschmir-Gobi-Shop, ein Besuch im schönen Kinderpark und ein letztes mongolisches Bœuf Stroganov, dann können wir erleichtert die Papiere abholen.

Fünf Wochen später sind wir wieder da, eine Dreipersonen-Filmcrew, Jörg an der Kamera, Manfred für den Ton und ich. Dazu natürlich wieder Aibora, ein Fahrer, viele Alukoffer und ein Stromgenerator für die Steppe. Es ist Ende Juni, und die Landschaft leuchtet grasgrün und üppig. Im Jurtenlager stehen an unserem Drehort schon rund 15 Filzzelte. Alle sind geschäftig: Melken, Butter machen, Käse zubereiten, scheren, schlachten. Wir wollen uns langsam mit allgemeinen Bildern einstimmen, Reinhold Messner und Simon, sein 14 jähriger Sohn, werden drei Tage später eintreffen. Hoffentlich.

Reinhold Messner, 1944 geboren, sagt von sich selbst, er sei nie sesshaft geworden. Er ist einer, der gerne dahin geht, wohin ihm andere nicht folgen können. Wir kennen ihn als Extrembergsteiger, der 18 Achttausender erklettert und viele Herausforderungen gemeistert hat. Als er älter wird, gibt ihm die Weite neue Erfahrungen: Fußmärsche durch Grönland, Tibet, Patagonien oder die Wüste Gobi. Seit einigen Jahren nimmt er ab und zu seinen Sohn Simon mit auf Reisen. Nun will er ihm die Welt der Nomaden zeigen und sie mit ihm erleben, »ehe diese mit den Spuren der letzten Karawane verweht«.

Simon ist erst 14 Jahre alt. Ein eher schüchterner und schweigsamer Südtiroler Naturbursche, der sich aus dem Bergsteigen nicht allzu viel macht. Und auch nicht vorhat, in die Fußstapfen seines berühmten Vaters zu treten. Er findet Tiere spannender als Menschen, ist ein Pferdefreund und ein hervorragender Reiter, aber am liebsten mag er Kamele. Mit diesen Tieren kennt er sich aus. Simon besitzt eine umfangreiche Sammlung von Kamelgeschirren aus aller Welt, die er seit Jahren mit Fleiß und Leidenschaft komplettiert. Die Reise der beiden in den abgelegenen Altai ist eine der wenigen Gelegenheiten, gemeinsam ein Abenteuer zu teilen. Es ist ein Ort ganz nach dem Geschmack von Reinhold Messner. Ein Ort, an den man schwer kommt und der einen schwer wieder loslässt. Drei Wochen werden die beiden bei den Tuwa verbringen. In eine Welt eintauchen, in der es keine Strommasten, keine Telefone, keinen Gegenverkehr, keine Ampeln, keine Schilder, nicht einmal Häuser gibt. Sogar das nächste Fass Benzin muss eine Tagesreise entfernt besorgt werden.

Die Messners sollen in meinem Film nicht nur Zuschauer und passive Beobachter einer fremden Kultur sein, sie sollen den Nomadenalltag nicht nur erleben, sondern mitleben. Soweit mein Plan. Ich möchte sie in dem Film in verschiedene Situationen integrieren und dort agieren lassen: z.B. beim Jurtenaufbau helfen, Schafe schlachten, Ziegen scheren, Kamelgeschirre aufziehen, bei der Herstellung der Stutenmilch helfen, mit einem tuwinischen Hirten zusammen die Tiere hüten oder bei der Aufzucht der Jungpferde mithelfen. Was ich nicht will, ist eine »Nomadenkulisse« für die Messners. Oder ein Film, in dem westliche »Experten« den Nomaden altkluge Lebensratschläge geben.

»Nomaden werden entweder gehaßt oder verehrt«, schrieb Bruce Chatwin weise. Denn uns, der »Zivilisation der Unzufriedenen« erscheinen sie als die »letzten freien Menschen«. Ja, es gibt sie, die große Sehnsucht der Europäer, einem einfachen Leben nachzugehen, das mit dem Leben von Nomaden und anderen »primitiven« Völkern gleichgesetzt wird. Nomaden bieten unendlich viel Raum für Wunschträume und Projektionen. Viele haben sich eine Fiktion konstruiert von einer bedrohten, aber dennoch heilen Gesellschaft von liebenswerten Wilden. Auch Reinhold und Simon Messner empfinden eine tiefe Sympathie für dieses Volk, sie sind neugierig auf eine Lebensform, die ursprünglich und unabhängig ist. Aber wie sieht es bei den Tuwa mit individuellen Lebensentwürfen aus? Gibt es solche?

»Das Ideal der Selbstverwirklichung, wie es der Westen hat, das haben wir nicht«, sagt Galsan Tschinag. »Es ist eine wenig spezialisierte Gesellschaft mit nur wenigen Wahlmöglichkeiten. Man sieht und bestaunt uns wie seltene Museumsexemplare. Aber verstanden werden wir kaum. Der Fremde schaut auf die anderen nur von seinem eigenen Standpunkt aus. Und misst die anderen Menschen an sich.«

Galsan Tschinag hat sie, die Wahlmöglichkeiten. Und ein anstrengendes Leben mit dazu, denn er lebt in drei Kulturen: In der Heimat der nomadisierenen Tuwa im Westaltai, in dem städtisch-postsozialistischen Umfeld der mongolischen Hauptstadt Ulan Bator und als kosmopolitischer Dichter in Europa.

Schon am ersten Drehtag vergessen wir nicht nur, was draußen in der Welt passiert, wir vergessen, dass es ein »Draußen« gibt. Es gibt nur noch das entschleunigte Hier. Auf meinem Drehplan stehen Aufnahmen für ein langsames Warmwerden: Wir filmen eine Aufwachszene der Messners in der Jurte, einen Besuch bei einer Familie, eine Schlachtszene und Simon beim Reiten. Am nächsten Tag das Einfangen der Jungstuten, das Melken, das Trennen der Fohlen von der Mutter und einen Jurtenaufbau. Mit unendlicher Geduld erklärt uns Galsan Tschinag die Gepflogenheiten der Tuwa, darunter auch viele alltägliche Dinge wie die Sitzordnung in einer Jurte. »In der Jurte gehört die linke Seite den Frauen, die obere, der Tür gegenüber, den Männern, die rechte den Gästen. In unserer Gesellschaft kennt jeder seine Rolle, die ein wenig anders aussieht, als man im Westen vermutet.« Er sagt uns auch, dass man nicht auf die Schwelle in der Jurte treten soll, weil das eine Beleidigung sei, aber das wissen wir schon.

Eine der wichtigsten Lektionen für das Überleben sei hier, dass der Einzelne bereit sein muss, für die Gemeinschaft Opfer zu bringen, sagt Galsan Tschinag und erzählt die traurige Geschichte der Wächter-Murmeltiere. »Wenn es Winter wird und die Temperaturen auf unter minus 30 Grad sinken, dann bauen sich die Murmeltiere ihr Winterquartier, das sie über die kalten Monate nicht mehr verlassen. Sie bringen ihre Vorräte in den Bau und legen sich dort zum Winterschlaf. Aber vorher bestimmen sie ein Tier, das den Bau von außen verschließen muss und Wache hält. Dieses Tier wird geopfert, es erfriert.« Wir sind alle ziemlich gerührt von der Geschichte und ich traue mich zu fragen, ob die Nomaden immer noch so gerne Murmeltiere in der Milchkanne zubereiten. Dazu werden glühend heiße Steine zusammen mit frischem Fleisch in eine Milchkanne geschichtet, verschlossen und dann für etwa eine Stunde am offenen Feuer gegart. »Noin, noin, noin«, sagt Galsan Tschinag in seinem immer noch leicht sächselnden Deutsch und hebt den Zeigefinger, »die Jagd auf Murmeltiere ist seit Jahren streng verboten.« Doch wenn ich unbedingt mal probieren wolle, was auch schon Dschingis Khans Leibgericht war, dann könne das sicher jemand in Ulan Bator arrangieren. Ich lehne dankend ab, habe gar keinen Appetit auf Erdhörnchen.

Jeden Morgen in aller Frühe verlässt Galsan Tschinag die Häuptlingsjurte, um auf dem Nachbarhügel seine Gymnastik zu absolvieren. Noch im Dunkeln macht er im Stehen 20 Armkreise, jede Menge Kniebeugen, ein paar Dehnungen und Streckungen, um sich beweglich zu halten. Danach nimmt er sich Zeit, mit seinen Stammesmitgliedern zu reden, mal geht es um ein defektes Auto, für dessen Reparatur er beisteuern soll, mal um Ratschläge in einer Familienkrise. Die Messners sind eher Langschläfer wie wir und schälen sich erst aus ihrem Schlafsack, wenn das Frühstück bereit ist, das ihnen eine junge Nomadin, die auch für uns kocht, an die Jurte bringt. Ich bin erleichtert, dass Reinhold Messner entspannt in guter Urlaubslaune ist und ihn nicht das »Bergfieber« plagt. Er fühlt sich anscheinend auch nicht unter Leistungsdruck.

Simon zeigt sich unbeschwert neugierig und immer bereit, auf die Tuwa zuzugehen. Er genießt es sehr, dass ihm die Nomaden für den Aufenthalt ein eigenes Pferd zur Verfügung gestellt haben, und reitet mit anderen Tuwakindern durch die Gegend. Miteinander reden ist natürlich nicht möglich, aber mit Gesten funktioniert die Kommunikation problemlos. Die Nomadenjungen sind eher schweigsam, und meine Fragen nach ihrem Leben, ihrer Arbeit und ihrer Stimmung beantworteten sie meist mit einem einsilbigen »gut«. Ein 14-Jähriger, von dem ich wissen will, was er am liebsten mag, wird etwas ausführlicher: »Reiten und eine warme Nudelpfanne«, das sind die Dinge, die ihn begeistern, und gerne würde er auch Auto fahren können. Simon reizt es, auszuprobieren, ob er ein junges Kamel reiten kann, das mit einer ganzen Gruppe von Kamelen Brennholz aus dem anderen Jurtenlager zu uns gebracht hat. Er fordert seinen Vater auf, auch einmal aufzusitzen. Aber Reinhold Messner lehnt ab. Er macht nur das, was er gut kann. Es ist erstaunlich, wie normal Simon damit umgeht, dass er gefilmt wird, denn es ist das erste Mal für ihn. Ab und zu muss ich ein wenig korrigieren, wenn er in Interviews zu sehr ins Südtirolerische verfällt, das kein hartes »T« als Anlaut kennt und »Dee«, »Diere« und »Duwa« sagt. Manchmal, wenn er nicht weiß, was er erwidern soll, dann sagt er »das ist ganz fein«. Und alle nehmen an, dass er sich gut fühlt, jetzt aber lieber in Ruhe gelassen werden möchte.

Zum Glück sind die beiden Messners keine Vegetarier und langen beim gemeinsamen Hammelessen tüchtig zu. Als wir alle in der großen Runde die dampfenden Fleischstücke abnagen und der Saft unsere Arme entlang rinnt, sinniert Reinhold Messner über die gute Qualität dieses Biofleisches und darüber, wie die Tuwa es vermarkten könnten. Erst beim nächsten Bissen stellt sich auch bei ihm ein entspanntes Glücksgefühl ein.

Das Fleisch ist frisch geschlachtet, und alle sehen dabei zu, wie das Tier getötet wird. Gebannt betrachten sie die Szene, wie sich ein Hirte mit einem Messer über das Schaf beugt und ihm das Fell am Hals ein kleines Stück weit auftrennt. Nur soweit, dass er mit der anderen Hand hineinfahren und zielgenau die Aorta zudrücken kann. Das Töten dauert weniger als eine halbe Minute. Das Schaf zittert nicht, leidet nicht und gibt keinen Laut von sich. Es fließt auch so gut wie kein Blut. Später werde ich wegen dieser Szene erboste Zuschauerbriefe bekommen, von Vegetariern, die sich über grausame Schlachtszenen beschweren.

Jeden Morgen weckt uns ein strahlend blauer Himmel und zum Glück bleibt das Wetter stabil. Ein Drehtag folgt dem anderen, aber unser Zeitgefühl verändert sich allmählich, passt sich dem Rhythmus der Nomaden an. Die Kamera beobachtet, wie das Leben der beiden Messners im Laufe der Reise ruhiger wird, wie es sich auf Wesentliches reduziert. Wir filmen, wie gemolken und gebuttert wird, das Jurtendach geflickt, die Yaks über die Weide getrieben werden. Die viele Milch, die während des kurzen Sommers abgemolken wird, macht enorme Arbeit. Verkauft werden kann sie nicht, zu weit sind die Wege bis zur nächsten Siedlung, also muss sie vor Ort zu haltbaren Produkten wie Butter, Joghurt, Käse und Milchschnaps verarbeitet werden. Deswegen ernähren sich die Nomaden auch vorwiegend von »weißen Speisen« und keineswegs nur von Fleisch. Kamera Totale: Zwölf Jungstuten stehen angepflockt an einem groben Seil in der Steppe. Sie sollen zum ersten Mal gemolken werden. Kamera Halbtotale: Eine Nomadin mit Blecheimer nähert sich vorsichtig den wild ausschlagenden Tieren. Kamera nah: Die Nomadin lässt ein Fohlen am Euter der Jungstute säugen. Sie zieht es weg, bevor das Fohlen satt ist. Nähert sich mit ihren Händen dem Euter, um an die frische Stutenmilch zu kommen, während sie die Schnalzgeräusche der Fohlen nachahmt. Die Stute lässt sich nicht täuschen und holt mit ihrem Hinterfuß zu einem festen Tritt gegen Blecheimer und Melkerin aus. Die Melkerin weicht zurück. Lacht. Fünf Mal muss sie die Überlistungsaktion durchführen, um endlich zu einem halben Liter Stutenmilch zu kommen.

Seit zwei Tagen hängt nun ein schwerer Ledersack an der Jurtentür, und es riecht auch schon ein wenig streng. »Das ist die vergorene Molke der Stutenmilch, daraus wird bald Schnaps gebrannt«, lässt uns Aibora wissen. Reinhold und Simon Messner packen mit an, wenn der Ledersack vorsichtig in einen großen Topf geschüttet wird, den Rest überlassen sie lieber den Experten. Eine Tuwa-Frau namens »Sonnenstrahl« heizt mit dem Böllerofen der Molke tüchtig ein, bis daraus der beliebte Arkhi destilliert werden kann. Aus 10 Liter vergorener Stutenmilch entsteht ein Liter Schnaps. Keiner darf jetzt die Jurtentür öffnen, es muss eine hohe Brenntemperatur erreicht werden – das ist eines der Geheimnisse beim Milchschnapsbrennen. Die Verkostung des weißlichen Getränks erfolgt noch warm an Ort und Stelle. Die rund 10% Alkohol prickeln säuerlich auf der Zunge, ein ordentliches Stöffchen für die kalten Abende, aber die »käsige Kopfnote« verflüchtigt sich nicht. Auch nach dem zweiten Schluck nicht. Unsere westlichen Geschmacksnerven kapitulieren vor weiteren Schalen. Arkhi ist nur etwas für Kenner und eigentlich auch nicht für den Export geeignet. Wir schauen lieber zu, wie die Geister ihre Portion abbekommen, die vor der Jurte mit den Fingern in alle vier Himmelsrichtungen geschnippt wird.

Nach idyllischen Tagen lernen die Messners allmählich auch die Kehrseiten der nomadischen Lebensform kennen, die nicht nur einen beschwerlichen Alltag, sondern häufig auch Armut und eine ungewisse Zukunft bedeutet. Einige kommen hier nur schwer zurecht und träumen von einem Leben als Angestellte oder von einer Heirat in eine reichere Familie. Manche haben zu wenig Tiere, sind krank oder trinken zu viel. Galsan erzählt, dass es immer wieder vorkommt, dass sich die Männer im Suff prügeln, schwer verletzen oder sogar töten. Wer gut ausgebildet ist oder gar einen Hochschulabschluss hat, für den gibt es hier keinerlei berufliche Zukunft. Zum Beispiel wäre der stille Tochtohow lieber Lehrer geworden und hätte das auch geschafft. Aber jetzt ist er draußen in der Steppe und züchtet Yaks, macht Butter und Käse. Er hat keine Wahl, muss seine alten Eltern und deren Tiere versorgen und weiß nicht, was der nächste Tag bringt.

Jeden Abend drehen wir eine kleine »Jurten-Talkrunde« zwischen Tschinag und Messner mit einer thematischen Vorgabe, aber es sind alles »schwere Themen«, über die man zwar stundenlang diskutieren kann, die aber in diesem Film kaum Platz finden. Die beiden reden darüber, ob die Nomaden auf Dauer eine Überlebenschance in der globalisierten Welt haben. Ergebnis: Jain. Ob ein sanfter Tourismus eine alternative Einkommensquelle für sie schaffen könnte? Ergebnis: Ja. Ob ihr hartes und autarkes Leben den Verlockungen der modernen Welt standhalten kann? Auf Dauer wohl kaum. Nach dem Abendessen im Freien sitzen wir wie immer noch eine Weile draußen, reden über die nächsten Szenen, schauen den Sternen zu und genießen die Stille. Danach gehen wir in unsere Team-Jurte zum »Muster gucken«, ein schönes Ritual an einem ungewöhnlichen Ort. Jörg spult für mich ein paar Videotapes auf dem kleinen Monitor hin und her, wir schauen bei Kerzenlicht nur kurze Teile an, um die Batterien zu schonen, trinken einen kleinen Wodka dazu. Technisch und optisch ist alles prima, jedes Mal eine Erleichterung, die mit einem weiteren kleinen Wodka begossen werden kann, der auch dabei hilft, die nächtliche Sommerkälte zu überbrücken.

Am nächsten Tag sind Außenaufnahmen geplant. Wir beginnen frühmorgens mit einer Reitszene mit Galsan Tschinag in »großer Landschaft«. In seinem mongolischem Gewand, dem Deel mit Kappe, braust er auf seiner Lieblingsstute durch die Steppe und sieht aus wie eine Ikone der Freiheit. »Wenn ich auf dem Berg sitze, dann bin ich Stein und ruhe. Wenn ich über die Steppe gehe, bin ich Gras. Und wenn ich durch einen Fluss gehe, dann bin ich Wasser«, poetisiert Tschinag. Er hat den Gedankensprung zur Kunst erhoben, eben war er noch hier, jetzt ist er dort, aber er verliert nie den Faden. Nomaden sind für Tschinag Menschen des Glaubens. Sie kümmern sich wenig um rationale Vorgänge, meint er. Lernen, Logik oder Mathematik seien nicht ihre Stärke. Und sie wissen auch nicht, wie viel Prozent Fett ihre Milch hat, was Reinhold Messner interessiert.

Galsan Tschinag will uns ins »Tal der Raben« führen, wo eine junge Schamanin wohnt, und verspricht uns, dass wir dort wahrscheinlich eine schamanistische Zeremonie filmen können. Wir sind alle gespannt, haben schon oft davon gehört, dass hier im Altai eine Art Ur-Schamanismus praktiziert wird, mit Geisterbeschwörungen, Wunderheilungen und Orakel-Anrufungen, in denen sich die Schamanen in Trance singen und tanzen und Kontakt zu anderen Welten aufnehmen können.

Die Familie der Schamanin empfängt uns in der Jurte. Der Mutter ist nicht anzumerken, ob sie stolz auf ihre Tochter ist oder ob ihr das Ganze nicht auch ein wenig unheimlich vorkommt. Bis vor einiger Zeit sei die Tochter ein ganz normales Mädchen gewesen, erzählt sie. Aber dann hätte sie sich aus Kleiderfetzen Gewänder genäht, Kleider, wie sie die Schamanen früher trugen. Niemand hätte sie dazu beauftragt, das sei alles aus ihr selbst heraus gekommen. Oft werde sie jetzt von anderen Tuwa konsultiert, um einen Ausweg aus einer schwierigen persönlichen oder wirtschaftlichen Situation zu finden, zu beraten, zu therapieren und zu heilen.

Wir bitten die junge Schamanin, auch für uns und die Kamera eine solche Zeremonie vorzuführen, zögernd stimmt sie zu. Sie zieht ihre Alltagskleidung aus und schlüpft in das Schamanengewand. Sie schlägt die Trommel und dann fällt sie in Trance. Wir merken, es ist keine

Show, es ist echt. Mit glasklarer Stimme in hohen Tönen stimmt sie den Schamanengesang an, der uns Gänsehaut beschert. Je länger sie singt, umso mehr zittert ihr Körper, ihr Ausdruck verändert sich.

Sie steht auf, bewegt sich in der Jurte mit unsicheren Schritten, murmelt uns unverständliche Dinge zu. Galsan Tschinag bemüht sich, uns den Inhalt zu übersetzen, aber wir wollen das in diesem Moment nicht wissen, sind inzwischen auch schon der normalen Welt entrückt. Die Zeremonie dauert ungefähr zwei Stunden. Dann kehrt die Schamanin zurück in ihre Alltagswelt, streicht sich die Haare zurecht und sieht erschöpft aus.

Erst das Ende der Sowjet-Herrschaft brachte der Mongolei eine Rückkehr zu religiöser Freiheit. Die Verfassung trat 1992 in Kraft, seither sei auch der Schamanismus wieder erlaubt, gelte wieder als Teil der ethnischen Identität, erklärt uns Galsan Tschinag, nachdem die Zeremonie vorbei ist. Jahrzehntelang seien die Geister vernachlässigt worden, während der gesamten Sowjetzeit war Schamanismus strikt verboten. Die Spiegel, Trommeln und Kleider mussten damals verbrannt werden, und wer bei einem Ritual erwischt wurde, den hat man vom gesellschaftlichen Leben ausgeschlossen oder sogar ins Gefängnis geworfen. Der Schamanismus wurde systematisch ausgerottet – nicht nur im Altai.

Am nächsten Tag streikt unser Generator wieder, und wir können die Akkus für die Kamera nicht laden, was dramatisch ist, da wir am darauffolgenden Tag das Naadam-Fest filmen wollen. Jörg meint, es liege an der Höhe, dass ständig der Benzinschlauch verrußt. Er hat immer noch eine große Wunde an der Wade, weil er gleich am ersten Tag von einem Hirtenhund gebissen wurde, kniet sich aber trotzdem auf den Boden, buddelt den Generator aus und bastelt mit meinem Kollegen Manfred so lange, bis er wieder läuft. Nach gut zwei Wochen ist wieder einmal eine Haarwäsche angesagt, zumindest bei mir. Dazu gehe ich rund zwei Kilometer weiter zu einer kleinen Quelle und verschmutze das kristallklare, eiskalte Wasser mit deutschem Shampoo.

Das mongolische Naadam-Fest Mitte Juli findet hier bei uns mitten in der Steppe statt. Fliegende Händler mit Bonbons, Keksen, Bier und Wodka sind angereist. Von weitem schon hört man die kehligen Lieder der Obertonsänger, riecht die Hammelkoteletts auf dem Grill und das frittierte Schmalzgebäck Booz. Es werden Zigaretten verkauft, chinesische Feuerzeuge, Luftballone, Wintersocken und Aussteuergeschirr. Naadam ist das wichtigste Fest der Mongolei, eine Art Olympiade, die schon zu Dschingis Khans Zeiten gefeiert wurde, nicht nur der Zerstreuung wegen, sondern vor allem, um die Geschicklichkeit der Männer unter Beweis zu stellen. Sie messen sich in den drei traditionellen mongolischen Sportarten: Ringkampf, Bogenschießen und Pferderennen. Das üppigste Naadam-Fest mit den höchsten Preisen findet in der Hauptstadt statt, aber auch hier in der Steppe will jeder dabei sein. Es ist eines der wenigen gesellschaftlichen Höhepunkte im Jahr, Heiratsmarkt und Sportwettkampf zugleich. Hier gilt: »Sehen und Gesehen werden.« Ein Anlass, das Leben zu feiern, gegen alle Widrigkeiten.

Wer kann, kommt zu Pferd zu dem Fest. Lässig sitzen die Reiter auf ihren Tieren, vornübergelehnt, siegessicher, testosteronlastig. Manche haben Spaß daran, ganz nah an uns heran zu reiten und reißen im letzten Moment die Zügel hoch, damit sich ihr Pferd in ganzer Pracht vor uns aufbäumt. Auch wenn sie aus dem Stand heraus in den Galopp wechseln, dann scheinen sie noch einmal auf, die alten Zeiten der großen Nomadenkulturen der Skythen, Hunnen und Mongolen. Jeder kann hier gut reiten, das lernt man hier mit drei Jahren, spätestens. Auf Pferden, die kleiner und gedrungener sind als die europäischen, aber einen großen Kopf mit langer Mähne haben. Und unendlich ausdauernd sind.

Ein Ausrufer kündigt den ersten Wettlauf an. Ein Schuss ist das Startzeichen. Zwanzig Kilometer Distanz bis ins Ziel. Wild und ungestüm geht es bei den Naadam-Rennen zu, bei denen Kinder auf zweibis sechsjährigen Pferden gegeneinander antreten. Simon schaut ein wenig neidvoll zu, zu gerne würde er hier auch mitmachen. Reinhold Messner darf mit Galsan Tschinag am Ehrentisch der Honoratioren sitzen, die Sonne brennt ihnen stundenlang ins Gesicht. Schläfrig stehen einige aufgetakelte Steppenschönheiten im Minirock um sie herum, ein Ansager brüllt die Zwischenstände der Rennen in ein schepperndes Mikrofon, unterbrochen von halbstundenlangen Reden der Funktionäre, die zwischendurch auch Karamellbonbons verteilen. Am Abend, als die Kinderjockeys Geschenke aus der Hand der Honoratioren erhalten, gibt es Streit. Zwei Zielsieger sollen nicht korrekt ermittelt worden sein. Schnell entsteht ein Handgemenge wütender Pferdebesitzer, die sich um den erhofften Preis betrogen fühlen. Andere sehen glücklich aus. Stemmen ihre Preise in die Luft, damit sie jeder sehen kann. Die glücklichsten Gewinner tragen Fernsehapparate durch die Steppe nach Hause in ihre Jurten. Dort werden sie die Geräte an eine Autobatterie anschließen oder an ein paar Solarzellen und sich die große, weite Welt ins Filzzelt holen.

Gegen Ende der Dreharbeiten wird Reinhold Messner dann doch noch unruhig, er will auf die Berge hinauf. »Tun Sie das nicht! Die Berggipfel sind uns heilig, man steigt nicht auf das Haupt des Großvaters«, belehrt ihn ein Tuwiner. »Dann eben spazieren«, verabschiedet sich der Bergsteiger in die Weite der Steppe. Simon geht noch einmal reiten, wir drehen einige fehlende Landschaftsaufnahmen, und am nächsten Tag verlassen wir gemeinsam die anachronistische Festung der Tuwa, um in die Welt der Nicht-Nomaden zurückzukehren.

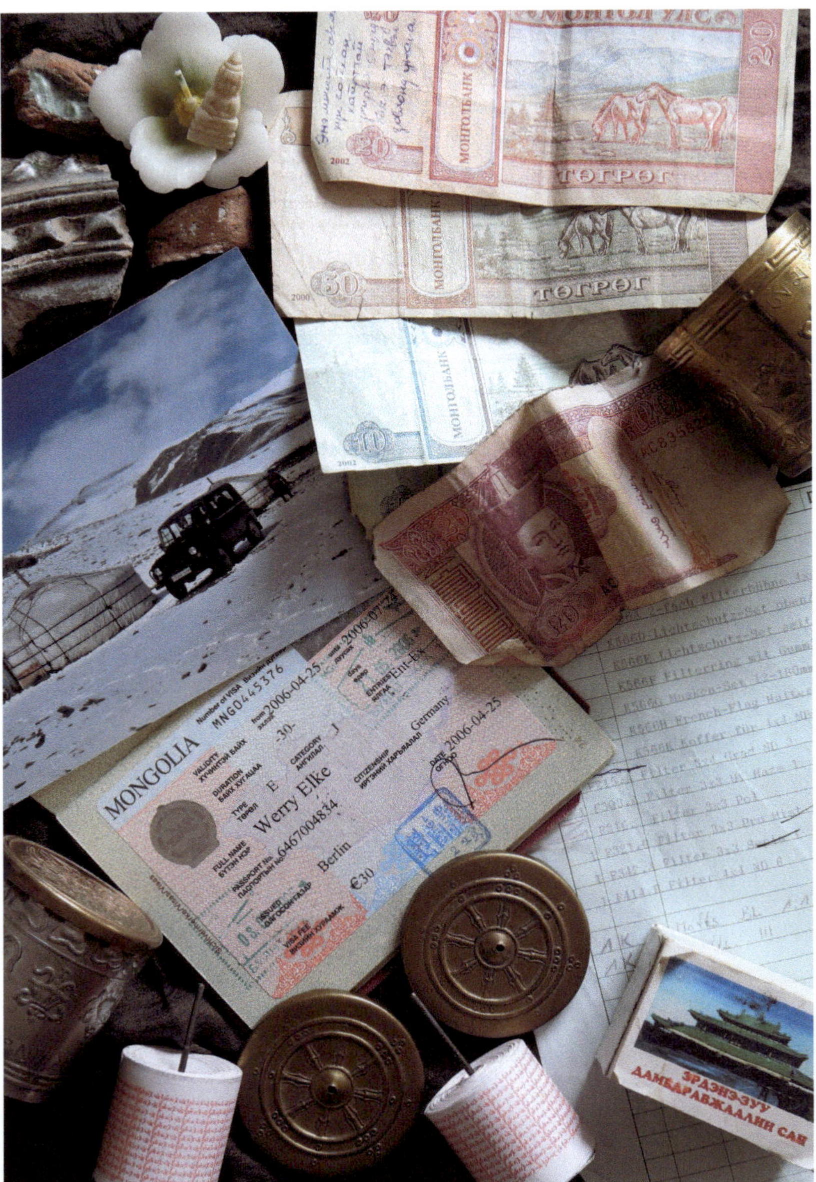

МОНГОЛБАНК
ТӨГРӨГ
MONGOLIA
Werry Elke
Germany
Berlin
€30
ЭРДЭНЭ-ЗУУ
ДАМБАРАВЖААЛИН САН

Orchon-Tal, im Herzen der Mongolei

Es ist kalt, windig und einsam. Unser betagter Jeep bahnt sich seinen Weg durchs Gelände, seit Stunden sind wir niemandem begegnet. Jeden Schotterweg, den wir hinein fahren, müssen wir komplett wieder zurück fahren, weil er im Nirgendwo endet. Die Landschaft gleitet vorbei wie ein Stummfilm. Ich starre aus dem kleinen Jeepfenster auf die grün-grauen Berge, sie sind baumlos und ohne Anhaltspunkte. Der Blick bleibt nirgends haften, es gibt keine Schilder, keine Dörfer, keine Menschen weit und breit. Nur mongolisches Grasland und sanfte Erhebungen, endlos bis zum Horizont. Ein guter Ort zum Traurigsein. Normalerweise löst Reisen eine Form von konzentrierter Wahrnehmung aus, eine Suche nach Bezugspunkten, aber hier werde ich einfach nur absorbiert von der Weite. Der Weite einer Landschaft, die das Auge weder strapaziert noch langweilt, aber Stadtmenschen wie ich fühlen sich hier völlig orientierungslos.

Ab und an leuchtet in der Ferne der silbrig-glänzende Orchon, der sich durch die baumlose Ebene mäandert. Den Mongolen ist er ein heiliger Fluss, von Mythen umwoben. Über 1.000 Kilometer durchquert der Orchon die Mongolei von Süd nach Nord und mündet über den Fluss Selenga in den Baikalsee. Ein halbes Jahr lang, von November bis April, ist der Orchon zugefroren. Seit Jahrtausenden weiden Tiere an seinen Ufern. Schafe, Ziegen und Yaks geben den Menschen ein Auskommen, die während der eisfreien Jahreszeit wie eh und je eine mobile Weidewirtschaft betreiben und in Filzzelten wohnen. Wer hier lebt, muss sich an die Natur anpassen, an wegelose Wildnis, scharfe Winde und staubige Sommer.

Wir sind im Kernland der Steppenvölker in der Mongolei. Durchqueren eine Landschaft mit einer großen Vergangenheit, die man ihr heute nicht mehr ansieht. An den Ufern des Orchonflusses liegen die Zentren längst vergangener Reiche. Hunnen und Uiguren siedelten hier, in Flussnähe bestatteten alttürkische Stämme ihre Fürsten. Das weite Orchon-Tal war die Heimat vieler Nomadenkulturen, und bis heute lebt man hier fast ausschließlich von der Viehzucht. Jetzt, im Juni, führt der Orchon wenig Wasser, weite Teile des Ufers sind morastig und sumpfig. Als wir zu nah an den Fluss heranfahren, bleiben wir stecken. Der Jeep versinkt bis zur halben Reifenhöhe im Schlamm, und Aibora, unsere mongolische Begleiterin und Organisatorin für das Projekt, fängt an, lauthals zu fluchen. Sie beschimpft den Fahrer, der noch mehr Gas gibt und das Auto noch tiefer in den Sumpf manövriert. Heftig wird diskutiert, wie man am besten aus dem Schlamassel wieder herauskommen könne. Für uns klingt es lustig, all den zischenden mongolischen Konsonantenlauten zuzuhören, den »chls«, »tschls« und »dzakhs«. Ich verstehe immer nur »uutshlaaray«, »Entschuldigung«, oder »morj«, »Pferd«. Aber ein Pferd, das uns vielleicht herausziehen könnte, ist weit und breit nicht zu sehen. Nach einer guten halben Stunde gelingt es uns, den Wagen mit Holzbrettern, Plastikplanen und alten Zeitungen aus dem Sumpf zu manövrieren. Ohne Pausen und Pannen geht es weiter zu unserem Ziel in die Nähe von Charchorin, einem kleinen Ort etwa 330 Kilometer westlich der Hauptstadt Ulan Bator gelegen. Wir drehen einen Film für die Sendereihe »Schätze der Welt« über das von der Unesco nominierte Weltnaturerbe Orchon-Tal, und noch weiß ich nicht, ob es möglich sein wird, Landschaft, Schauplätze und deren Stimmungen so zu filmen, dass man glaubt, sie mit Händen greifen zu können. Aber zumindest haben wir es jetzt bis hierher geschafft.

Wir checken in ein Hotel ein, in dem alle Räume etwas merkwürdig riechen. Nach Lack und frischer Farbe. Kein Wunder, das Hotel wurde erst vor kurzem gebaut und ist noch nicht ganz fertig und funktionsfähig. Die schweren hellblau-gemusterten Polstersessel in den Gästezimmern hat man noch nicht von ihrer Plastikverpackung befreit, auch die Matratzen der Betten nicht. Wahrscheinlich werden wir im Schlaf festkleben. An den Zimmertüren fehlen die Klinken und die Fenster schließen nicht richtig, aber die Handwerker sind zum Glück noch vor Ort und sägen Balken vor der Tür. Die Küche mit Panoramablick auf die Berge steht ohne Mobiliar, hat nur einen großen Herd, provisorisch angeschlossen mit Gasflaschen. Um so aufmerksamer springt das vor kurzem eingestellte Personal herum, begrüßt uns per Handschlag und will uns alle Wünsche von den Augen ablesen. Es ist eine Art Mikrokosmos im Wartezustand, und wir spüren die große Hoffnung, die dahinter steht: Ausländische Gäste könnten endlich etwas Geld in den kleinen Ort bringen, in dem es so gut wie nichts zu verdienen gibt. Eine Dame in knackig engen Jeans und rotem Wollpulli preist energisch ihre Künste an, sie war früher Köchin für Funktionäre. Sie verspricht ein leckeres mongolisches Bœuf Stroganoff, das sie für uns auf »französische Art« in eine kalorienreiche Sahnesoße einbettet. Es schmeckt wunderbar!

Motivbesichtigung im nahe gelegenen Kloster Erdene Zuu, ein Hauptdrehort. Es ist das älteste buddhistische Kloster des Landes. Von außen wirkt die heilige Stätte eher wie eine weiß gekalkte Festung und ist hoch ummauert. Zwischen den umlaufenden Außenmauern sollen 108 Stupas stehen, die das große Geviert beschützen, eine heilige Zahl. Ich laufe von außen rund um das Kloster, was ungefähr zwanzig Minuten dauert, zähle aber nur 100 dieser seltsamen Turmstupas, jeder davon ist anders gebaut. Auch aus der Mitte des Innenhofes ragt ein ziemlich hohes Exemplar empor, das etwas Besonderes zu sein scheint. Gesehen hat sie bisher niemand, aber in alten Quellen zur Baugeschichte des Klosters wird beschrieben, dass sich im Inneren dieses heiligen Gebildes 55.000 Miniaturstupas befinden sollen. Ja, die Buddhisten und ihre Zahlenmystik!

Vor dem Haupteingang zum Kloster sitzt ein alter Mann im rostfarbenen Winterdeel, dem schweren mongolischen Mantel, und verkauft buddhistische Anhänger, Gebetsfahnen und Räucherstäbchen. Neben sich hat er eine kleine Flasche Wodka stehen, aus der er ab und zu einen Schluck nimmt. Wild gestikuliert er mit uns und fordert uns auf, doch etwas zu kaufen. Aber wir schenken ihm keine Beachtung, gehen durch das Tor und stehen auf dem riesigen Gelände des ersten buddhistischen Klosters der Mongolei. Schon seit 1586 weht gutes Karma über dem Ort mit dem Namen »Erdene Zuu«, was soviel bedeutet wie »kostbarer Herr«. Mehr als 1000 Mönche sollen einst hier gelebt haben, aber heute fallen vor allem die leeren Flächen ins Auge.

Wo der Boden sauber und glatt gerecht ist, standen noch im vorigen Jahrhundert 62 Klostergebäude. Die meisten heiligen Häuser wurden in der kommunistischen Vergangenheit der Mongolei zerstört, nur einige konnten gerettet werden. Wenn man sich Mühe gibt, kann man noch erkennen, dass die Anordnung der Tempel im Kloster ganz ähnlichen Regeln unterliegt, wie sie bei Jurten beachtet werden. Der westliche Teil einer Jurte, der immer gegenüber der Eingangstür liegt, ist normalerweise der Platz der Männer. In Erdene Zuu steht im Westen der Dalai Lama-Tempel, der wichtigste von allen. Im nördlichen Teil, der dem Platz der Ehrengäste in der Jurte entspricht, findet man Reste von Tempeln, die von fremden Stiftern stammen sollen. Eine runde, mit Steinen bedeckte Fläche erinnert noch an den Gründer des Klosters, ein Mann namens Abadai Khan. In diesem »Kreis des Glücks und Wohlstandes« soll einst seine Jurte gestanden haben.

»Da geht's rein, da können wir jetzt mal die Mönche hören«, sagt Aibora und deutet auf die Tür des Lavran-Tempels. Drinnen ist es angenehm warm und riecht nach herben Kräuter-Räucherstäbchen. Auf den Holzbänken haben sich rund 30 Mönche zum Meditieren versammelt. Einige von ihnen sehen steinalt aus, etwa die Hälfte ist ganz jung, aber alle haben Frische-Luft-Gesichter. Ihr rhythmisches Mantren-Murmeln überträgt sich sofort auf unseren Gemütszustand. Es ist eine fremde Welt, die uns in sich hineinzieht. Der Blutdruck sinkt, man fühlt sich aufgehoben, beschützt und eingelullt unter einem Mantel von dunkelwarmen Klängen. Und einer großen Zeremonienordnung mit Trommeln, Gebetsmühlen, roten Gewändern.

Vor den Bänken, auf denen die Meditierenden sitzen, steht ein verstaubtes Schild: No Photo! Als wir eine kleine Spende in die Holzbox daneben werfen, heben einige Mönche fast unmerklich den Kopf und scheinen die Gabe wohlwollend wahrzunehmen, ohne den Rhythmus ihrer Gebete zu unterbrechen. Da im Buddhismus kein Gott angebetet wird, gibt es in den mongolischen Klöstern keine Gottesdienste, sondern nur Versammlungen der Mönche, in denen gemeinsam meditiert wird. Aber wer den Beistand der frommen Männer braucht, kommt ins Kloster, lässt sich beraten, weissagen oder Trost spenden. Oder bestellt die Mönche für eine Zeremonie zu sich nach Hause.

Nach der Meditation suchen Aibora und ich ein Gespräch mit dem Oberabt. Wir nähern uns dem heiligen Mann mit der nötigen Ehrerbietung, in Demut und Distanz, aber da der Klostervorsteher bereits ein gesegnetes Alter erreicht hat und schwerhörig ist, müssen wir schreien und ihm ziemlich nahe kommen, was sich eigentlich nicht gehört. Er nickt jedoch freundlich, nachdem wir unser Anliegen und das Filmprojekt erklärt haben. Wir verabreden Termine, um im Kloster filmen zu können, und bitten ihn um eine Besichtigung der Bibliothek, in die er uns gleich selbst hineinführt. Dort stehen schöne, dunkelbraune Holzregale mit Schnitzereien, aber weniger Bücher als erwartet. Bei fahlem Tageslicht sitzen einige junge Mönche mit gesenktem Kopf beim Studium. Sie wirken angestrengt. Die Art und Weise, wie sie die in Sanskrit geschriebenen Schriftrollen entblättern und wie unbeholfen sie die Buchstaben herunterstottern, lässt darauf schließen, dass sie noch nicht allzu lange im Kloster sind. Die Regeln und Gesetze für Mönche in der Mongolei sind bei weitem nicht so streng wie in Tibet. Es gibt zwar dicke Bücher mit vielen genauen Vorschriften über die Gewänder, die Klosterzellen, die Speisen, die Meditationen. Auch in Erdene Zuu ist das Töten, Stehlen und Lügen streng verboten, aber sexuelle Enthaltsamkeit oder gar ein Zölibat kennt man hier nicht. Am Abend, nach einem langen Tag im Kloster, kehren viele heim zu ihren Frauen und Kindern. Und manchmal gönnen sich die »Mönche auf Zeit« auch eine Zigarette hinter der Klostermauer.

»Typisch mongolisch« versammeln sich die heiligen Männer nicht nur im Tempel, sondern häufig auch in einer Jurte. Wir dürfen die Meditation filmen, die am Anfang nicht anders aussieht als ein zwangloses Beisammensitzen. Sobald aber der älteste Mönch das Glöckchen in die Hand nimmt und damit klingelt, tritt absolute Stille ein. Auf seinen Fingerzeig stimmt die ganze Runde einen Gebetsgesang an, der konzentriert und scheinbar atemlos länger als eine Viertelstunde andauert. Fremde Melodien schwirren durch den Raum. Die Köpfe der Mönche wiegen dazu im Takt. Mein späterer Filmtext zu diesen Bildern beschreibt die Rituale als einen weichen, volkstümlichen Buddhismus, der die alte Naturreligion und die Geisterverehrung einbezieht. Historisch betrachtet war alles wesentlich komplizierter, denn die buddhistischen Mönche führten einen langen und erbitterten Kampf gegen die in der Bevölkerung tief verwurzelte Naturreligion und den Schamanismus.

Die Ursprünge des Buddhismus in der Mongolei liegen lange zurück und wurden von Tibet geprägt. 1578 hatte der mongolische Heerführer Altan Khan das Oberhaupt der »gelben Sekte« aus Tibet zu einem Treffen eingeladen und ihm dabei den Ehrentitel »Dalai Lama« verliehen. Aber auch hier galt der Satz »eine Hand wäscht die andere«. Im Gegenzug dieses Bündnisses legitimierte das tibetische Oberhaupt die imperialen Ansprüche von Altan Khan, der es sich zum Ziel gesetzt hatte, dem großen Dschingis Khan nachzueifern. Altan Khan wiederum nahm den buddhistischen Glauben an und verlangte dies auch von seinen Untertanen. Acht Jahre nach diesem Treffen wurde das erste Kloster Erdene Zuu gebaut, aber der Buddhismus brauchte lange, um sich als vorherrschende Religion durchzusetzen. Erst nachdem er viele Elemente des alten schamanistischen Glaubens integriert hatte, wurde er für die Bevölkerung attraktiv. So attraktiv, dass bis in die zwanziger Jahren des vorigen Jahrhunderts ein Drittel der männlichen Bevölkerung im Kloster lebte. Klöster und Lama-Mönche prägten für Jahrhunderte das religiöse und soziale Leben. Sie ersetzten Schulen, Universitäten, Ärzte und Krankenhäuser. Die Klöster besaßen Macht und enormes Vermögen.

Das änderte sich abrupt, als die Mongolei 1924 eine Verfassung nach dem Vorbild der Sowjetunion verabschiedete. Religion wurde in dem kommunistischen Staat verboten. Nicht einmal das Wort »Buddha« durfte damals ausgesprochen werden. Mönche wurden bedroht, ins Gefängnis gesteckt oder in die Armee, rund 18.000 Lamas starben wegen ihres Glaubens. In den Jahren der sowjetischen Vorherrschaft wurden fast alle Klöster zerstört, auch große Teile von Erdene Zuu. Über einen Monat lang soll die wertvolle Bibliothek des Klosters gebrannt haben, erzählt uns ein junger Mönch, der uns für die Dreharbeiten durch die verwinkelten Räume führt. Vieles sei damals verloren gegangen, beklagt er, auch ein Großteil der Kultgegenstände. Das könne man nicht wieder gut machen.

Nach der politischen Wende von 1991 blühte der Buddhismus in der Mongolei erstaunlich schnell wieder auf. Der Übergang in ein marktwirtschaftliches Wirtschaftssystem war für die meisten extrem hart, aber die Rückkehr zum Glauben konnte manchen Schock auffangen. Deshalb sehen wir im Kloster Erdene Zuu auffallend viele junge Mönche im heiligen roten Gewand, spitzbübisch dreinschauende, rotbackige Lümmel zwischen geschätzten sieben bis elf Jahren. Sie wirken nicht besonders fromm, scheinen eher hier zu sein, um etwas Ordentliches zu lernen. Zumindest etwas Disziplin. Und wenn man sieht, wie andere Burschen in ihrem Alter die meiste Zeit die Schule schwänzen, an Billardtischen zubringen oder auf dem Markt herumlungern, haben die Klosterschüler kein schlechtes Los gezogen. Als wir einige fragen, warum sie hier sind, hören wir immer die gleiche Antwort: »Unsere Eltern haben uns geschickt«. Mindestens ein Sohn der Familie soll ins Kloster gehen. So war das früher und genauso ist es heute wieder. Aber vielleicht bietet das Kloster für die jungen Männer ja doch eine handfeste Zukunftsperspektive.

Am Abend nach den Dreharbeiten in der Gebetsjurte kommen wir ins Reden über unsere eigenen Berufswege und Wirrnisse. Donald, der Kameramann, hat früher Bücher verkauft. Man hatte ihn in der damaligen DDR auch gar nicht gefragt, ob er vielleicht etwas anderes lieber machen möchte, als für das »Buchkombinat« stramm zu stehen. Stefan, der inzwischen seit vielen Jahren Musiker ist, ging es ähnlich. Seine Eltern empfahlen eine Ausbildung als Feinmechaniker, erst einmal etwas Solides lernen. Die Lehre hat er absolviert, aber bald schon spürte er, dass es mit diesem Beruf nicht ein Leben lang weiter gehen konnte. Da fehlte etwas. Denn da gab es noch seine Liebe zur Musik und sein Talent für zügellose Schaffensprozesse. Erst auf vielen Umwegen wurde Stefan zu dem »Performer«, der er heute ist. Wie man aber als DJ, mit Mischungen und Filmvertonungen Geld verdienen und dazu noch Spaß haben kann, blieb seinen Eltern lange ein Rätsel. Vor einiger Zeit hat Stefan bei einem gemeinsamen Abendessen seinem Vater zu erklären versucht, was er eigentlich macht. »Ich bin Multimediaproduzent«, sagte er. »Multimediaproduzent? Mutti, gib mir noch ein Rippchen!« Aibora lacht am lautesten, als Stefan die Geschichte erzählt. »Meiner Tochter werde ich keine Vorschriften machen«, sagt sie und nimmt noch einen Schluck Bier. »Die kann machen, was sie will.«

Die nächsten Drehtage suchen wir im Orchon-Tal nach der Vergangenheit. Wir klettern auf Berge, filmen am Flussufer und in der weiten Ebene. Immer wieder fallen uns unterwegs ungewöhnliche Steine auf, die entweder wie Grabsteine in der Erde stecken oder kreisförmig geordnet auf dem Boden liegen. Manche haben abstrakte Muster eingeritzt, manche Beschriftungen, die bisher noch niemand entziffern konnte. Es sind namenlose Zeugnisse einer vergangenen Zivilisation. »Vielleicht ist das eine köktürkische Schrift, vielleicht sind das Gräber von altmongolischen Prinzen«, meint Aibora und verdreht die Augen. Ihre Bemerkung »Gräber von Prinzen« flutet meinen Kopf. Sofort startet ein Film, Kategorie B-Movie, mit Bildern von Reitern, grobschlächtig, ungewaschen, grausam. Bilder einer unbekannten Welt, Krieger, die sich wochenlang von Stutenmilch und frischem Pferdeblut ernähren, die im Mittelalter ganz Europa in Angst und Schrecken versetzten. Eine prestigeträchtige Bande Fieslinge mit Pfeil und Bogen mit langen, wirren Zöpfen, die in vollem Galopp rückwärts schießen können. Die ihre Opfer skalpieren und mit der abgezogenen Haut ihre Köcher bespannen. Auf jeden Fall Barbaren in Zobelmänteln, die alles mitnehmen, was ihnen unter die Hufe kommt und die sich, wenn sie trauern, ihr eigenes Gesicht zerschneiden. Es müssen harte Männer gewesen sein. Oft ungerecht. Aber wahrscheinlich war alles ziemlich anders. Ich bin mir nicht sicher. Wahrscheinlich war die Kultur der wilden Krieger weniger blutrünstig, als uns Historiker glauben machen wollen. Aber so richtig daran interessiert, mit diesem Feindbild zu brechen, war bis jetzt kaum jemand.

Heute weiß man, dass die alten Reiternomadenvölker über Jahrhunderte hinweg einen kommerziellen, kulturellen und religiösen Austausch pflegten. Und dass sie keineswegs nur umherritten, um zu erobern, sondern schon im 8. Jahrhundert feste Städte in der Steppe bauten. Eine davon liegt im Orchon-Tal: Karabalgasun – »die schwarze Ruinenstadt«. Diese uigurische Lehmstadt war ein frühes Zentrum des Seidenstraßenhandels, 25 Quadratkilometer groß. Und von dicken, hohen Mauern umgeben, auf deren Resten sich heute gerne junge Hirten die Zeit vertreiben, indem sie auf ihren Pferden darauf entlang balancieren, während sie darunter ihre Schafe weiden lassen. Zwölf Meter hoch sind die Ruinen einer Plattform aus Lehm, vermutlich stammen sie von einem Wachturm. Vielleicht thronte an diesem bevorzugten Standort auch das goldene Zelt des Oberhaupts, wer weiß?

Wir klettern auf die Zitadelle. Die Erde ist warm, der Himmel monochrom blau. Wir bleiben lange sitzen, schauen in die Ferne und die Welt zieht sich zurück. In einem frühen arabischen Text wird Karabalgasun als die »Stadt des Königs« beschrieben, eine prachtvolle »große Stadt, reich an Landwirtschaft«. Schon um 840 war alles vorbei, Jenissei-Kirgisen eroberten und zerstörten die blühende Metropole. Ob sie danach wieder besiedelt wurde, ist archäologisch noch nicht geklärt. Die schwarze Ruinenstadt hat ihre Geheimnisse noch lange nicht preisgegeben.

Rund 30 Kilometer entfernt von Karabalgasun liegt eine weitere Stadtruine. Lange war sie unter Steppengras begraben, die ehemals mächtigste Stadt der Erde: Karakorum – die Hauptstadt Dschingis Khans und seiner Söhne. 1220, im Jahr des Drachens, wurde sie gegründet.

Wo heute Archäologen Ruinen bergen, wurde einst das größte zusammenhängende Weltreich regiert. Ich sehe all die klitzekleinen Scherbenreste, Brocken von grünglasierten Dachziegeln, zerbrochene Terrakottastupas in Dreck und Schlamm. Ich bücke mich nach zwei Zentimeter großen Scherben, die vielleicht einmal eine Außenmauer eines Wohnhauses gestützt haben. Ich lasse meine Finger über einen Ziegelrest gleiten, um etwas von den Menschen zu spüren, die Mitte des 13. Jahrhunderts hier lebten. Aber es passiert nichts. Es ist ein beklemmender Ort. Surreal.

Das Einzige, was ich beim vielen Bücken bemerke, ist, dass es Zeit wäre, meinen Tampon zu wechseln. Aber weit und breit gibt es keine Toilette. Was tun? Soll ich ihn in das alte Butterbrotpapier einrollen, das ich noch vom Frühstücksbrot in der Jackentasche habe, oder in ein Papiertaschentuch knüllen und dann wegwerfen, auf die Gefahr hin, dass das Blut herausquillt und jeder, der vorbei kommt, identifizieren kann, was das ist? Ich entscheide mich für das Eingraben, gleich hier, hinter einem großen Steinquader, der mir die nötige Deckung gibt. Es scheint mir der richtige Platz zu sein. Vermutlich ist bereits der ganze Boden mit altem Blut getränkt, denn nichts als Verwüstung ist übrig geblieben vom Stammsitz Dschingis Khans, von Karakorum, der ersten Hauptstadt des Mongolenreiches. Eroberer aus China haben die Stadt dem Erdboden gleich gemacht.

Der kleine Schuttberg, auf dem ich stehe, war einst das Zentrum des mongolischen Nationalstaates, und ich frage mich nicht erst seit der Recherchereise, wie ich diesen Ort in meinem Film abbilden könnte. Archäologische Themen interessieren viele, aber es setzt beim Zuschauer einiges an Phantasie voraus, sich bei einem Schwenk über einen leicht erhobenen Erdwall eine Stadtmauer vorzustellen. Oder einen Tempel, wenn man nur noch ein paar einzelne Ziegelsteine zeigen kann.

Ich suche nach einem ordentlichen szenischen Einstieg, aber die alten Zeiten re-inszenieren und nach-schauspielern, mit galoppierenden Reiterhorden, üblicherweise weichgoldfarben gefiltert und leicht unscharf gemacht, das will ich nicht. Vielleicht kann es helfen, durch subjektive Gänge mit bewegter Kamera etwas Leben in die Ruinenstadt zu bringen. Zum Glück wird es einfacher als gedacht, da in den Sommermonaten während unserer Dreharbeiten Archäologen vor Ort sind. Sie legen in einer neuen Kampagne die oberste, abgedeckte Erdschicht wieder frei und arbeiten weiter an den Ausgrabungen. Somit kann ich im Film zumindest ein paar Menschen zeigen, die das vermessen, ergraben und zeichnen, was übrig geblieben ist.

Das mongolisch-deutsche Archäologenteam interessiert sich derzeit besonders für die Stadtplanung von Karakorum, und Professor Hans-Georg Hüttel vom DAI Berlin erklärt mir geduldig die Siedlungsgeschichte. Während der Sommermonate erwarten sich die Archäologen endlich auch eine Antwort auf die Frage, wo eigentlich der Palast der Mongolenherrscher stand. Eine der spannendsten Fragen überhaupt.

Wozu brauchten die mobilen Reiternomaden einen Stammsitz in der Steppe und eine befestigte Stadt? Und warum ausgerechnet an diesem Ort? Vermutlich hörte Dschingis Khan auf seine chinesischen Berater, die ihm empfahlen, sich einen festen Wohnsitz zuzulegen. »Man kann ein Reich vom Rücken der Pferde aus erobern, aber nicht verwalten«, erwähnt auch eine alte chinesische Quelle. Der Ort war klug gewählt, nicht nur strategisch, sondern auch ideologisch. Das Orchon-Tal galt als das Stammland vieler, wesentlich älterer Reitervölker, der asiatischen Hunnen, der Kök-Türken, der Uiguren. Fernab seiner eigenen Heimat am Onon stellte sich Dschings Khan also in die Kontinuität einer alten und bewährten Tradition. Professor Hüttel meint, dass die reiternomadische Hauptstadt im Orchon-Tal nicht nur als Schaltzentrale der Verwaltung, als Stapelplatz abgepresster Tribute, als Markt und Kultzentrum gedient habe. Karakorum war noch viel mehr: Eine identitätsstiftende Mitte des Reiches. Karakorum legitimierte eine Herrschaft über alle, die in Filzzelten lebten. Wer hier regierte, war im Besitz des schicksalhaften Glücks und konnte behaupten, er sei vom Himmel zur Weltherrschaft berufen.

Mir kommen Zweifel, ob dieser Ort wirklich die Qualitäten hatte, das Zentrum einer Weltherrschaft zu sein. Anfangs war Karakorum wohl nur ein großes Jurtenlager oder ein militärischer Stützpunkt gewesen. Erst Ögödej Khan, der Sohn Dschingis Khans, soll einen Stadtwall und einen Palast gebaut haben. Über 10.000 Menschen sollen damals in Karakorum ganzjährig gewohnt haben und man habe in der Stadt der Reiternomaden großflächig gebaut, wissen die Archäologen heute zu berichten. Woher ihr Know-How kam, blieb lange ein Rätsel, denn die Nomaden hatten wenig Erfahrung im Bau von Städten. Waren sie doch fast immer zu Pferde unterwegs, auf Kriegszügen. Aber es gab ja genügend Spezialisten aus den eroberten Gebieten. Fremde Handwerker und Künstler haben Karakorum aufgebaut. Manche kamen freiwillig, andere wurden hierher verschleppt, aus Merw, Samarkand oder aus China. In der weitläufigen Stadt fanden die Archäologen Händler- und Handwerkerviertel. Aber in Karakorum wurde nicht nur gehandelt und verwaltet, es war auch ein religiöses Zentrum. Es gab eine Moschee und eine christliche Kirche, vor allem lebten hier wohl frühe Anhänger des Buddhismus. Ihre Reliquien haben die Archäologen unter einer Tempelruine gefunden, Hunderte von kleinen, verzierten Stupas aus Lehm.

Detailreich schildert ein europäischer Zeitzeuge des 13. Jahrhunderts einen auf Säulen gebauten Palast in der Stadt Karakorum. Einen Palast, in dem Stutenmilch, Schnaps und Honigwein aus einem silbernen Baum flossen.

Der Bericht stammt von dem flämischen Franziskanermönch Wilhelm von Rubruk, ein bemerkenswerter Mann, der als erster Europäer 1253 eine Gesandtschaftsreise an den Hof des Mongolenfürsten unternahm. Rubruk war in missionarischem Auftrag für den Papst unterwegs, denn die Bekehrung der Mongolen galt damals als ein erklärtes Ziel der Christenheit. Nach vielen beschwerlichen und entbehrungsreichen Monaten zu Pferd kam er nach Karakorum. Rubruk war der Erste, der authentische Nachrichten über Sitten und Gebräuchen der Mongolen, die damals noch Tataren genannt wurden, nach Europa brachte. Er beschrieb den frühen mongolischen Buddhismus, das Rechtssystem, die Techniken der Kriegsführung und nicht zuletzt die Speisen und Getränke des Reitervolkes. In aller Ausführlichkeit berichtete er über einen wundersamen Silberbaum im Palast von Karakorum mit einem magischen Trinkbrunnen. Dieser bot den Geschmacksnerven der Besucher die ausgefeiltesten Arsenale eines Rausches. Weil es am Eingang des Palastes keinen guten Eindruck machte, wenn man die Schläuche mit Milch und anderen Getränken umhertrug, errichtete Meister Wilhelm aus Paris einen großen Baum aus Silber, zu dessen Wurzeln vier Löwen aus Silber liegen, schrieb Rubruk und ließ seine Leser darüber staunen, dass ein Pariser Silberschmied den mongolischen Herrschern mit ausgefallenem Design gefällig war. Perfekt war auch die Technik, denn im Inneren der Schläuche befand sich eine Röhre, durch die die weiße Stutenmilch geleitet wurde. Rubruk beschrieb, dass im Baum selbst vier Röhren nach oben geführt wurden. Ihre äußersten Enden waren von oben wieder nach unten gebogen. Um jedes Ende dieser Röhren wand sich in gleicher Weise eine goldene Schlange, deren Schwanz um den Stamm des Baumes geschlungen ist. Aus einer dieser Röhren floss Wein, aus der anderen gegorene Stutenmilch ohne Hefe, aus der dritten Bal, ein Honiggetränk, und aus der vierten ein aus Reis gewonnener Wein.

Für alles war gesorgt, um die Gäste zu beeindrucken, für die silbernen Trinkgefäße, den Nachschub, den reibungslosen Ablauf. Rubruk beschrieb auch die geheimnisvolle Getränkemaschine, die mit christlichen Motiv-Formen ausgestattet war, in denen sich flinke menschliche Helfer verbargen: »Sobald der erste Mundschenk ein Getränk braucht, ruft er zu dem Engel hin, auf dass dieser die Trompete blase. Dies hört der in der Höhlung versteckte Mann, der nun kräftig in das zum Engel führende Rohr bläst. Der Engel setzt die Trompete an den Mund, die jetzt sehr laut ertönt. Dies wiederum hören die im Vorratsraum befindlichen Diener, und jeder gießt sein Getränk in die dafür vorgesehene Röhre. Es wird zunächst aufwärts geleitet und dann nach unten in die dazu bereitgestellten Gefäße. Daraus schöpfen die einzelnen Schenken und bringen es ins Schloss zu den Männern.«

Wenn Rubruk die Wahrheit geschrieben hat, und daran ist eigentlich nicht zu zweifeln, besaßen die Söhne Dschingis Khans bei weitem zivilisiertere Manieren, als man ihnen im Westen zutraute. Aber diesen magischen Silberbaum, der heute noch die Rückseite aller mongolischen 1000 Tugrik-Geldscheine ziert, hat man nie gefunden. Das heißt natürlich nicht, dass es ihn nicht gab. Die Archäologen vermuten jetzt, dass der zum Silberbaum gehörige lange gesuchte Palast genau dort stand, wo heute das Kloster Erdene Zuu steht.

Als wir Ende August für die Dreharbeiten in Karakorum sind, stoßen Probegrabungen unter den Klostermauern auf ein älteres, tiefer liegendes Mauerwerk. Die Überraschung ist groß. Der Palast! Die Beweisführung wird schwierig werden, aber alles deutet darauf hin, dass sich die lange gesuchte Palastanlage unter dem Kloster befindet. Als das Kloster gebaut wurde, lag Karakorum schon längst in Schutt und Asche. Aber vermutlich hat man die Reste der alten Steine wiederverwendet, um das erste buddhistische Kloster Erdene Zuu zu errichten.

Wir wollen noch einige Aufnahmen am Lavran-Tempel, einem Hauptgebäude des Klosters drehen, mit Bildern von Mönchen, die nach dem Morgengebet die großen Gebetsmühlen neben dem Tempel drehen. Aber es hat geschneit. Mitten im August! Alles Grün ist von einer weißen Schneedecke überzogen. Im Bett liegen bleiben oder trotzdem drehen, lautet die Frage, die wir uns alle stellen. Die meisten Bilder vom Kloster haben wir schon bei gutem Wetter und Sonnenlicht gemacht, diese gehen schwer mit Schneebildern zusammen. Alles doppelt abzubilden ist ebenfalls nicht möglich. Das Drehverhältnis bei unserem 35mm-Negativfilmmaterial liegt bei 1:8, was bedeutet, dass wir nur achtmal so viele Meter belichten können, wie im späteren Film sein werden. Nicht besonders üppig, wenn man bedenkt, dass viele Videoprojekte auf ein Verhältnis von 1:50 oder mehr kommen.

Donald, der Kameramann, nimmt noch einen großen Schluck Kaffee und fängt an, unser Equipment in Plastiktüten zu verpacken. Er zieht sich Socken an, knöpft den obersten Knopf seines Hemds zu und ermuntert uns, raus zu gehen. Es ist bitter kalt. Unterwegs begegnen uns junge Mönche im Kurzärmelgewand, sie lachen und scherzen, zeigen sich vom Wetter unbeeindruckt. Die Aufnahmen im Schnee gehören am Ende zu den schönsten Überraschungen im Film. Sie beginnen unerwartet mit tanzenden Schneeflocken über der Klostermauer. Enden mit einem jungen Mönch, der wie ein pausbäckiger Weihnachtsengel in tiefstem Schneetreiben steht und in eine große Muschel bläst, um seine Mit-Mönche zum Gebet zu rufen.

Eine andere Überraschung bietet Sarah, das Zimmermädchen in unserem Hotel. Sie wohnt in der Nähe und kommt jeden Morgen zeitig zum Arbeitsbeginn. Stefan, der Tonmann und Musiker für diesen Film, hört sie jeden Morgen singen, wenn sie das Frühstück zubereitet. 150 Prozent musikalisch, glasklar und vollkommen unschuldig. Ich höre sie auch, wage aber nicht zu fragen, ob sie für uns singen wolle und bin mir zudem unsicher, ob wir den Gesang verwenden können, da für alle »Schätze der Welt«-Filme Musikstücke komponiert werden, die nicht folkloristisch sein sollen. Wir haben dieses Gesetz bereits gebrochen, Stefan hat ausführlich Obertongesänge der Mönche aufgenommen, und ich habe Bedenken, was Sarahs Gesang betrifft. Aber dann überreden wir Sarah doch noch. Am Abend kommt sie mit einer Freundin kichernd in unser Zimmer. Wir trinken eine Flasche Wodka-Cola zusammen, erzählen ein bisschen, werden etwas wärmer miteinander. Dann singt sie. Erst schüchtern, später stimmgewaltig und inbrünstig. Und voller Sehnsucht. Als die erste Gänsehaut heruntergespült ist, wird uns wie in dem Märchen vom Froschkönig der Gebrüder Grimm: »Heinrich, der Wagen bricht... nein, es ist ein Band von meinem Herzen«. Sarah verzaubert uns mit ihrer Stimme, mit einem Gesang, der klingt, als könne er die Welt anhalten. Ein magischer Moment, den man nie wieder vergisst.

Eines der Lieder, die sie gesungen hat, ein Wiegenlied, wird später am Anfang des Filmes zu hören sein. Wie eine Ouvertüre zum Orchon-Tal. Die Bilder dazu zeigen eine Nomadin, die am frühen Morgen ihre Jurtentür öffnet und Milch in alle vier Himmelsrichtungen verspritzt. Als nächstes Einstellung eine mit langer Brennweite gefilmte Herde von Schafen und Ziegen, die sich wie Spielzeugtiere durch das Bild bewegen und eine große Staubwolke zurücklassen. Eine Gruppe Milane, die über den Fluss fliegen. Und Landschaft, Landschaft, Landschaft, weit wie das Orchon-Tal.

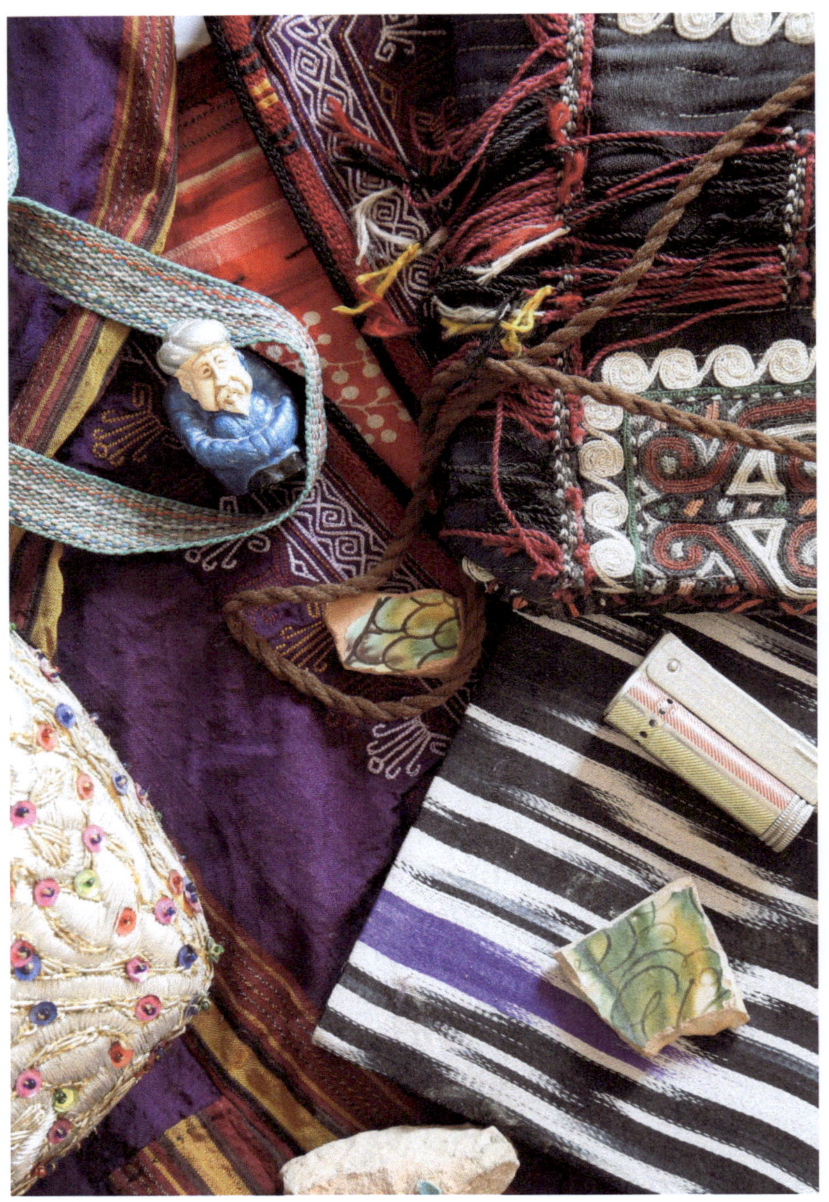

Lektionen in Turkmenistan

»Da liegt ja kein Segen drauf«, meint Kameramann Donald mit einem leisen Anflug von Verzweiflung, als wir nach fünf Stunden Fahrt von der turkmenischen Hauptstadt Aschgabat aus endlich in Merw ankommen und vor einem riesigen Ruinenfeld stehen. Es wird schwierig werden, hier einen vernünftigen Film zu drehen, denn fast alles, was auf dieser Erde einmal gestanden hat, das gibt es nicht mehr. Wir streifen über ein Gelände, das einer Marslandschaft nicht unähnlich ist, rotbraun, trocken und staubig. Nur ein paar knorrige Saksaulbäume spenden Schatten in der weiten Ebene, in der einst eine »Weltstadt« mit vielen hunderttausend Einwohnern pulsierte: das antike Merw.

Merw gilt als die älteste Oasenstadt an der Seidenstraße in Zentralasien. Legendär reich soll sie gewesen sein und ein geistiges Zentrum der islamischen Welt. Schon ab dem 3. Jahrhundert vor Christus hatte hier der Handel zu florieren begonnen, bis Mitte Februar 1221 an einem kühlen Wintermorgen das abrupte und grausame Ende kam. Das Mongolenheer Dschingis Khans plünderte die Großstadt und ließ sie niederbrennen. Mehr als eine Million Tote waren zu beklagen. Später gehörte Merw zum Reich Timurs, erreichte aber nie wieder die alte Größe.

Die antiken Stadtruinen liegen im Südosten von Turkmenistan, am Rande der großen Wüste Karakum. Eine unwirtliche Gegend, in der es fast immer heiß und staubig ist. Lebensquell für die antike Oasenstadt war das Wasser des Flusses Murgab, der in Afghanistan entspringt und sich in der Karakum in ein breites Delta verzweigt. Der intensive Anbau von Baumwolle in der Region hat in der Neuzeit den Fluss verschmutzt und die Böden versalzen lassen. Es sieht postsowjetisch trostlos aus, bis auf ein paar Aprikosen- und Maulbeerbäume ist alles kahl und erdfarben. Vor der antiken Kiz Kala, der »Jungfrauenfestung«, den Resten eines massives Lehmgebäudes aus 15 Meter hohen Halbsäulen, weiden Kamele das dürre Grün ab.

Für die Zeit der Dreharbeiten wohnen wir nicht im Hotel, sondern im Grabungshaus direkt neben der archäologischen Stätte. Eine ältere turkmenische Hausfrau wird zum Kochen angeheuert, so dass wir praktisch von Sonnenaufgang bis Untergang filmen können. Also keine Anreisezeit verlieren zu einem der wenigen Hotels, die weit entfernt liegen von unserem Drehort. Die Köchin gibt sich große Mühe, uns mit turkmenischen Spezialitäten zu füttern, die sie in schlecht gespülten chinesischen Blechtellern auf der Wachstuchtischdecke serviert. Schon am zweiten Tag leidet der Kameramann an Durchfall, am dritten der Tonmann und am vierten die ganze Crew. Danach hat die Köchin ihren Spitznamen weg: »die schmutzige Jodwiga«. Zurecht, denn Jodwiga vergisst manchmal auch, die Mücken aus den Rühreiern zu entfernen oder das Bier in den Kühlschrank zu stellen. Die dickflüssige Kondensmilch, ein typisches Relikt aus den Zeiten von sowjetischem Luxus, deckt sie nicht ab, so dass sich morgens jede Menge tote Ameisen darin finden, die in der Nacht unerbittlich in der klebrigen Süße ertrunken sind.

Merw: Ein großer Haufen alter Steine, die es für einen Film zum Leben zu erwecken gilt. Von der Unesco zum Weltkulturerbe erklärte Ruinen. Das städtische Zentrum einer Nomadenkultur. Drei gut erhaltene Großbauten aus Lehm und eine kaum definierbare Masse von Siedlungsresten aus 4.000 Jahren: Acht Kilometer lange Stadtmauern, eine Zitadelle, Herrscherpaläste, Feuerkult-Tempel, Gräber, Bewässerungsanlagen, Kühlhäuser, unzählige Karawansereien. In diesen Herbergen konnten Vorbeireisende mit ihren Tieren und Waren sicher übernachten, die Vorräte auffüllen oder Handelsgüter verkaufen. Schon 1880 begannen die ersten Archäologen mit Ausgrabungen, aber dann wurde die Erforschung der Ruinenstadt lange Zeit vernachlässigt. Seit 1991 versuchen Wissenschaftler des internationalen »Ancient Merw Projects«, an dem Turkmenen, Briten, Amerikaner und Russen beteiligt sind, die Rätsel der Oasenstadt zu entschlüsseln. Ihr Projektgebiet ist riesig, allein die Fläche innerhalb der alten Stadtmauern umfasst mehr als acht Quadratkilometer. Das entspricht etwa der Innenstadt des heutigen Paris. Die archäologische Stätte mit ihren verschiedenen Siedlungsschichten gilt zudem als äußerst komplex. Schon auf dem Satellitenbild sieht man, dass Merw aus mehreren Zentren besteht, jedes eine Art Zeitkapsel aus einer anderen Epoche. Im Unterschied zu anderen Stadtgründungen, die meist auf den Resten ihrer Vorgängerstädte erbaut wurden, hat man die neuen Siedlungen in Merw neben den Ruinen der früheren Bebauungsphasen errichtet. Deshalb umfassen die verschiedenen antiken Städte zusammengenommen ein riesiges Areal. Selten hat man so gebaut, aber der Grund für diese ungewöhnliche Vorgehensweise war vermutlich die Wanderung des Deltas des Flusses Murgab, dessen Wasser für das Leben in der Stadt essentiell war.

Weil Merw von der frühen Bronzezeit bis ins Mittelalter ein Fenster in die Geschichte der Seidenstraße öffnet, unterstützen auch ausländische Geldgeber die Erforschung der geschichtsträchtigen Ruinen. Unter ihnen finden sich berühmte Namen und Institutionen wie der World Monuments Fund, American Express, die British Academy, das Getty Conservation Institute sowie die Britische Botschaft Aschgabat. Man will die verbliebenen Reste der Stadt fachgerecht konservieren und die Region langfristig als archäologischen Park schützen. Nicht zuletzt erhofft sich Turkmenistan auch einige Touristen, die die Mühen nicht scheuen, ihren Fuß auf das weitläufige Gelände der Wüstenstadt zu setzen.

Alle Hauptgebäude sind bereits akribisch erfasst und untersucht. Wie keine andere Ausgrabungsstätte Zentralasiens gibt Merw Hinweise, wie man damals wohnte und wie der Handel an der Seidenstraße funktionierte. Wer aus Ruinen lesen kann und Funde richtig interpretiert, findet sogar heraus, dass Merw ein militärisches Hauptquartier an der Ost-West-Route der Seidenstraße war.

Im vierten Jahrhundert vor Christus gegründet, entwickelte sich Merw zur größten Stadt Zentralasiens und ab dem 11. Jahrhundert zur Hauptstadt der nomadisierenden türkischen Fürstendynastie der Seldschuken.

Eine Hauptsehenswürdigkeit aus der Spätzeit dieser Stadt ist das Mausoleum von Sultan Sandjar, an dessen Grabstätte noch heute Pilgergruppen beten. Fast täglich kommen Reisebusse mit gläubigen Muslimen aus ganz Turkmenistan. Wir filmen mehr oder weniger heimlich, wie eine Gruppe mit ihren Händen die Außenwände der Grabstätte berührt und ehrfürchtig an ihnen entlang streicht. Das Gleiche geschieht an den bunt gefliesten Wänden, den hölzernen Türpfosten, dem Sarkophag. Nach den Berührungen gleiten sie mit den Händen über ihr Gesicht. Es scheint, als wollten sie etwas von der heiligen Stätte abschöpfen, die Essenzen auf sich selbst übertragen und den Segen mit nach Hause nehmen. Ganz besonders fromme Pilger verlassen das Mausoleum nur rückwärts unter mehrfachen Verneigungen.

So abgelegen und fern der modernen Welt die Gegend heute wirkt, das alte Merw galt als eine Art Trendsetter für Zentralasien. Es besaß die attraktivsten Karawansereien entlang der Seidenstraße, und wer hier logierte, kam vielleicht sogar in den Genuss gekühlter Erfrischungen. Merkwürdig geformte Bauten aus Lehm entpuppten sich als vier konisch gebaute Kühlhäuser, in denen das Eis vom Winter den ganzen

Sommer über haltbar gemacht werden konnte. Wahrscheinlich hat man in den Eishäusern damals auch Fleisch und andere leicht verderbliche Vorräte aufbewahrt.

Mittlerweile kann man sich eine Vorstellung davon machen, wie die Stadt ausgesehen hat. Mittels 3-D-Animation und digitaler Modelle hat man aus den wenigen Ruinen einige Bauten in ihrer Gesamtheit rekonstruiert. Man rückt der Stadt mit High-Tech-Archäologie zu Leibe, aber für uns, das westliche Filmteam, ist es eine schwere Aufgabe, die Geschichte der ehemaligen Seidenstraßenmetropole optisch zu erzählen. Donald, dem Zauberer an der Kamera, gelingt es aber nach vielen schweißtreibenden Einsätzen, die Ruinen einigermaßen lebendig werden zu lassen. Er trotzt der Trostlosigkeit des Ortes Bilder ab, die einen besonderen Charme haben. Den Rest muss sich der Zuschauer in seinem eigenen Kopfkino zusammensetzen.

Dreharbeiten in Turkmenistan: Wir lernen einen winzigen Ausschnitt eines Landes kennen, das noch sehr viel sonderbarer ist, als wir alle glauben. Von der Stadt Mary, die nicht weit entfernt liegt, bekommen wir kaum etwas mit. Es gibt einen schönen Basar in Mary, auf dem Melonen, Granatäpfel, handgewebte Teppiche, Goldschmuck und turkmenische Pelzmützen gehandelt werden. Die Stadt besitzt ein Staatstheater, ein Weltkriegsdenkmal, ein Museum. Der ehemalige russische Militärstützpunkt hat sogar einen Flughafen. Abends fahren wir selten in die Stadt, wir bleiben lieber in unserem Grabungshaus und zappen uns durch die fünf turkmenischen Fernsehkanäle. Da aber alle Medien für die rund 6,5 Millionen Einwohner repressiv staatlich gelenkt werden und wir zudem die Sprache nicht verstehen, dauert das Fernsehen selten mehr als fünf Minuten. Ausländische Programme und Satellitenschüsseln sind offiziell verboten, ebenso ausländische Zeitungen. Nur etwa ein Prozent der Turkmenen hat Internetzugang, der einzige Provider ist die staatliche Gesellschaft Turkmentelekom. Dafür sind Gas,

Strom, Wasser und Salz für die Bevölkerung umsonst. Turkmenistan besitzt die vielleicht größten Erdgasvorkommen der Welt und verteilt die Energie kostenlos, um seine Bewohner ruhig zu stellen. Dem Wüstenstaat sind 44 Milliarden Tonnen Erdölvorkommen testiert, vielleicht sind es aber auch wesentlich mehr, genug, um einen Platz auf der Liste der ölreichsten Länder der Welt zu belegen.

Bald könnte Turkmenistan von kuwaitischen Zuständen träumen, wenn, ja wenn die Regierung die internationale Ausschreibung für die Förderung von Bodenschätzen forcieren würde. Investoren aus dem Ausland stehen schon lange Schlange, buhlen um die Gunst der Diktatoren, aber bis vor kurzem machte Turkmenistan seine Geschäfte vorwiegend mit sowjetischen Handelspartnern. Bis jetzt konnte es sein Öl und Gas nicht in Wohlstand für die Bevölkerung ummünzen.

Pläne gibt es viele. Eine Erdgaspipeline soll von Chardschou in Turkmenistan am Kaspischen Meer durch Afghanistan an die Häfen am Indischen Ozean in Pakistan gebaut werden. Eine weitere durch den Iran nach Pakistan und nach Indien. Im Januar 2010 endete der erste Bauabschnitt, der das turkmenische Gasfeld Dovletabad mit der iranischen Raffinerie Khangiran verbindet. Bald soll Turkmenistan ein wichtiger Rohstofflieferant für Europa werden.

Der durchschnittliche Turkmene indessen ist nach wie vor Bauer, er besitzt ein paar Tiere oder betätigt sich im Baumwollgeschäft. Er hat oft eine schlechte Schulbildung und kein Mobiltelefon. Er verspeist lieber seinen fetten Reispilav mit Hammelfleisch als Pizza oder Pasta. Er schlürft keinen Latte Macchiato, sondern anständigen Wodka. Und als seine Lieblingsfreizeitbeschäftigung gelten Picknicks mit der Familie. Es sind Leute wie der 38jährige Bairam, der für den Film als Protagonist angeheuert wird. Bairam ist Bauer, hält sich von der großen Politik fern und verdient sich ein Zubrot in der Ruinenstadt, indem er aus Lehmerde, Wasser und Stroh auf traditionelle Weise Ziegel fertigt, die im archäologischen Park verbaut werden. Seine Frau ist Hausfrau, sein Sohn soll später als Aufseher im Museumspark arbeiten, das wünscht er sich.

Turkmenistan erklärte sich bereits im Oktober 1991 für unabhängig und löste sich aus dem sowjetischen Staatenbund. In der Folgezeit regierte Saparmurat Niyazov als erster Präsident auf Lebenszeit als absolutistischer Diktator. Die Schlagzeilen, die in die westliche Presse drangen, waren wenig schmeichelhaft. Niyazov verlieh sich selbst den Titel des »Beýik Turkmenbashi«, was soviel bedeutet wie »großer Führer aller Turkmenen«. Er ließ sich bizarre Denkmäler und Prachtbauten in der Hauptstadt Aschgabat errichten, schloss die meisten Krankenhäuser, machte den Monat Januar zum »Turkmenbashi-Monat« und kürzte die Rentenversorgung seiner Bürger.

Der derzeitige Präsident hat für Turkmenistan das globalisierte Zeitalter einer liberalisierten Weltwirtschaft ausgerufen, aber sehr viel geändert hat sich bisher nicht. Es gibt zahlreiche Öl- und Gaskonferenzen, sogar »Oil & Gas Road Shows«, bei denen das enorme Potential gepriesen wird, doch die wirtschaftliche Rezession hält an. Turkmenistan macht es seinen Besuchern schwer. Die einzige internationale Fluggesellschaft des Landes heißt Turkmenistan Airlines, internationale Flüge landen ausschließlich in der Hauptstadt Aschgabat. Wer dorthin reisen will, der braucht immer noch eine Einladung. Politische Diskussionen sind nicht erwünscht, und auch das UN-Menschenrechtskomitee, das schwerste Folterungen in dem Wüstenstaat beklagt, fordert dringend demokratische Reformen.

Ebenso erstaunlich wie die politische Exaltiertheit des Landes ist die Behäbigkeit seiner Einwohner, die seit langem daran gewöhnt sind, sich von autoritären Führern in die »lichte Zukunft« leiten zu lassen. Es ist nicht leicht, hier sein Leben zu gestalten, aber die Turkmenen haben gelernt zu klagen, ohne zu leiden. Sie haben sich eingerichtet mit dem, »wie es eben so ist«. Besonders auf dem Land lebt man heute traditioneller als in der Zeit, in der die Russen das Sagen hatten. Mit wem wir auch sprechen, alle meinen, die Familie und der Stammesclan seien das Allerwichtigste im Leben. In die richtige Familie hineingeboren zu werden und den richtigen Namen zu tragen, stellt in der turkmenischen Gesellschaft einen sozial hoch angesehenen Wert dar. Das durchschnittliche Lebensmodell ist vorwiegend konservativ und patriarchal. Frauen sind zum Kinderkriegen da, Sex vor der Ehe gilt als unehrenhaft und der Spielraum für die Jungen wird engmaschig überwacht. Wer aus den Normen ausschert, wird bestraft. Wer nicht »integriert« ist, keine Familie hat und nicht regelmäßig Geselligkeiten aufsucht, der gilt entweder als Versager, als »labil« oder als gefährlich. Es hat mich ziemlich erstaunt, wie wenig junge Turkmenen über den Rest der Welt wissen und wie stark ihr Denken von Dogmen geprägt ist. Selbst der gebildete und perfekt Englisch sprechende Murat, der für drei Wochen als unser Begleiter und Dolmetscher arbeitet, verwickelt mich in brisante Diskussionen, die ich lieber nicht geführt hätte. »Wir haben in unserem Land keine Homosexuellen«, meint er. »So etwas gibt es nur in Amerika«. »Wow«. Braucht es darauf eine Antwort? Ich komme nicht umhin, ihn darauf hinzuweisen, dass Homosexualität nicht als kapitalistische Entgleisung gilt und es weltweit einen geschätzten Anteil von 5% Homosexuellen an der Gesamtbevölkerung gibt. Dass diese Neigungen nichts mit Erziehung oder kulturellem Umfeld zu tun haben, nichts mit Kapitalismus, Diktatur oder Demokratie, nimmt er so ungläubig zur Kenntnis, als hätte ich ihm gesagt, dass Milch blau sei.

Murat ist damals 28 und soll bald heiraten. Die Braut haben seine Eltern für ihn ausgewählt und auch der Hochzeitstermin steht schon fest. Aber Murat hat seine Zukünftige bisher nur zweimal gesehen, was ihm ziemliches Kopfzerbrechen bereitet und ihn manchmal daran hindert, sich richtig auf die Dreharbeiten zu konzentrieren. Trotzdem will er seinen Job gut machen. Aber nicht nur das, Murat legt auch Wert darauf, in jeder Situation perfekt auszusehen. Er hat einen Goldhamsterappeal, ist ziemlich eitel und richtet sich auf dem Beifahrersitz seine persönliche Komfortzone ein. In die Seitenwand der Wagentür klemmt er umständlich eine abgewetzte schwarze Tasche, in der sich »äußerst wichtige Papiere« befinden. In die Ecke zwischen vorderem Autofenster und Ablage legt er eine Kleenex-Box sowie eine Haarbürste, mit der er sich gefühlte 30-mal am Tag seine schon recht dünnen schwarzen Haare kämmt. Jeden »Hairloss« bedauert er lautstark. Er trägt modische Hemden, die er nach jedem Aussteigen zum Gespräch oder Dreh glatt streicht und abklopft, bevor er sich vom Auto entfernt. Ich bin die einzige Frau im Team und offensichtlich hat er mütterliches Vertrauen zu mir, so dass wir mehrmals über recht private Dinge plaudern können. Eines der schwierigsten Themen ist, dass er nicht so schnell ein Baby will und mich fragt, ob man das denn steuern könne. Ich teile ihm einige medizinische Details über weibliche Zyklen und Verhütungsmittel mit und merke, dass er nervös auf seinem Stuhl hin und her rutscht. Von solchen Dingen hat er noch nie gehört. Auch das Wort »Menstruation« war ihm völlig unbekannt, obwohl er mit drei Schwestern aufgewachsen ist. »Was?... Jeden Monat Blutungen... grausam...das habe ich nie bemerkt.« Ich brachte ihm dann das Allernötigste im Schnellkurs bei. Vor einiger Zeit hörte ich, dass er inzwischen drei Kinder hat.

Wir drehen damals auch in Nisa, der ehemaligen Hauptstadt der Parther. Ebenfalls eine legendäre Ruinenstadt an der Seidenstraße. Rotgoldenes Abendlicht sticht an diesem Tag durch die Berge des Kopet Dagh, der natürlichen Grenze zum Iran, und gibt dem Drehort die optische Patina, die er verdient. Wir haben eine Chance auf richtig gute archäologische Bilder, denn selten gelingt es uns, alle Locations für den

Film im richtigen Licht zu drehen. Unser Programm ist zu umfangreich, um es sich leisten zu können, ausschließlich bei flachen Schatten am Morgen und am frühen Abend zu arbeiten.

Die wenigen Besucher, die sich nach Nisa verirren, sind schon gegangen. Der Wächter klopft missmutig auf seine Uhr und gibt mir zu verstehen, dass er nicht gewillt sei, mehr als eine Stunde Drehzeit zu genehmigen, dann wolle er die Schranke schließen. Aber Nisa ist eine »Bolschoi Location«, ein archäologisches Highlight, eine Stunde ist viel zu kurz für diesen Ort, an dem vermutlich schon Alexander der Große im vierten Jahrhundert vor Christus auf seinem Feldzug nach Indien verweilte.

Der Staub der Wüste hat die Partherstadt gut konserviert. Unter meterhohen Sandschichten, hinter einem Festungswall mit über 40 Türmen, fanden Archäologen griechische Marmorskulpturen und hellenische Münzen, Wohnhäuser mit Weinkellern und Bewässerungsanlagen. Rund 1.000 vor Christus bis ungefähr 1.000 nach Christus währte die Blütezeit der zarathustrischen Feueranbeter in Nisa, ein verzierter Rundtempel und ein Palast mit Säulenhalle für die Toten haben die Zeit überdauert. Aber im Gegensatz zum Iran, wo es immer noch vereinzelte Feueranbeter gibt, finden sich hier keine Anhänger dieser Religion mehr. Über 93 Prozent der Bevölkerung von Turkmenistan sind heute sunnitische Muslime, mehr oder weniger streng gläubig. Die Herrscher der alten Partherstadt Nisa sollen angeblich tolerant und großzügig gegenüber ihrer Bevölkerung gewesen sein, aber noch bevor die Bilder der gut erhaltenen Lehmwände des alten Palastes im Kasten sind, ruft der Wächter zum Aufbruch. Nichts geht mehr in Nisa.

Neben archäologischen Großbaustellen und immensen Öl- und Gasvorkommen besitzen die Turkmenen noch einen weiteren Schatz, der ihnen weltweite Reputation eingebracht hat: Ihre Achal-Tekkiner. Sie entspringen einer alten turkmenischen Pferderasse, die bereits vor rund 5.000 Jahren als Reit- und Kriegspferde genutzt wurden. Ihr Abbild ziert noch heute die turkmenischen Geldscheine. Die Achal-Tekkiner-Pferde sind zu Recht berühmt, gelten sie doch als die Vorfahren von Arabern, Persern und englischen Vollblütern. Ihr Aussehen hat sich bis heute kaum verändert, es sind extrem widerstandsfähige Tiere, geeignet für lange Reitdistanzen oder als Rennpferd, mit dünnem, seidig glänzendem Fell, langen Beinen und belastbaren Gelenken. Die Achal-Tekkiner sind so etwas wie die letzte Reminiszenz an die glanzvolle Nomadenzeit. »Wenn du am Morgen aufstehst, dann grüßt du zuerst deinen Vater und danach begrüßt du dein Pferd«, lautet ein bekannter turkmenischer Spruch, den man noch heute hört.

Wir wollen in einem Gestüt drehen und ein kleines Portrait eines Züchters machen, aber, wie es eben manchmal so geht beim Dokumentarfilm, es klappt nicht. Der Züchter war zwischen Recherche und Dreharbeiten schwer verunglückt und liegt im Krankenhaus. Es findet sich jedoch schnell ein Ersatzmann, der seine geliebten Pferde dem deutschen Fernsehen vorführen möchte. Die turkmenischen Achal-Tekkiner aus diesem Stall gelten heute als eine der besten Rennpferdrassen der Welt. Ihre Zucht ist streng reglementiert, und für den Pferdenachwuchs werden aus dem Ausland enorme Preise geboten.

Umso erstaunlicher ist die Erzählung des Züchters, der davon berichtet, dass man den Achal-Tekkinern während der vielen Jahre der Sowjetzeit kaum Aufmerksamkeit schenkte. »Sie wurden als Arbeitspferde genutzt, geschlachtet und zu Pferdewurst verarbeitet. Sie waren fast schon ausgestorben«, sagt er, während er ein paar Pferde aus dem Stall holt und zum täglichen Training führt. Zwei, drei junge Turkmenen besteigen die Tiere und geben eine kurze, beeindruckende Vorstellung von dem Können der Pferde und ihrer Reitkunst. Mit der Peitsche gehen sie alle nicht zimperlich um, und der Trainer sagt, man müsse dem Tier rechtzeitig zeigen, wer sein Herr ist.

»Look, intime relation«, sagt Murat und zeigt auf ein unbändiges Pferdepaar, das seine Kopulation schon beendet hat, bevor ich das Kamerastativ aufstellen kann. Zwei Tage später sehen wir die Tiere aus dem Gestüt galoppieren, im Hippodrom in der Hauptstadt Aschgabat. Extrem schnell, wild und unbändig sind sie fast alle laufwillige Champions, die kaum Fett am Körper haben. Nicht anders als in Ascot versammeln sich auch in Aschgabat Pferdenarren, politische Elite, Uniformierte, Wettlustige und schöne Frauen auf den Tribünen. Von letzteren allerdings nur wenige, denn Pferderennen sind hier eher »a Man's World«. Ist doch klar, dass sich echte Kerle bei dieser Art von Geschäften nicht gerne von Frauen dazwischen reden lassen wollen. Alle Augen starren auf die Boxen am Start, und bis zu den Bühnen hinauf hört man das nervöse Schnauben der Pferde. Endlich kommt der Startschuss. Die Pferde in Nahaufnahme mit dem Teleobjektiv zu verfolgen, ist fast unmöglich, weil sie zu schnell sind, aber es gelingen einige aufschlussreiche Porträts von Zuschauern mit Turkmenenmütze und Opernglas, von enthusiastischen Wettgewinnern, knackigen Jungjockeys und stolzen Züchtern. Nach dem Rennen werden wir von dem Pferdezüchter, bei dem wir gefilmt haben, zum Essen eingeladen. Er führt uns ins einzige Restaurant der Stadt, in dem es Pizza gibt. Dann fahren wir weiter in die Wüste Karakum.

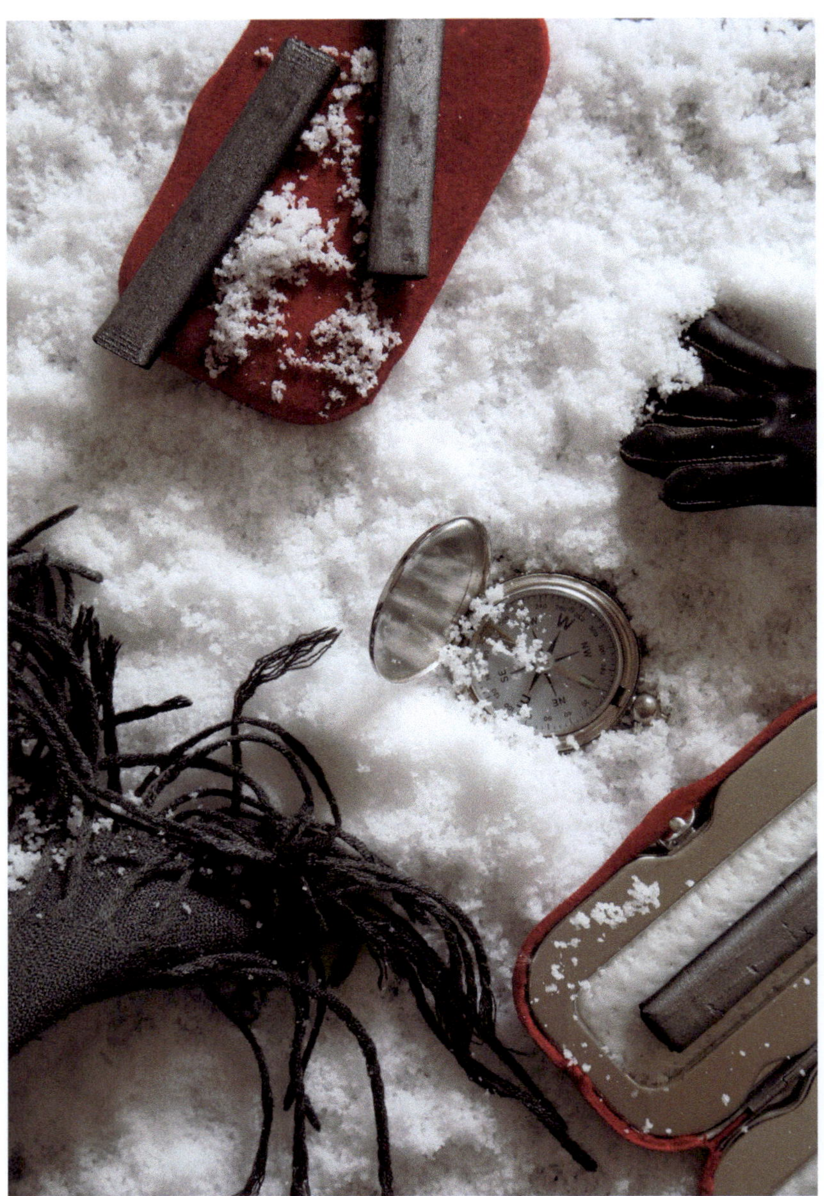

Schnee von vorgestern in Grönland

»Alle 200 Jahre steigt die Leuchtkraft der Sonne, der CO2- Anstieg wird sicher mehr als drei Grad Klimaerwärmung in den nächsten 10 Jahren bewirken, aber es ist die Frage, ob das CO2-Paradigma des menschengemachten Treibhausklimas so weiterhin gilt«, sagt der Paläoklimatologe Solvi, klappt seinen Laptop zu und beißt in sein Käsebrötchen. So weit so gut, denke ich, aber wie wollt ihr das beweisen?

Es ist Mitte Juni, und ich sitze mit der Kamera in einer Konferenz in einem winzigen Büro in Kangerlussuaq an der Westküste Grönlands. Wie jeden Sommer haben sich hier einige Wissenschaftler versammelt, die Klimaforschung betreiben. Im täglichen Briefing gehen sie die Wettervorhersagen durch, kommunizieren mit den Kollegen im Bohrcamp, funken zur Station, erstellen ein Lage-Update. Ground control to Major Tom. Es sind die üblichen Routinen für ein ungewöhnliches und ehrgeiziges Forschungsprojekt.

Es nennt sich North Greenland Ice Core Project, »Northgrip«. Glaziologen und Geophysiker der Universität Kopenhagen und das Bremerhavener Alfred-Wegener-Institut für Polar- und Meeresforschung haben es ins Leben gerufen. Sie werden international unterstützt von Universitäten aus Bern, aus Hokkaido, Stockholm, Island und der Nasa. Ihr Ziel ist es, Klimavorhersagen für die Zukunft zu treffen, und das aus Schnee von vorvorgestern. Genauer gesagt aus den Schneeablagerungen der letzten 200.000 Jahre.

Wir arbeiten an einem Film für den SWR über Klimaforschung, das Northgrip-Projekt soll Teil einer wissenschaftlichen Fernsehserie werden. Vor knapp drei Wochen hat das Alfred-Wegener-Institut mitgeteilt, dass es möglich sein wird, zu der Bohrstation im ewigen Eis Grönlands mit zu fliegen und vor Ort zu erleben und zu filmen, wie der Alltag eines Glaziologen aussieht.

Mitte Juni sitze ich dann zusammen mit Susanne, der Tonfrau, einem kleinen Koffer Winterkleidung, kältegeschütztem Kameraequipment und jeder Menge Handwärmer mit integrierter Kohleheizung in Kangerlussuaq an der Westküste Grönlands. Es ist die erste Reise in Nordpolnähe, und wir sind neugierig. Nicht nur auf die Leute, die so einen ungewöhnlichen Job machen, sondern vor allem darauf, wie Wissenschaftler aus dem Eis der Arktis die weltweite Klimageschichte rekonstruieren wollen. Und natürlich sind wir auch ein wenig unruhig, weil es dort so richtig kalt werden kann.

Es wird noch einige Tage dauern, bis der amerikanische Airforce-Frachtflieger vom Typ Hercules LC-130 uns vom Basecamp abholen und zum Northgrip-Stützpunkt fliegen wird. Noch ist das Wetter zu schlecht, es gibt starken Nebel in der Arktis. Wir lungern in der Personalkantine »Polarbär« herum, studieren die ungewohnte Speisekarte und schlendern durch Kangerlussuaq, wo es nicht allzu viel zu sehen gibt. Ein Hotel, zwei Kirchen, einen Supermarkt, ungefähr 300 bunte Häuser, die aussehen wie Cargo-Container.

Kangerlussuaq liegt auf Polarkreishöhe. Hier kennt man nur rund 150 frostfreie Tage im Jahr, die Sommer erreichen gut zwanzig Grad, die Winter oft minus 50. Es ist ein Ort »in the middle of nowhere« am Ende eines langen Fjords, und es gibt keinerlei Straßenverbindungen zu anderen Orten Grönlands. Wer von hier weg will, braucht ein Boot, einen Schlitten oder ein Flugzeug. Die Siedlung war kein normales Dorf, sondern der US-Stützpunkt Blue West Eight, der schon im 2. Weltkrieg bestand. 1948/49 nutzten ihn die Amerikaner als Zwischenlandeplatz der Luftbrücke zur Versorgung der Berliner.

Die meisten der rund 500 Einwohner leben heute nicht das ganze Jahr über hier, viele sind Wissenschaftler, die nur im Sommer in Kangerlussuaq Station machen. Auch manche Westgrönländer verbringen hier ihre Sommerferien und jagen nach den vielen Moschusochsen und Rentieren. Man sieht sogar einige betuchte Poltouristen in Kangerlussuaq, die auf ihren Abflug warten. Für sie hat man in der Tundra hinter der American Airbase einen Golfplatz gebaut, den nördlichsten der Welt.

Am nächsten Tag fahren wir mit Professor Heinz Miller vom Alfred-Wegener-Institut für ein paar Aufnahmen Richtung Inlandeisplatte. Nur rund 25 Kilometer trennen den eisfreien Grüngürtel an der Küste Grönlands vom ewigen Eis. Heinz Miller, ein sympathischer und unkonventioneller Mittfünfziger, hat zehn Grönland- und ebenso viele Antarktisexpeditionen hinter sich. Seit vielen Jahren erforscht er die Unterseite von Eisbergen, beschäftigt sich als Geophysiker mit Klimarekonstruktionen und Eisdynamik. Seine aktuelle Forschung kreist um die Frage, welche Erkenntnisse für unser heutiges Klima aus dem Eis der Pole abzulesen sind. Miller ist alles andere als ein Schreibtischwissenschaftler. Er hat den Gang eines jungen Landbriefträgers, lacht gerne und kann komplizierte Sachverhalte so erklären, dass auch Laien verstehen, was gemeint ist. Man merkt, dass Miller seinen Beruf liebt, und es ist angenehm, dass er es nicht nötig hat, sich hinter hierarchischen Floskeln zu verstecken.

Das erste Interview mit ihm an der Inlandeisplatte entbehrt nicht der Komik, da sich nach kürzester Zeit immer mehr Mücken auf Millers und natürlich auch auf unseren freien Körperstellen niederlassen. Am Ende des langen Gesprächs ist fast sein ganzes Gesicht schwarz von Stechmücken und rot von den ersten Stichen. Miller nimmt es mehr als gelassen, kennt aus Erfahrung weit dramatischere Erlebnisse. »In meinem Beruf gibt es immer noch einen Rest Abenteuer in unserer doch recht abenteuerlosen Zeit«, meint er lakonisch und erzählt die Geschichte von einem Freund, der abends in seinem Zelt saß und plötzlich Besuch bekam. Dummerweise war der Gast ein Bär, der seinen Gastgeber fast getötet hätte.

Klimawissenschaft, wie sie Miller und seine Kollegen betreiben, ist ein relativ junger Wissenschaftszweig und umfasst heute die unterschiedlichsten Disziplinen. Meteorologen, Geographen und Geologen gehören ebenso dazu wie Ozeanographen und Physiker. Das Klima ist zu einem großen Thema geworden. Es bestimmt nicht nur unser Wetter, welche Energien wir einsetzen müssen, das Überleben der Tier- und Pflanzenarten, die Qualität der Ernten, die psychischen Stimmungen. Alles Leben auf der Erde ist letztendlich mehr oder weniger vom Klima abhängig. Bekanntermaßen sind die Prognosen für unsere Zukunft schlecht. Eine weltweite Erwärmung um zwei bis fünf Grad in den nächsten Jahren wird immer wahrscheinlicher. Der weltweite CO2-Ausstoß sinkt nicht, er steigt.

Diese »menschengemachten« Veränderungen, verursacht durch Industrialisierung, Entwaldung oder hohen Methanausstoß, sind aber nur ein Faktor einer ganzen Kette von Einflussfaktoren. Unser Klima wird zu einem großen Teil durch Prozesse innerhalb und außerhalb der Atmosphäre gesteuert, die man bis heute noch nicht richtig verstanden hat. Die Sonnenaktivität oder der Einfluss der Meeresströmungen bestimmen ebenfalls mit, wie warm oder wie kalt es bei uns wird. Wetterkapriolen, Erderwärmung, Klimawandel sind bekannte Phänomene, aber wodurch sie entstehen oder was sie auslösen, weiß bis heute niemand so genau. Auch Heinz Miller ist in seinen Aussagen vorsichtig. Er betreibt Forschung, die keine ganz schnellen Ergebnisse erwarten lässt. »Meine Hoffnung ist, dass wir aus dem Studium der Prozesse der Vergangenheit lernen, unsere Modelle für das künftige Klima zu verbessern. Das heißt aber auch, möglichst alle wirkenden Prozesse zu verstehen, was dann auch unsere Prognosefähigkeit verbessert.«

Was Klimaerwärmung in der Praxis bedeutet, lässt sich in Grönland hervorragend anschaulich zeigen. Noch gibt es hier auch im Sommer eine tiefe und geschlossene Eisdecke, aber in Grönland ziehen sich die Gletscher zurück. Die Eisdecke nimmt ab und lässt den Meeresspiegel pro Jahr um rund 0,25 Zentimeter ansteigen.

Wir drehen bei hellstem Mittsommernachtslicht bis 00:30 Uhr, filmen noch einige Eisfüchse, leere Landschaft und ein Schild, das anzeigt, wie weit es noch zum Nordpol ist. Dann fahren wir zurück ins Hotel, um noch etwas zu essen. Im Restaurant werden nachts die Vorhänge zugezogen, um den Anschein von Dunkelheit zu erwecken, aber die letzte Sonne strahlt sogar um drei Uhr morgens noch dezent durch das Vorhanggarn. Das Restaurant ist vollbesetzt mit Menschen, die nicht schlafen wollen oder können. Die sommerlich 24 Stunden andauernde Helligkeit in Polnähe bringt alle durcheinander. Wir essen zwei, drei Moschusburger und trinken horrend teures belgisches Bier dazu.

Am nächsten Morgen filmen wir, wie die Versorgungspaletten für den Bohrtrupp am Northgripcamp verpackt werden. Nichts darf fehlen, denn ein Nachschubflug wäre zu teuer. Benzin, Werkzeug, Ersatzteile, Waschpulver, Briefe werden zu dem Bohrteam geschickt, das fern der Welt dem Klima auf der Spur ist. Akribisch geht die Köchin Bjork die Essensbestellungen durch, packt noch einige Konservendosen extra dazu und vier Nescafédosen, dann wird alles verschnürt und verladen.

Der *mission commander* der Airforce mahnt zum Abflug. »Hurry up« meint er, denn die Wettervorhersage für den Nachmittag ist instabil. Schon gestern hätte es losgehen sollen, der Bohrtrupp wartet sehnlich auf Ersatzteile für die defekte Bohrwinde und ist seit Tagen mit der Arbeit blockiert. Aber gestern hat es im Camp geschneit. Der Wind war mit zehn Metern pro Sekunde zu stark und die Sicht betrug nur 400 Meter, »no go« für den Frachtflieger.

Wir schnallen uns auf die abgeklappten Kunstledersitze in dem riesengroßen Frachtraum der US Air Force-Maschine. Eine Stewardess gibt es natürlich nicht, dafür aber dicke Ohrstöpsel für die sechs Passagiere. Vor uns steht das gesamte Equipment auf Paletten inklusive der Benzinfässer, über uns hängen grüne Emergency-Beutelchen mit Sauerstoff. 12.000 Kilo Last kann das robuste und zuverlässige Flugzeug transportieren. Die viermotorige Hercules fliegt normalerweise zivile oder militärische Nutzlasten in Kriegs- und Katastrophengebieten. Sie braucht zum Starten oder Landen nur kurze Pisten, ein normales Flugzeug könnte im ewigen Eis am Nordpol niemals landen. Unser Modell »Skibird« ist die Polarversion der üblichen Cargomaschine. Sie hat vertrauenerweckende Kufen anstelle von Landerädern.

Wir fliegen rund 1000 Kilometer nordöstlich Richtung Nordpol, in nur sechs Kilometern Höhe. Der zweieinhalbstündige Flug zum Northgrip-Camp ist der schönste, den ich je erlebt habe. Unter uns nur ewiges Eis, ein unendlich weißes Nichts. Leerer Raum, der das Gefühl von Todeserfahrung erzeugt. Monochrome Wellenmuster von Windstrukturen auf den Gletschern, ab und an blau schimmernde Phänomene, die wie Seen aussehen, sogenannte »Deep Blues«. Unberührte Landschaft, surreal wie aus einem Grafikprogramm. Ich lasse mehr als eine 40-Minutenkassette mit Eisbildern durchrauschen, denke, dass man eine solche Landschaft nicht so schnell wieder sehen wird.

Wir landen sanft auf einem Gletscher, 75,1 Nord und 42,3 West. Mitten in Grönland. Dass es 20 Grad unter dem Gefrierpunkt hat, spürt man nicht. Noch nicht. Warum haben sich die Wissenschaftler ausgerechnet diesen Platz zum Bohren ausgesucht? In dem ewigen Eis des polaren Gletschers hat sich störungsfrei der Schnee niedergeschlagen, Jahr für Jahr, Schicht für Schicht, ungestört von biologischer Zersetzung. Das Eis ist Schnee von gestern, vorgestern, vorvorgestern. Mit jedem weiteren Niederschlag sinken die Schneeschichten ab und verfestigen sich unter dem eigenen Gewicht allmählich zu Eis. Dabei schließen sie auch feine Luftbläschen ein, samt allen Klimagasen wie Kohlendioxid oder Methan. Aber auch herangewehte Spurenelemente oder Feinstaub aus früheren Vulkanausbrüchen. Die Eisschicht unter uns ist mehr als drei Kilometer dick. Neben dem Südpol ist dies der einzige Ort weltweit, am dem ungestört ein geschichtetes Eisarchiv entstehen konnte. Eine Art universelle Bibliothek, in der die Glaziologen die Klima- und Umweltgeschichte lesen können wie in einem Buch. Aber nur dann, wenn sie möglichst tief bohren.

Unweit von unserem Landeplatz steht das Camp, der sogenannte Eisdom. Ein paar hundert Schritte auf dem knirschenden Eis, dann sind wir da. Eine Küche, ein Bad, ein Esszimmer, ein Office, alles mit generatorbetriebener Stromversorgung. Schlafplätze für maximal 32 Personen gibt es in provisorischen Zelten.

1996 schon war das Wissenschaftlercamp Northgrip eingerichtet worden, eine logistische Leistung, die nicht ganz billig war. Zumal alle menschlichen Spuren inklusive des Abfalls nach Abschluss der Bohrarbeiten wieder ökologisch korrekt beseitigt werden müssen. Den Gesetzen der Physik gehorchend, denen zufolge Gläser und Optiken von kalter in warme Umgebung restlos beschlagen, beginne ich zuerst mit den Aufnahmen im Camp. Trotzdem muss ich die Kamera gut 20 Minuten auftauen, bis die Feuchtigkeit auf den Linsen verschwunden ist.

Danach folgt der spannendere Teil der Dreharbeiten im Bohrcamp. Zunächst sieht es aus wie in den hippen Igloo-Hotels, es fehlen nur die Schnitzereien. Durch einen langen ins Eis gegrabenen Gang, der mit

Holzbalken abgestützt ist, kommen wir ins Allerheiligste der Wissenschaftsstation: der Bohrraum mit Arbeitsplätzen für die Eiskernbearbeitung und Lagerung.

»Happy Drillers« sind hier »on Duty«. Ein »Run«, also das Einsetzen des Bohrers bis zum Rausziehen der unterarmdicken Eiskerne aus der Tiefe, dauert über zwei Stunden. Die Wissenschaftler arbeiten im Bohrraum immer zu zweit, denn es ist sinnvoll, für die nötige Präzision bei der Arbeit Gesellschaft zu haben. Jeder geglückte »Run« befördert einen ca. 70 Zentimeter langen Eiskern an die Erdoberfläche.

Thorsten vom geophysikalischen Institut der Universität Reijkjavik gibt mir ein erstes Interview im Eislabor. Er trägt zwei Wollpullover übereinander, eine dicke Mütze und grobe Handschuhe. Er findet seinen Arbeitsplatz nicht allzu ungewöhnlich. »I am used to«, sagt er und betont, dass es ihm lieber sei, in der Einsamkeit Grönlands zu arbeiten als in den Laborräumen seiner Uni. »Kälte kann sogar high machen, wenn man viel davon abbekommt«, meint er, »das hält uns hier alle frisch.« Thorsten stützt sich mit dem Ellenbogen auf seinen Tisch aus Eis und wartet gar nicht erst auf die nächste Frage. Er weiß, was die Leute draußen hören wollen und legt los. »Viele glauben, ich hätte so eine richtig exotische Arbeit. Aber das stimmt gar nicht. Wenn man Eiskerne zieht, ist das eher stumpfsinnig, aber man muss sehr sorgfältig dabei bleiben, das ist die Schwierigkeit.« Liebevoll betrachtet er den Eisbohrkern, der vor ihm liegt. Er ist rund 105.000 Jahre alt und hat fast keine Luftblasen. Die Eiskristalle sind glasklar und glitzern wie Diamanten.

3.000 Meter tief, bis auf das Felsbett des Gletschers in das Eis zu bohren, war das ehrgeizige Ziel der Klimaforscher. Ein Projekt, das jahrelang dauerte und viele Mitarbeiter an einem unkomfortablen Arbeitsplatz beschäftigte. »Als wir das Bohrprojekt begannen, kamen wir pro Woche rund 50 Meter vorwärts. Dann hofften wir, pro Woche 145 Meter tiefer zu kommen, was aber eine Illusion war«, erzählt Heinz Miller.

Immer wieder fror der Bohrer ein, blieb im Bohrloch stecken. Chefbohrer Frank Wilhelms musste ziemlich viel experimentieren, um die feststeckende Maschine wieder loszueisen. Je tiefer das Team kam, desto schwieriger wurde es. Zum Einsatz kamen Kokosöl, Rote-Bete-Extrakt, Paraffin und vor allem Glykol. Aber Glykol war auch nicht das Richtige. Danach musste jedes Mal mühevoll das Bohrloch gesäubert werden, damit die Eisproben nicht verunreinigten und dadurch die Messungen verfälschten. Ende der Bohrsaison 2001 erreichten die Klimaforscher eine Tiefe von 3.001 Metern. Es dauerte aber noch weitere zwei Jahre, bis endlich das Felsbett erreicht war, bei einer Tiefe von 3.084 Metern.

»Welche Antworten gibt uns denn jetzt das arktische Eis?«, frage ich Professor Miller. »Wir konnten eine umfangreiche Klimazeitreihe erstellen und haben ein ziemlich exaktes Abbild des Klimas erhalten«, sagt er und zeigt auf einen glänzenden Eisbohrkern, der vor Kurzem aus der Tiefe gezogen worden war. »Man kann das schon vor Ort ganz grob ablesen. Das Eis, das ganz klar und transparent aussieht, stammt aus einer warmen Periode, die milchig wirkenden Abschnitte, die eingeschlossene Luftbläschen enthalten, stammen aus einer kalten Periode.« In einigen Bohrkernen haben die Klimaforscher sogar Reste von Süßwasserpflanzen entdeckt, die heute noch in Reiskulturen vorkommen. Deshalb vermuten sie, dass die gesamte Arktis vor mehr als 40 Millionen Jahren ein großer abgeschlossener Süßwassersee gewesen sein könnte. Wahrscheinlich war damals das Nordpolarmeer viel wärmer als heute. Andere Einschlüsse zeugen von heftigen klimatischen Umwälzungen und vom plötzlichen Aussterben vieler Organismen in der Folgezeit. Noch vor 6000–7000 Jahren war die Arktis wahrscheinlich für längere Zeit eisfrei gewesen.

»Wir sehen, dass das natürliche Klima ganz schnellen Schwankungen unterliegen kann, das hätten wir nicht erwartet«, sagt Miller. »Rapid climate change« heißt der Fachausdruck, der das ganze Team beschäftigt. Er bedeutet, dass sich innerhalb von nur 20 Jahren die Temperatur im Jahresmittel um 10-15 Grad verändern kann. »Bis das heutige Grönlandeis komplett schmilzt, dauert es sicher noch einige tausend Jahre«, meint er und betont, dass es die Menschen immer wieder geschafft hätten, mit dem Klimawandel umzugehen. »Viele Völkerwanderungen wurden durch einen Klimawandel ausgelöst. Auch die Besiedlung Grönlands durch die Wikinger geschah in einer Warmphase, im 13. Jahrhundert verließen die Wikinger Grönland wieder, weil es zu kalt wurde, um dort zu leben.«

Aus den Eisbohrkernen von Grönland und weiteren Bohrungen in der Antarktis gewannen die Wissenschaftler eine verblüffende Erkenntnis: Die Erhöhung des globalen CO2-Gehaltes auf der Erde war nicht die Ursache, sondern die Folge der Klimaerwärmung. Ihre Forschungsergebnisse belegen für die letzten 650.000 Jahre eine Abfolge globaler Wärmezyklen. Erst später dann, im Abstand von 600 bis 800 Jahren, eine Erhöhung des CO2-Gehaltes. Auch die Befürchtung vieler Klimaforscher, dass durch den weltweiten Temperaturanstieg noch mehr Treibhausgas Methan aus Sümpfen und Meeren austreten wird und den Klimawandel weiter anheizt, sehen die Glaziologen nicht bestätigt. Im Gegenteil. Auch in wärmeren Zeiten haben sie in den Eisbohrkernen keinen entsprechenden Anstieg von Methan nachweisen können. Trotzdem befürworten sie einen Klimaschutz durch eine deutliche Reduzierung der Kohlendioxidemissionen, denn nie lag in der Vergangenheit der CO2-Wert so hoch wie heute.

18 Boxen mit Eisbohrkernen werden jetzt verpackt und mit dem Flugzeug nach Kangerlussuaq geschickt. Jede Box wiegt 100 Kilo. In ununterbrochener Kühlkette werden die Bohrkerne weiter in die Forschungslabore der beteiligten Universitäten transportiert. Erst dort kann die genaue Untersuchung stattfinden, erst dort werden die Sauerstoff-Isotope und andere Parameter gemessen. Am Ende der Untersuchungen wird das Eis wieder auf einem staubfreien Schmelzkopf verflüssigt und das Schmelzwasser verschiedenen Analysesystemen zugeführt. Ein kostbares Destillat, das Werte ausspuckt über Temperatur, Treibhausgase, Aerosole und Staub der vergangenen Zeiten. Heinz Miller ist stolz auf den Erfolg der Tiefbohrungen von Northgrip und die bisherigen Ergebnisse. »Die europäische Glaziologie ist inzwischen führend in der Klimaforschung« sagt er, »aber der Fluch des Klimas ist dessen Komplexität«.

Viele Klimarätsel sind noch lange nicht entschlüsselt, aber die Glaziologen wissen heute zumindest, dass der weltweite Klimawandel nicht allein auf den Anstieg der Treibhausgase Methan oder Kohlendioxid zurückzuführen ist. Sie wissen auch, dass das Klima der Arktis und Antarktis eng miteinander verbunden ist, obwohl die Klimazeitreihen der beiden Bohrorte in der Arktis und Antarktis ziemlich unterschiedlich sind. »Klimaschaukel« nennen sie dieses Phänomen, bei dem die Meeresströme eine große Rolle spielen. War der arktische Norden kälter als üblich, so floss weniger warmes Wasser durch die Ozeane nach Süden. Als Reaktion erwärmte sich die Antarktis. Strömte hingegen infolge einer Erwärmung der Arktis verstärkt wärmeres Wasser aus dem Norden in den Atlantik ein, kühlte sich die andere Seite, die Antarktis, ab. Acht große Kalt-Warmzeit-Zyklen haben die Wissenschaftler aus den Eisbohrkernen herausgelesen. Jedoch reagierte der Nordpol mit Temperaturverschiebungen von bis zu 15 Grad in nur 20 Jahren viel sprunghafter als die stabilere Antarktis, in der sich 90 Prozent des weltweiten Eises verteilt.

Noch ist etwas Zeit, um mit dem Motorschlitten die Gegend um das Northgripcamp zu erkunden. Aber es gibt nur weiße Bilder zu drehen. Weiß bis zum Horizont. Als wir fertig sind, bricht das Tonkabel unter dem Kälteschock. Die Kamera hat die Temperaturen gut überstanden, unsere Haut auch. Der Frachtflieger mit den neuen Proben und vier Passagieren an Bord ist klar für den Rückflug nach Kangerlussuaq. Aber das Eis unter den Kufen ist weich geworden, eine Startpiste gibt es nicht, und der Abflug wird keine Angelegenheit für Angsthasen. Nach dem dritten Anlauf hat der Pilot genügend Schwung und hebt ab.

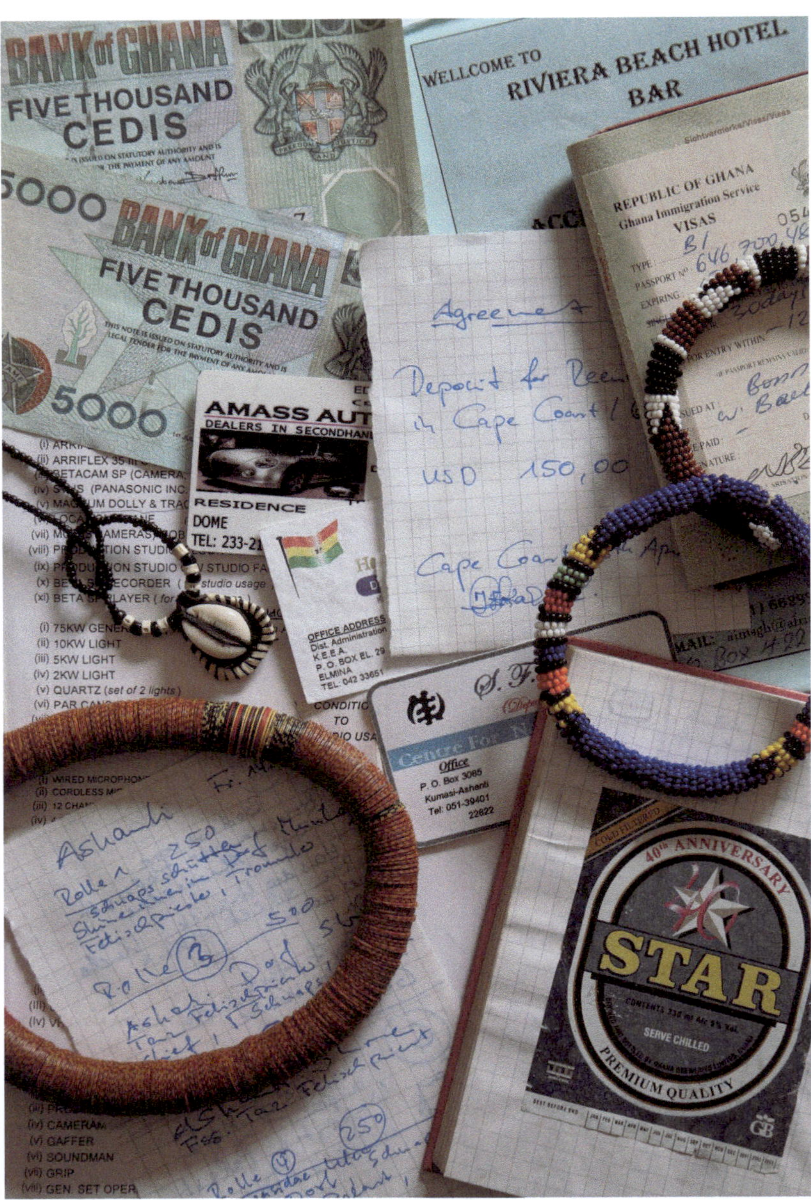

BANK of GHANA
FIVE THOUSAND CEDIS
5000
BANK of GHANA
FIVE THOUSAND CEDIS
5000
WELLCOME TO
RIVIERA BEACH HOTEL
BAR
REPUBLIC OF GHANA
Ghana Immigration Service
VISAS
AMASS AUT
DEALERS IN SECONDHAN
RESIDENCE
DOME
USD 150,00
(ii) ARRIFLEX 35
(i) 75KW GENER
(ii) 10KW LIGHT
(iii) 5KW LIGHT
(iv) 2KW LIGHT
(v) QUARTZ (set of 2 lights)
OFFICE ADDRESS
Dist. Administration
K.E.E.A.
P. O. BOX EL. 29
ELMINA
Office
P. O. Box 3085
Kumasi-Ashanti
Tel: 051-39401
22822
(iv) CAMERAM
(v) GAFFER
(vi) SOUNDMAN
(vii) GRIP
(viii) GEN. SET OPER
40th ANNIVERSARY
STAR
SERVE CHILLED
PREMIUM QUALITY

Bushmeat mit Palaversoße in Ghana

Es ist Februar und 28 Grad. Ich sitze in der Lobby des Riviera Beach Hotels in Accra und starre aus dem Fenster auf »the panoramic view of the Atlantic«, wie es im Hotelprospekt vollmundig angekündigt ist. Eine Aussicht auf fünf zerzauste Palmen, die vor einem Pool mit olympischen Ausmaßen stehen. Dahinter das Meer. Die Bodenkacheln des Pools sind aufgeworfen und mit dürrem Gras bewachsen. Niemand kann sich daran erinnern, dass jemals Wasser in diesem überdimensionierten Schwimmbad war. Ich bin auf Recherchereise in Ghana und warte auf einen Mann namens King, der das Filmprojekt vor Ort unterstützen soll. Ich warte und warte.

King kommt drei Stunden zu spät zu unserem verabredeten Termin und entschuldigt sich wortreich in bestem Deutsch, warum alles so lange gedauert hat. »Macht nichts«, sage ich, »wir haben ja Zeit«. King braucht zuerst eine Abkühlung, ein »chilled Star Beer«, obwohl es noch früh am Vormittag ist. Er ist ungefähr 60 Jahre alt und hat ein Gesicht wie ein ungemachtes Bett. Wir tauschen ein paar höfliche Floskeln aus, dann ein paar biografische Informationen. Das Warmwerden geht schnell, denn King ist »einer von uns«. Ein Filmemacher, allerdings im Spielfilmbereich. Er hat fast alles hinter sich, was man in diesem Job erleben kann. Schon in den 70er Jahren konnte er mit einem Stipendium auf eine ostdeutsche Filmschule gehen, in der er eine solide Ausbildung bekam. Danach war er in München, befreundet mit Rainer Werner Fassbinder, Werner Herzog und all den anderen Großen des damaligen Neuen Deutschen Films. Später ging er zurück in seine Heimat, um dort zu arbeiten. »Dass europäische Filmemacher nach Ghana zum Drehen kommen, passiert selten, sehr selten«, meint King, wippt mit seinem fast leeren Bierglas und schüttelt endlich seinen verlorenen Blick ab. Wir reden über das anstehende Projekt, zwei Dokumentarfilme über zwei Unesco-Weltkulturerbestätten. »Kein Problem«, sagt er und fügt hinzu, dass er sich freue, mit seinen Erfahrungen weiter helfen zu können.

Einer der beiden Filme soll über die Küstenforts der Kolonialisten gehen, die in knapp drei Jahrhunderten mehr als 60 Stützpunkte an Ghanas Goldküste gebaut haben. Ein anderer über das architektonische Erbe der Ashanti, ein Volksstamm in Ghanas Hinterland. King verspricht einen Fahrer, ein Auto, einige Connections und faire Preise für das Anmieten von Dolly und Kran für die späteren Dreharbeiten. Mir schwirrt der Kopf beim Umrechnen der Euro in die lokale Währung Cedis, drei Bier kosten schon 40.000 Cedis. Wir werden einen dicken Sack für das Bargeld brauchen beim Drehen. King selbst will nicht mitfahren, vermittelt aber zwei Begleiter für die Projekte, auf die man sich verlassen könne. All meine Bedenken hat er weggelächelt. Aber King will und kann nicht mehr soviel herumlaufen, er ist leicht gehbehindert durch eine Kinderlähmung. Außerdem hat er genügend zu tun, will das Frühjahr nutzen, um für eine eigene Kinokomödie über Beerdigungsrituale in Ghana zu recherchieren, und muss sich mit Särgen, Beerdigungsinstituten und Filmförderungsrichtlinen beschäftigen.

»Hi«, »Akwaaba«,« let's go« grinst Francis, mein Fahrer und Facilitator für die Rechercheriese und die Dreharbeiten. Mit der einen Hand schlenkert er eine winzige Reisetasche, mit der anderen den Autoschlüssel. Francis ist auf einem Auge so gut wie blind und wirkt auf den ersten Blick etwas behäbig. Wie sich später jedoch herausstellen wird, kann er blitzschnell reagieren und hat einen guten Instinkt dafür, wann es brenzlig oder teuer wird.

500 Kilometer Küstenstrecke liegen vor uns. Wir fahren von der Hauptstadt Accra aus zuerst nach Elmina, denn dort begann 1482 der ungleiche Tauschhandel zwischen Europäern und Afrikanern. In einer geschützten Bucht am Volta-Delta errichteten portugiesische Seefahrer den ersten Stützpunkt der Europäer in den Tropen. Der eigentliche Initiator der europäischen Expansion Richtung Afrika war der berühmt-berüchtigte Heinrich der Seefahrer, ein Sohn König Johanns I. von Portugal. Er veranlasste die ersten Entdeckungsfahrten in das »unbekannte Meer der Finsternis« entlang der westafrikanischen Küste. Alles war damals Neuland. Gefährlich und verlockend zugleich erschienen im Mittelalter die Küsten Afrikas, und viele Gerüchte über legendäre Reichtümer nährten die portugiesischen Transatlantik-Abenteuer. Der Mut waghalsiger Seefahrer begründete im 15. Jahrhundert den Ruf Portugals als größte See- und Kolonialmacht. Bald brauchte es Niederlassungen an der Küste Afrikas. Die erste war die portugiesische Festung Elmina im heutigen Ghana, eine Handelsdrehscheibe für Gold und Sklaven, profitabel getauscht gegen europäische Waren. Auch Christoph Kolumbus soll hier gewesen sein, bevor er auf Amerikaentdeckung fuhr.

Francis und ich stehen am Traumstrand vor der blütenweiß gekalkten Trutzburg. Wie ein Fremdkörper wirkt die europäische Festungsarchitektur von Elmina, die sämtliche westafrikanischen Häuser des Hinterlandes überragt. Streng und unnahbar. Die dicken Mauern können sogar heute noch als kanonensicher gelten, denke ich. Der Direktor des kleinen Museums führt uns persönlich durch das Fort. Er kennt Details, nennt Namen und Jahreszahlen. 600 Maurer, Schreiner und Soldaten aus Lissabon sollen die Burg gebaut haben, sogar die Backsteine brachten sie aus Portugal mit, erzählt er. Der Direktor schreitet schnellen Schritts durch den Innenhof, zeigt hierhin, dorthin. Er spricht über die Architektur, über die Soldaten, die Seefahrer. 3.900 Quadratmeter soll das stolze Handelszentrum groß gewesen sein. Vom Balkon der Beletage aus konnte Gouverneur Diogo da Azambuja damals seinen Stützpunkt überwachen. Sonntags betete man in der Backsteinkirche im Innenhof von Elmina, der ersten auf afrikanischem Festland. In Gedanken rechne ich aus, wie viele Sekunden die Querfahrt mit dem Dolly im Hof dauern wird. Viel zu lange. Francis schnippt sein Kaugummi an die gekalkte Wand, und es bleibt dort kleben. Wir besichtigen die einzelnen Geschosse der Festung, dann die Kanonen, im Anschluss die damaligen Vorratskammern. Aus schmalen Gucklöchern schauen wir von oben durch meterdicke Mauern auf das Leben draußen, wo etwa 100 kleine Jungs im Meerwasser plantschen, kreischen, einfach fröhlich sind. Auf diesem Sandstrand vor Elmina wälzte sich einst auch Klaus Kinski für die Schlussszene des Filmes COBRA VERDE von Werner Herzog. Er trug weiße Leinenkleidung in kolonialem Look und vergnügte sich theatralisch in dieser Rolle. Große Teile dieses Spielfilms wurden hier gedreht, auch King erzählte mir davon und ließ nicht unerwähnt, dass er der zweite Hauptdarsteller war. Die Vorlage für den Film war das Buch »der Vizekönig von Ouidah« von Bruce Chatwin gewesen, an das Herzog sich anlehnte. Wie so oft besetzte Herzog die Hauptrolle mit Klaus Kinski. Es geht um die Biografie eines Abenteurers und Sklavenhändlers namens Francisco Manoel da Silva, alias »Cobra Verde«. Dieser schwängert die Töchter eines Zuckerbarons und fällt daraufhin in Ungnade. Er wird zur Strafe nach Elmina geschickt, um dort Sklaven zu beschaffen. Es war die klassische Desperadorolle für Kinski, der sich vor den Dreharbeiten tagelang alleine im Sklavenverlies von Elmina einschließen ließ, um ein Gefühl für die Atmosphäre des Drehorts und des Themas zu bekommen. Zum Glück haben wir keine exaltierten Stars als Darsteller im Team und können uns ganz auf die Architektur der Gebäude konzentrieren.

Das Fort Elmina war eine mächtige Trutzburg, eine Art Prototyp für exterritoriale Handelsquartiere. Alle späteren Festungen waren ähnlich gebaut. Sie besaßen doppelte Außenmauern, Unterkünfte für Soldaten und Seeleute, Kanonen im Obergeschoss, Warenlager im Untergeschoss, nicht zu vergessen die großen unterirdischen Sklavenverliese. Für alles war gesorgt: Küche, Krankenstation, Räume für Handwerker und Baumaterial, Gärten mit Kräutern und Gemüse. Erstaunt besichtigen wir auch die ehemaligen Schulräume für den Unterricht der Kinder, die mit den Einheimischen gezeugt worden waren.

Diese Forts an der westafrikanischen Küste waren eine ganz eigene Welt. Fremde Schiffe, die nicht zur königlich-portugiesischen Flotte gehörten, durften damals nicht anlegen, geschweige denn Handel treiben. Dass Elmina auf afrikanischem Boden gebaut werden durfte, hatten lokale Stammesfürsten erlaubt und befürwortet. Wie es sich für »ordentliche Händler« gehörte, zahlten die Europäer Pacht. Es soll sogar ausführliche Pachtverträge gegeben haben, aber die Dokumente darüber sind über die Jahrhunderte verloren gegangen.

Beachtlich war das Waffenarsenal, das sich noch heute besichtigen und filmen lässt. Portugal schützte sein Handelsmonopol doppelt, mit einer ganzen Batterie von Kanonen, ausgerichtet zur Seeseite gegen europäische Konkurrenten. Und, wen wundert es, eine weitere Reihe Kanonen waren landeinwärts präsentiert, gegen eventuelle Angriffe der einheimischen Bevölkerung. Um die Festung herum wuchs allmählich die Stadt Elmina, die heute 25.000 Einwohner hat. Wo Fischer jetzt ihren spärlichen Fang verkaufen, brachten einst Zwischenhändler wertvolles Edelmetall aus dem Hinterland zum Fort. Sie tauschten es gegen Stoffe, Glasperlen, Kochtöpfe, Waffen, Salz oder Schnaps. Elmina wurde zur Drehscheibe für das begehrteste Metall der Welt, und die Region heißt bis heute nach dem Stoff, aus dem die Kronen sind: Goldküste.

Woher genau das Gold kam, hielten die einheimischen Händler geheim. Europäer wagten sich kaum in das bergige und waldreiche Hinterland. Dort herrschte der Stamm der Ashanti, die Herren des Goldes. In den tiefen Regenwäldern bauten sie das Edelmetall ab, vertrauenswürdige Zwischenhändler transportierten es zur Küste. Die Portugiesen lechzten nach dem Gold der Ashanti – ob als Goldstaub, als Barren oder als Geschmeide. Doch nicht nur Gold, ein weiteres Handelsgut weckte die Begehrlichkeit der Europäer: Sklaven.

Bereits im Jahre 1600 war die rund 500 Kilometer lange Goldküste Ghanas gespickt mit über 60 Festungen verschiedener Nationen. Portugals frühes Handelsmonopol wurde bald gebrochen, die Portugiesen mussten mit anderen Ländern um die lukrativen Geschäfte konkurrieren. Zimperlich ging es dabei nicht zu. Holländer, Dänen, Briten, Franzosen, selbst die Schweden und die Deutschen errichteten Befestigungen an der Goldküste, schlossen Verträge mit lokalen Häuptlingen und richteten ihre Kanonen aufs Meer, um sich gegenseitig abzuschrecken. Viele Festungen wechselten mehrmals den Besitzer. Die Holländer vertrieben die Portugiesen aus Cabo Corso, dann kamen die Schweden. Schließlich fiel die Festung an die Briten, die gesamte Goldküste wurde britische Kolonie.

Ich habe im Vorfeld der Recherche einiges gelesen über Kolonialgeschichte und Sklavenhandel. Das beste Buch, *Die Erfindung des Kolonialismus*, stammt von Ronald Daus und analysiert detailreich und schonungslos die Machenschaften der europäischen Kolonialisten. Auch das Buch von Hugh Thomas *The Slave Trade* beschreibt anhand zahlloser Originalquellen den einträglichen Menschenhandel. Aber eine Lektüre am Schreibtisch ist etwas völlig anderes, als im Sklavenverlies von Cape Coast zu stehen. Diese Gefängniskeller gehören heute ebenso zum Weltkulturerbe wie die weißgetünchten Türmchen an den Festungen. Francis warnte mich mit der Bemerkung, es würde etwas »nightmarish« werden, ich nahm das aber nicht so ernst. Sobald man jedoch über die enge Treppe den Gang hinunter zu den Kerkern geht, bleibt einem die Luft weg. Eng, dunkel, stickig und feucht waren die ehemaligen Sklavenquartiere, wie steinerne Särge. Allein in der Festung Cape Coast gab es

Platz für 1.000 Sklaven, Männer und Frauen waren streng getrennt. Durch Gucklöcher in der Decke konnten die Soldaten ihre menschliche Ware beobachten. Manchmal pickten sie sich schöne junge Mädchen heraus und vergewaltigten sie. Manche sollen danach zur Belohnung freigelassen worden sein. Aber wer von einheimischen Sklavenhändlern gefangen, Hunderte von Kilometern an die Küste verschleppt und durch die Innenhöfe der Festungen in die Verliese getrieben wurde, für den gab es normalerweise keine Rückkehr. Bis zu drei Monaten wartete das »lebende Ebenholz«, wie die Sklaven von ihren Haltern genannt wurden, in den finsteren Verliesen auf ihren Abtransport. Sie wurden gebrandmarkt wie Tiere und lagen meist in Ketten. Es war die Vorhölle zur Hölle, nur ein bitterer Vorgeschmack auf die Schiffspassage und die Fronarbeit in den Kolonien. Wenn Boote am Ufer bereit standen, wurde im Verlies eine schmale, sonst stets gut verschlossene Tür zum Strand geöffnet. Das »Gate of no Return«. So brachte man die menschliche Ware direkt auf das Schiff. Wie kann man das in einem Dokumentarfilm erzählen? Wie kann man das so beschreiben, dass man die emotionale Ebene versteht?

Am Nachmittag treffen wir Elolo, der mit einer Gruppe von Schauspielern in Cape Coast kleine Vorführungen abhält. Elolo will dazu betragen, dass das, was in den Kerkern der Festungen passierte, nie vergessen wird. Die Truppe hat historische Sklavengesänge gesammelt und einstudiert, sogar Ketten und Halsfesseln angefertigt. Die jungen Schauspieler lassen Besucher des Forts nacherleben, wie die Gefangenen von den Sklaventreibern durch das »Gate of no Return« geführt wurden, aber diese Vorführung ist für meine Begriffe etwas zu theatralisch. Ich rede mit Elolo über Alternativen für den Film, nachdem wir gut zwei Stunden darüber diskutiert haben, entscheide ich mich, mit den Schauspielern ein reduziertes Re-Enactment im Kerker von Cape Coast zu machen. Ich hoffe, dass solche Bilder dem Zuschauer emotional mehr vermitteln können als die Aufnahmen der leeren Kerker und Wände. Donald, der Kameramann, dreht einige Szenen mit den jungen Schauspielern in Slowmotion und schlägt Folgendes vor: Die Kamera fährt die in Ketten gefesselten Füße ab, halbtotal. In einer langen Reihe laufen die Filmsklaven der untersichtig montierten Kamera entgegen. Am »Gate of no Return« bilden ihre halbnackten Körper nur noch eine Silhouette, bevor sie in der Dunkelheit des Verlieses verschwinden. Genauso machen wir es und reduzieren in der Postproduktion zusätzlich die Farbsättigung. Trauer in Schwarz-Weiß.

Wir filmen in der Festung Cape Coast auch die langgestreckte Palaver-Halle, so hieß der Tauschplatz, an dem einst Kapitäne mit Sklavenhändlern feilschten und Menschen gegen Stoffe eintauschten. Die Bilder sind erklärungsbedürftig, denn das perfide Geschäft funktionierte als lukrativer Dreieckshandel. Für Waren aus Europa wurden afrikanische Sklaven eingekauft. Diese verschiffte man in die Kolonien und nahm von dort Zucker, Kaffee und Gewürze zurück nach Europa. Global Business nennt man das wohl.

Im Archiv von Cape Coast finde ich zwei historische Stiche, die zeigen, wie »maximal profitabel« die Schiffe beladen wurden. Auf den Abbildungen sieht man die Andeutung eines Schiffsrumpfes von oben betrachtet, quer gestapelt liegt darin die »menschliche Ware«. Strichfigur an Strichfigur als schwarze Fläche, nicht anders als in einer Büchse Ölsardinen. Jeweils zu zweit aneinander gefesselt. »Es ist absolut unmöglich, einen Sklaventransport gesundheitsverträglich abzuwickeln…« rechtfertigte eine zeitgenössische Quelle dies zynisch.

Obwohl ich nach dem Besuch von Cape Coast überhaupt keinen Appetit mehr habe, drängt Francis auf ein Abendessen. Wir fahren zu einer ExxonMobil-Tankstelle, Francis in seiner lasziven Leichtigkeit bringt wieder seinen üblichen Witz der »Naturalization of Aliens«, denn für ihn sind Mobiltankstellen der beste Platz, um sich wieder einem menschenwürdigen Zustand anzunähern, normal zu werden. Die Speisen, die man uns in den Tankstellenrestaurants serviert, sind aber keineswegs schmackhafter als das übliche Fufu am Straßenrand, eine zu Knödeln geformte Mischung aus Yams und Maniok, zu der meist ein undefinierbares Gulasch aus Buschfleisch gereicht wird. Aber an den Tankstellen herrscht »Zivilisation«. Manchmal ist das wichtig. Es gibt Wasser, um sich die Hände zu waschen, hin und wieder eine akzeptable Toilette und oft sogar Tischsets aus Papier, auf denen folgendes Motto steht: »You and Maggi make the better meals«. Willkommen in der globalen Welt!

Tag für Tag fahren wir die Goldküste entlang und klappern die restlichen Forts ab, um auszuwählen, was später gedreht werden soll. In Shama das Fort Sebastian, in Butre das Fort Batenstein, in Dixcove das Fort Metal Cross, in Keta das Fort Prinzenstein, in Axim das Fort St. Anthony, in Princesstown das Fort Groß-Friedrichsburg. Fast überall werden wir herzlich empfangen, und es scheint, als würde man sich darüber freuen, dass sich im fernen Europa jemand dafür interessiert, über die Geschichte des Westafrikahandels filmisch zu berichten. »Ja, ein Weltkulturerbe, aber bis jetzt war noch niemand hier«, hören wir immer wieder. Manche Direktoren der Forts wittern bei meinem Besuch sofort die Chance, durch eine Forderung von hohen Drehgebühren ihr knapp bemessenes Instandhaltungsbudget aufbessern zu können. Man kann ihnen das nicht übel nehmen, aber einige verlangen für ein paar Bilder eine Summe, die sich in der Höhe eines Kleinwagens bewegt. Francis verhandelt geschickt auf die afrikanische Art und vergisst nie zu erwähnen, dass wir für den Film nicht von allen Forts Aufnahmen machen können. Dass wir aber gerne bereit sind, dieses eine Fort exemplarisch in den Vordergrund zu rücken, wenn, ja wenn sich der Herr Direktor kooperativ erweist.

Das Fort Sebastian in dem kleinen Ort Shama wird zu einem Drehort, den wir ausführlich filmen. In die abgelegene Bucht verirrte sich zu Kolonialzeiten nur selten ein Schiff. Schon 1705 beklagte der Verwalter, wie wenig profitabel der Stützpunkt sei, weil es zwar genügend Wasser und Holz, aber viel zu wenig Handel gäbe. Der Verwalter verließ damals noch rechtzeitig den tropischen Ort, berichten die Quellen, aber für viele wurde die Goldküste zum »Grab des weißen Mannes«. Sie starben an Gelbfieber, Malaria, zu viel Alkohol. Die Klagen der Weißen wurden penibel aufgeschrieben, aber das Leid der Sklaven, die in den Festungen auf ihren Abtransport warteten, fand keine Chronisten. Die Bevölkerung ganzer Dörfer wurde bei Stammesfehden von den Siegern an die Europäer ausgeliefert und gegen europäische Waren eingetauscht. Menschenhandel gab es in Afrika schon lange, bevor die Weißen kamen, aber erst die Europäer betrieben das Geschäft mit den Sklaven im großen Stil. Man kennt keine genauen Zahlen, aber mehr als zwei Millionen Sklaven wurden allein von der Goldküste auf Zuckerplantagen in Kuba verschifft. Oder auf Kaffeefelder in Brasilien.

Nachdem wir mit dem Filmen fertig sind, legen wir uns erschöpft auf den kühlen Steinfußboden hinter den Vorratsräumen des Forts. Dort gibt es ein wenig Schatten, und es dauert keine zwei Minuten, bis wir einschlafen. Bleischwere Träume lassen mich in ein Dasein eintauchen, das nicht das meine ist, lenken meine Energie auf Dinge, die mich verwirren. Ich höre die Rufe der Sklaventreiber, ohne sie zu verstehen, spüre, wie die Füße brennen und der Mund austrocknet vom Staub. Ich bin eine von ihnen. Es gibt kein Entrinnen. Wehr dich doch, ändere die Vergangenheit! Aber ich wehre mich nicht, laufe weiter mit gesenktem Kopf, immer weiter, egal wohin. Die beiden Frauen neben mir bleiben im Sand sitzen und werden geprügelt, bis sie wieder aufstehen. Alle laufen weiter, dann kommt der Filmriss. Francis klopft mir auf die Schulter, weckt mich und wedelt mit einer Tüte frisch belegter Thunfischbrote vor meiner Nase herum. »Lunch break, Mittagspause«.

Ganz im Südwesten Ghanas, nahe der heutigen Grenze zur Elfenbeinküste, steht ein Fort, das damals als eines der luxuriösesten der ganzen Region galt. Es sieht aus wie ein respektabler Landsitz und trägt einen deutschen Namen: Groß-Friedrichsburg. Auch die preußische Krone wollte teilhaben am Westafrikahandel, ließ allerlei exotische Waren wie Elfenbein, Straußenfedern, Gummi und Gold nach Europa bringen. Und Sklaven auf die Baumwollplantagen nach Amerika. Einige wenige landeten auch in Berlin, der Name »Mohrenstraße« erinnert noch heute daran. 1683 gab Kurfürst Friedrich Wilhelm von Brandenburg den Bauauftrag für die Festung Groß-Friedrichsburg. Er wünschte sich auch eine geräumige evangelische Kirche in dem neuen Handelszentrum. Für Burg und Kirche hatten sich die Preußen einen Pachtvertrag mit lokalen Häuptlingen gesichert. Die Preußen versprachen Schutz, auch vor Sklavenjägern, und ließen sich die exklusiven Handelsrechte in dem Gebiet garantieren. Doch den erhofften großen Gewinn machte der Kurfürst nie. Preußen schickte nur wenige Handelsschiffe, blieb ein Außenseiter im Westafrikageschäft und verkaufte Groß-Friedrichsburg schon 1721 an die Holländer. Als wir mit dem Verwalter sprechen, treffen wir zwei Berliner Pärchen, die an diesem ungewöhnlichen Ort Urlaub machen, in einem Zimmer im Fort wohnen und sich dort auch selbst versorgen. Ich habe aber die leise Vermutung, dass sie eigentlich auf Goldsuche sind, worüber sie uns natürlich nichts erzählen.

In der Nähe von Axim finden wir einen passablen Übernachtungsort. Wir wohnen in hölzernen Rundhütten und gönnen uns ein kurzes Bad im Meer. Bevor dieser Aufenthalt fast wie ein kleiner Urlaub wird, verliere ich nach dem Schwimmen meinen Lieblingsring im Sand, und die Stechmücken suchen sich ausgerechnet mich aus für ihre Blutmahlzeit. Auf dem kurzem Weg zu unserer Hütte zähle ich 16 Stiche.

In der Nacht tunke ich meine Hände und Füße nochmals in Salzwasser, bevor wir nach einem diskussionsreichen Abend für nur knapp drei Stunden zum Schlafen kommen. Dann fahren wir zurück nach Accra und wollen von dort aus weiter ins Landesinnere, ins Ashantiland, nach Kumasi. Ich bin müde, schlafe den halben Weg, den wir mit dem Auto über die lange Küstenstraße zurücklegen. Als ich aufwache, sehe ich glitzernde Wellen, von Palmen und blassgrünen Blättern verhangen, dann verschwindet die Goldküste aus dem Blickfeld.

Unterwegs haben wir einen kleinen Unfall, weil Francis mit seinem kranken Auge die Abstände nicht richtig einschätzen kann und ein parkendes Auto demoliert. »Zahlt die Lady?« »Ja, die Lady zahlt«, es bleibt einer Weißen gar nichts anderes übrig.

Ich habe während der Recherche auch die Unterkünfte für das Team reserviert. Bei unserer Ankunft kann man sich jedoch an nichts erinnern. Aber klar, es gibt Platz und irgendwer wird auch abgestellt, für uns etwas zu kochen. Problematisch bleibt das Frühstück. Wir wollen gerne sehr früh morgens einen Kaffee und eine Kleinigkeit zu essen, denn die Tage sind lang und anstrengend. Wir müssen mit einer einstündigen Anfahrt zum Drehort rechnen, dann aufbauen und wollen das frühe gute Licht nutzen. Also: Frühstück um halb fünf. Wir diskutieren lange mit einer jungen Frau, die bereit ist, gegen gutes Geld um diese Uhrzeit Rühreier und Kaffee zu servieren. Am nächsten Morgen ist sie allerdings nicht da. Wir fahren schlecht gelaunt und hungrig los und sind noch miesgelaunter, als sie auch am nächsten Morgen nicht erscheint. Erst am Abend sehen wir sie: »What happened?«, »was war los?«. »No transport« sagt sie lakonisch. Klar, ich hatte nicht daran gedacht, sie in ihrem Dorf von einem Taxi abholen zu lassen, damit sie uns rechtzeitig etwas zum Frühstück richten kann.

Die Unterkunft in Kumasi für Recherche und Drehteam ist besser. Wir wohnen bei einer rundlichen, klugen »Mama« mit zwei adoptierten Mädchen, die privat Zimmer vermietet. Sie hat ein Händchen für Überraschungen, und wir staunen über einen VW-Käfer und einen Weihnachtsbaum, die mitten in der großen Wohnung stehen. Ihre Gästezimmer sind blitzblank und liebevoll dekoriert, sehr bunt und sehr afrikanisch. Die Übernachtungspreise sind fair und beinhalten sogar noch tägliche Ermahnungen der Wirtin. Wir sollen uns vor bestimmten Dingen in Acht nehmen, keinesfalls rauchen, dies tun und das lassen, alles gut gemeinte Ratschläge, die wir zum Teil sogar beherzigen. Schwieriger verhält es sich mit dem Facilitator Oti, der für das Ashanti-Gebiet zuständig ist und ab und an einfach spurlos verschwindet, um Palmwein zu trinken. Es ist undenkbar, einen Fante, einen Bewohner der Küste wie Francis, als Schlüsselkontakt in die Ashanti-Region mit zu nehmen. Das muss auf jeden Fall ein Ashanti sein wie Oti, mit guten Beziehungen zu den diversen Nanas, den Königen der Dörfer, die er zweifellos hat.

Die Kerndrehs im Ashantiland werden stürmisch. Wir müssen eines der alten, halbverfallenen Dorfheiligtümer wieder zum Leben erwecken und inszenieren mit einer Theatertruppe und einem Fetischpriester eine Zeremonie für den Film. Ein Orakelritual, so, wie es wohl früher oft stattgefunden hat, aber inzwischen so gut wie ausgestorben ist, weil es an Priestern mangelt, die sich auf die Zeremonien verstehen. An den wenigen noch erhaltenen Dorftempeln, traditionelle Lehmbauten mit Flechtwerk aus dem 18. Jahrhundert, nagen das tropische Klima und die Regengüsse. Für die Restaurierung fehlt es an Geld und an kunstfertigen Handwerkern. Die meisten traditionellen Bauten aus Lehm wurden bereits in den Kolonialkriegen zerstört. Die wenigen noch existierenden Gebäude, grasbedeckt und reliefverziert, sollen jetzt geschützt werden. Die Unesco hat sie zum Weltkulturerbe ernannt, eine Auszeichnung für die vorkoloniale Kultur der Ashanti.

Der Ashanti-Tempel, den wir filmen wollen, steht im Dorf Bodwease. Er ist wie fast alle Heiligtümer den Kindern des Fruchtbarkeitsgottes Tanos gewidmet. Rituale, Tänze und Opfergaben sollen ihn gnädig stimmen, aber eine Zeremonie hat hier schon lange nicht mehr statt gefunden. Trotzdem haben die Dorfbewohner vor dem Heiligtum alles frisch gekehrt und gesäubert. Sie haben auch den staubigen Lehmboden mit Wasser bespritzt, zumindest das scheinen sie ihrem Gott schuldig zu sein. Wir bringen unser Equipment durch eine schmale Tür ins Innere, die Musiker sind schon eingetroffen und bauen ihre Instrumente auf.

Der quadratische Hof des Heiligtums, in dem sich die Zeremonie abspielen soll, ist von hohen Lehmmauern umgeben. In den Ecken lehnen Zweige und Fruchtbarkeitspuppen, an den Wänden hängen Amulette und Knochen, alles Dinge, die ein wenig Angst machen können und deren Bedeutung wir nicht verstehen. In jede Himmelsrichtungen geht vom Hof aus ein kleines Gebäude ab: Ein Priesterhaus, ein Raum für den Ältestenrat, eine Küche und ein Ahnenhaus mit kunstvoll geschnitzten rauchgeschwärzten Stühlen der verstorbenen Oberhäupter. Böse Geister dürfen sich hier nicht niederlassen.

Gegen halb zwei am Nachmittag haben sich alle im Tempel versammelt. Der Dorfkönig hat Platz genommen, seine Berater und die Ältesten stehen neben ihm, die schwere 35mm Kamera ist aufgebaut. Die Handtücher zum Schweißabwischen liegen auch bereit. Unser Facilitator Oti nickt dem Fetischpriester zu. Der zieht sich seinen Bastrock zurecht, dann beginnt die Zeremonie. Die Musiker aus Kumasi fangen an zu trommeln und zu singen. Es wird laut in dem kleinen Tempel, so laut, dass Mathews, der Tonmann, schon von Beginn an den Mischer fast auf Anschlag herunter regeln muss.

Der Fetischpriester beginnt zu tanzen. Die Musik wird noch lauter. Wir verstehen unser eigenes Wort nicht mehr. Schwitzend und mit entrücktem Blick tanzt sich der Priester in Trance. Seine Beine und sein Rock aus Palmwedeln synchronisieren sich rhythmisch zum schneller schlagenden Wirbel der Trommeln. Bald ergreifen die Götter Besitz von diesem Mann, der als ihr Sprachrohr die Dorfbewohner leiten, warnen und ihnen weissagen soll. Die Trommeln und die spitzen Gesänge dirigieren seinen Körper. Eine Stunde tanzt er, wirft haufenweise helles Pulver in die Luft, ist außer sich. »Götter, sprecht zu uns«, singen die Musiker und heizen dem Fetischpriester immer mehr ein. Er taumelt, stolpert, stürzt, steht wieder auf, um sich weiter im Kreis zu drehen. Dann fahren die Seelen der Götter und der Ahnen in ihn, überliefern ihre Botschaft, auf die der Dorfkönig und die Ältesten schon lange warten. Es sind wirre Worte, Fragmente, die der Fetischpriester in die Runde schreit. Aber es sind gute Nachrichten, keine Warnungen. Die Botschaft lautet: Alles in Ordnung.

Die Zeremonie ist zu Ende, die Anwesenden atmen auf. Es sind vier Kassetten mit wertvollem 35mm-Material durchgelaufen und eine davon wird eine Schramme haben, weil das weiße Pulver durch die Gummiabdichtung eingedrungen ist und die Emulsion auf der Filmschicht zerkratzt hat. Der halbverfallene Tempel ist noch einmal zum Leben erwacht. 350 Dollar, drei Flaschen Schnaps für die Musiker und den Priester, dann fahren wir weiter.

Ein echtes Highlight werden die Dreharbeiten bei der Ashanti Goldfields-Corporation, eine ghanaische Goldminengesellschaft, die bereits 1897 gegründet wurde. Die Goldmine liegt bei Obuasi, 56 Kilometer südlich von Kumasi, und es ist nicht einfach, dort eine Drehgenehmigung zu erwirken. Einer der Security-Leute gibt uns Helme, Grubenlampen und Gummistiefel, dann fahren wir mit unserem schweren 35mm-Kameraequipment in die Tiefe des Schachts. Nach rund einem Kilometer Abfahrt in die Dunkelheit stoppt der Aufzug. Wir stolpern aus der Tür und werden in einen verwinkelten Gang geführt, in dem knöchelhoch das Wasser steht. Die Luft ist stickig, in der Ferne dröhnen die Presslufthämmer. Der Begleiter der Ashanti Goldfields Corporation zeigt wortlos auf einen Seitengang. Wir laufen auf eine schwarze Wand zu, an deren Ende zwei Arbeiter mit dem Presslufthammer Gesteinsbrocken abstemmen. Man sieht fast nichts, aber offensichtlich liegt hier eine attraktive Goldader. 30 Tonnen des edlen Metalls werden hier jährlich in technisch aufwändigem Tiefbergbau gefördert, die Ashanti Goldmine zählt zu den »Top Ten« weltweit. Wie lange die Abbaustätte noch hochprofitabel sein wird, weiß niemand. Weitere goldführende Schichten sollen sich in 3.000 Meter Tiefe befinden, aber diese sind derzeit bergbautechnisch noch nicht zu erschließen.

Ich bin froh, als wir wieder am Tageslicht sind. Wir müssen durch eine Schleuse gehen, bekommen die Schuhsohlen kontrolliert und werden akribisch untersucht, ob wir Goldklümpchen haben mitgehen lassen. Dann dürfen wir mit der Kamera in den Hochsicherheitstrakt. In einem Seitenraum stehen drei Männer mit Pistolen, dahinter liegen bereits, gut gesichert, die gegossenen Goldbarren für den späteren Abtransport. Im Allerheiligsten türmen sich jede Menge säuberlich gestempelte glänzende Barren mit einer Aufschrift, die Normalsterblichen den Glanz in die Augen treibt: 1 Kilo fine Gold, 999,9. Die Blöcke dürfen wir sogar anfassen. Kameramann und Assistent lassen ein legendäres Foto machen, wie sie einen 50.000 Dollar-Barren hoch stemmen. Grinsend reich, zumindest für einen kurzen Moment.

Gold ist heute wichtigstes Exportgut und Devisenbringer für Ghana. Die Vorkommen waren bereits seit dem Mittelalter bekannt, und schon damals trieb man zeitaufwändig Stollen in die Erde, um das edle Metall abzubauen. Das Hauptproblem dabei war eindringendes Grundwasser, das viele Schächte zum Einsturz brachte und unzählige Goldsucher das Leben kostete. Wir wissen, dass auch heute noch viele »Galamsey Miner« unterwegs sind, die den illegalen Abbau von Gold betreiben. Mindestens 30.000 versuchen ihr Glück als Goldwäscher oder in nicht genehmigten Stollen. Das wäre eigentlich ein spannendes Thema für einen anderen Film, den bis jetzt noch niemand gemacht hat. Eine Dokumentation über die traurige Geschichte der Goldsucher, die unter primitivsten Bedingungen schürfen, sich hohen Risiken aussetzen und selten mehr als ein warmes Essen am Tag verdienen. Für geschätzte 4.000 Kilo Gold im Jahr, die in ganz Ghana privat geschürft werden, setzen viele ihre Gesundheit aufs Spiel. Vor allem, weil sie winzige Goldklümpchen mit Quecksilber amalgamieren und die giftigen Dämpfe einatmen. Ein paar Bilder von Goldgräbern für diesen Film wären schön. Wir hören von einer Stelle in der Nähe, an der einige harte Burschen nach Gold suchen sollen. Das lässt uns keine Ruhe mehr. Wir wollen versuchen, die Schürfer zu filmen.

In einer Art Lager mitten im Wald stehen kleine Zelte. Ein Stück davon entfernt sehen wir Leute mit Spaten, die sich an einigen Erdlöchern zu schaffen machen. Unsere Ankunft bleibt nicht unbemerkt. Wir werden als fremde Weiße argwöhnisch beobachtet. Unser Plan, ein paar Bilder aufzunehmen, ist nicht ganz ungefährlich, weil die Männer unser Equipment für Messgeräte halten und denken könnten, dass wir Schürfproben anstellen wollen. Oder von der Regierung geschickt sind, ihr Vorhaben ahnden wollen. »Stay behind«, raunzt mir unser Facilitator zu und ich mache diskret einige Fotos. Als wir dann nach langem Verhandlungspalaver doch noch über einem tiefen Erdloch stehen, um zu drehen, gibt es ein riesiges Geschrei. Es bahnt sich eine Schlägerei an. Wir müssen ganz schnell wieder verschwinden. Kooperativer ist ein Ashanti-District-Chef, der bereit ist, uns seine private Goldsammlung aufnehmen zu lassen. Nach zwei Drinks in seinem Wohnzimmer bringt er große Plastiktüten aus dem Tresor und schüttet deren Inhalt auf den Tisch. Es sind schwere Goldketten, Armbänder, Halsreifen, Goldnuggets, Zeremonienstäbe. Er selbst trägt an jedem Finger goldene Ringe, manche filigran, manche grob und protzig. Wir packen unseren Drehteller aus, eine runde Holzplatte mit Motor, auf dem man wie bei Schaufensterdekorationen edle Teile kreisen lassen kann, und dekorieren die Präziosen für bildfüllende Nahaufnahmen.

Ich habe noch nie zuvor gesehen, dass Macht und Reichtum so demonstrativ zur Schau gestellt werden wie bei den Ashanti-Führern. Gold wohin man schaut, Goldzähnen, Goldketten, Goldornamente auf der Kleidung, goldene Insignienstäbe, einfach alles glänzt, sogar die Leopardenfellmützen. Zahlreiche Abkömmlinge von unterschiedlichen Frauen gehören als Statussymbol des Erfolges ebenso dazu wie eine füllige Statur und kräftige Armmuskeln. Vielleicht sind es aber auch Typen, die mit dicken Ringen an den Fingern rumwedeln und armen Bauern die Frauen abspenstig machen. Wer weiß? Die meisten haben etwas Diktatorisches an sich. Etwas Einschüchterndes. Ghana ist zwar ein moderner Staat mit einer parlamentarischen Demokratie, aber die einzelnen Regionen werden nach wie vor »monarchisch« regiert. Und wer Macht hat, muss das auch zeigen. Die Ashanti erhalten die alte Tradition mit einem Asantehene aufrecht, dem obersten König, gefolgt von unzähligen Clan- und Dorfkönigen. Während der Dreharbeiten haben wir mindestens vier »Kings«, kennen gelernt. Die Dorfkönige haben hohe Befugnisse innerhalb ihres Distrikts, beraten manchmal das aktuelle Regierungskabinett, vor allem aber lassen sie ihre Mitbürger sehen, wer das Sagen hat.

Wenn sich die Kings mit ihrem Hofstaat und dem Volk im Manhyia-Königspalast in Kumasi zum Akwasidae-Fest versammeln, wollen wir mit der Kamera dabei sein. Akwasidae, das Fest für die Ahnen der Ashanti. Schwer zu verstehen, was die einzelnen Rituale bedeuten, die zum Teil hinter verschlossenen Türen stattfinden. Der Königshof ist voller Menschen, jeder kennt seinen Platz am Hofe ganz genau. Es riecht nach Schweiß und Schnaps. Musiker spielen auf rituellen Trommeln und alten Elfenbeinhörnern. Im Schatten des Haupthauses klatschen sich die Sängerinnen warm. Auf der gegenüberliegenden Seite toben Tänzer mit schnellen Bewegungen durch den weiten Hof. Schwertträger, Träger ritueller Messer und eine bewaffnete Garde mit geladenen Gewehren steht Spalier. Sie wirken furchterregend kampfbereit.

Dann schreitet der Asantehene ein, der oberste König, und nimmt unter einem Sonnenschirm Platz. Weithin leuchten sein Goldschmuck und sein goldgewirktes Gewand, ein Zeremonienmeister fächelt ihm mit großen Straußenfedern frische Luft zu. Akwasidae bietet eine perfekte Gelegenheit, dem obersten König seine Aufwartung zu machen, ihm Ergebenheit zu erweisen und sich mit Geschenken in Erinnerung zu bringen. Die Höflinge stehen Schlange. Nach knapp 15 Minuten stapeln sich die Schnapsflaschen zu Fuß des Thrones. Es ist immer die teuerste Sorte.

Wir wissen nicht recht, worauf wir die Kamera halten sollen. Alles geschieht gleichzeitig, wir wollen nicht pittoresk werden, aber die Versuchung ist groß. Alles ist prächtig, fremd, symbolgeladen. Wir arbeiten mit zwei Kameras, einer Handkamera, die die einzelnen Ereignisse mobil verfolgt, und einer festen Kamera auf dem Stativ. Ich sehe aus dem Augenwinkel, dass unsere feste 35mm-Kamera auf dem maximal hoch ausgezogenen Stativ allein und unbewacht im Hof steht, während Kameramann Donald mit der Handkamera den Schwertkämpfern im Seitenflügel des Gebäudes hinterher tanzt. Der Kameraassistent, der das

Gerät bewachen soll, ist der Faszination erlegen, ein paar Fotos zu machen und lässt die Hauptkamera im Stich. Ich sehe, wie im Gedränge ein hochgewachsener und schon leicht betrunkener Ashanti ans Stativ stößt, sich Platz schaffen will und nahe dran ist, unsere westliche Technik mit einer kleinen Handbewegung beiseite zu wischen wie eine lästige Fliege. Ich hechte zum Stativ und kann es gerade noch festhalten, inklusive der Kamera und Optik. Die Götter Ghanas sind auch uns gnädig.

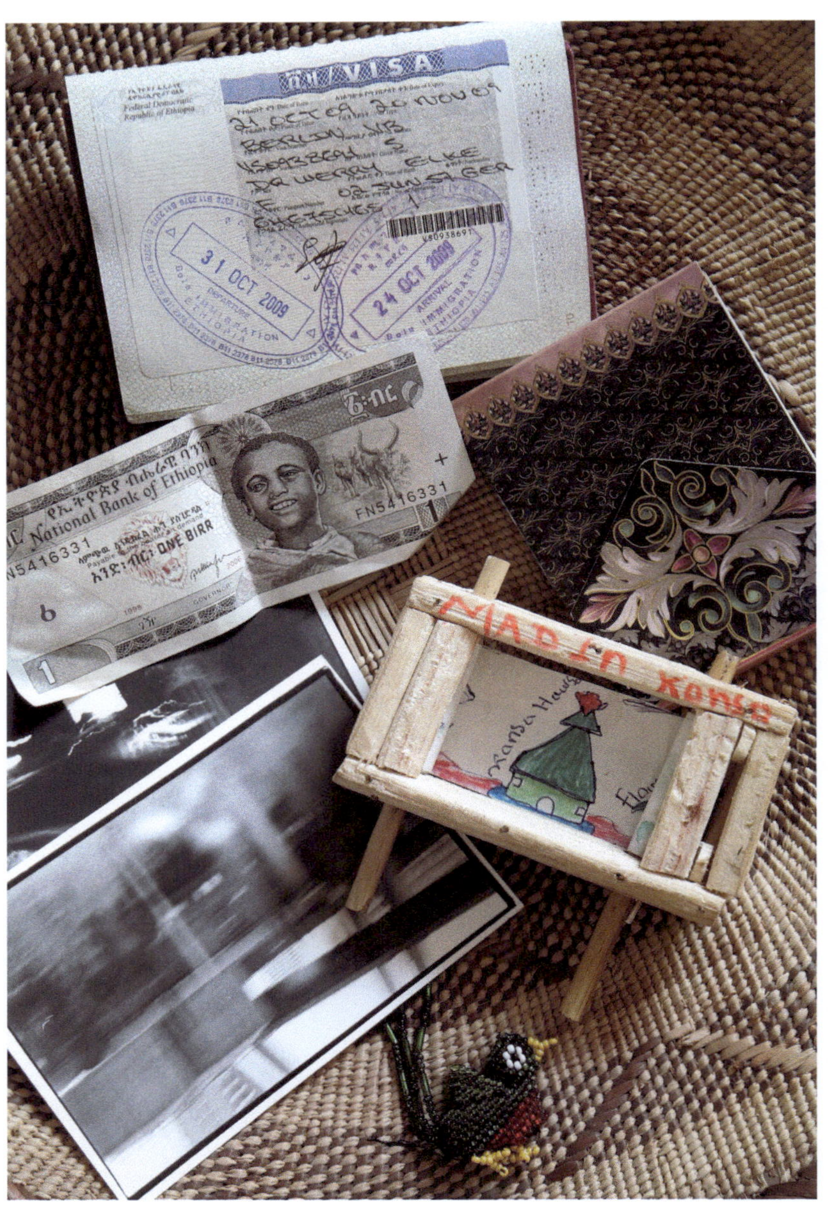
VISA
Federal Democratic Republic of Ethiopia
21 OCT 09
20 NOV 09
BERLIN
DR WERRY ELKE
V80938691
31 OCT 2009
DEPARTURE
IMMIGRATION
ETHIOPIA
24 OCT 2009
ARRIVAL
IMMIGRATION
ETHIOPIA
National Bank of Ethiopia
FN5416331
ONE BIRR
KONSO

Bei den Konso in Äthiopien

Ich mache die Kamera aus und laufe nach den Filmaufnahmen schnell zum Auto zurück, das im Schatten eines Affenbrotbaumes steht. Klettere auf den Rücksitz, auf dem mein Rucksack liegt. Hole daraus eine kleine Portion Notgummibärchen und stopfe sie in den verschwitzten Mund, wie ich es oft mache, wenn es nichts zu essen gibt. Hinter mir stehen vier Konso-Männer, die mir gefolgt sind und aufmerksam zuschauen, was ich tue. Verlegen krame ich nach weiteren kleinen Plastikbeuteln, in denen eine Ration bunter Glucoseschübe hygienisch verpackt ist. Zehn Gramm Deutschland. Ich finde wie erwartet noch eine Handvoll Päckchen zwischen Filterreinigungstüchern und Optik-Deckeln und biete jedem der vier Konso einen Mini-Beutel Gummibären an. Alle vier lächeln, nehmen die Päckchen ungeöffnet in den Mund, kauen darauf herum und zeigen keine weitere Reaktion. Ich bin panisch, dass sie die Päckchen gleich schlucken und beginne wild zu gestikulieren. Um ihnen die richtige Bedienungsanleitung zu liefern, reiße ich einen weiteren Beutel auf und schütte mir die Bärchen direkt in den Mund.

Wie begegnet man Protagonisten, die weder Plastikverpackungen noch Gummibärchen kennen? Die keinen Strom haben, erst recht kein Internet, keine Fotoapparate oder Fernsehgeräte? Die löchrige T-Shirts tragen aus den Kleidersäcken der europäischen Altkleidersammlung, auf denen »don't fuck me« steht?

Wir sind unterwegs ins Land der Konso im Jahr 2010. Ein Stamm im Südwesten Äthiopiens, nahe der Grenze zum Südsudan und zu Kenia. Die Schönheit der Landschaft lässt Dürre und Hunger vergessen. Blendet Katastrophen aus, die immer und immer wieder als kurze Schlagzeilen durch die Medien der ersten Welt gehen. Informationen über das Volk der Konso sind spärlich, aber wir wissen auch recht wenig über Äthiopien. Da 1974 die Millionen Jahre alten Knochen unserer Vorahnin Lucy in Äthiopien gefunden wurden, vermuten wir dort die Wiege der Menschheit. Das Land gilt auch das Ursprungsland des Kaffees. Äthiopien, das einst eines der ersten christlichen Königreiche war, wurde niemals kolonialisiert, hat einen eigenen Kalender und eine eigene Zeitrechnung. Es ist ein reiches, armes Land. Der Vielvölkerstaat mit mehr als 80 ethnischen Gruppen gilt heute als Armenhaus der Welt. Rund eine Milliarde Dollar internationale Entwicklungshilfe fließt pro Jahr nach Äthiopien, aber trotzdem sind mehr als die Hälfte aller Einwohner chronisch unterernährt und haben keinen Zugang zu sauberem Trinkwasser. Kinderarbeit ist weit verbreitet, vor allem in der Landwirtschaft. Fast sechs Prozent der Äthiopier haben Aids, die Tendenz ist steigend. Besonders friedlich geht es hier auch nicht zu, noch immer sind bewaffnete Konflikte um Grenzstreitigkeiten, Landrecht und Rechtsstreitigkeiten zwischen den verschiedenen Volksgruppen an der Tagesordnung.

Transit in eine andere Welt. Wir fahren von der Hauptstadt Addis Abeba viele, viele Stunden durch unterschiedliche Landschafts- und Vegetationszonen nach Arba Minch. Dort übernachten wir und werden zeitig geweckt. Um die ersten Geräusche am Morgen streiten sich hier die Hähne und die Christen. Die Christen gewinnen, und lange bevor es hell wird sind sie laut singend unterwegs Richtung Kirche. Wir schauen aus dem Fenster des Hotels auf die Hauptstraße hinunter und sehen das dichte Menschengewimmel, die meisten sind weißgekleidet. Wir starten diesen Tag neugierig und erwartungsvoll. Stefan checkt zum dritten Mal sein Tonequipment, ich zähle die äthiopischen Birr-Geldscheine und lasse die Kamera Probe laufen. Alle Akkus sind geladen, denn in den nächsten Tagen wird es keinen Strom geben. Wir schütteln die Mückensprayflasche und kontrollieren die Aspirin- und Pflastervorräte. Bevor sich die Hitze über die Stadt legt, fahren wir weiter, rund 100 Kilometer südlich zum Volk der Konso.

Konso, ein klangvoller Name. Bei Wikipedia kann man erfahren, dass diese Ethnie eine eigene Sprache spricht, die der ostkutschitischen Sprachfamilie angehört. Die Konso betreiben Landwirtschaft auf terrassenförmigen Feldern. In kunstvoll geschnitzten Holzstelen, die »Wagas« heißen, versinnbildlichen sie wichtige Persönlichkeiten ihrer Gemeinschaft, die bereits verstorben sind. Ihre Dörfer sollen dicht bebaut und mit hohen, massiven Steinwällen umgeben sein. Zur Vorbereitung auf das Filmprojekt habe ich im Internet lange suchen müssen, um überhaupt ein paar Fotos von den Konso zu finden. Die Bilder zeigen einen extremen afrikanischen Archetypus: Krieger mit Lendenschurz und Frauen, die mit nackten Brüsten und Kalebassen im Sand sitzen. Es sind Menschen, die aussehen, als würde ihnen nie die Kraft ausgehen. Als würden sie nie ankommen in einer modernen Welt.

Das Afrika-Bild in unseren Köpfen ist noch immer so, wie es all die Entdecker- und Abenteuerbücher geprägt haben: faszinierend und gefährlich. Es fällt mir schwer, all die Bilder abzustellen, die sich sekundenschnell ganz automatisch abspielen. Bilder von weiten, afrikanischen Landschaften und Sehnsuchtsorten. Oder »Hungerfotos« auf den Titelblättern europäischer Zeitschriften. Erinnerungsfetzen aus Filmen von edlen und naiven Eingeborenen mit Speeren, ungezügelter Erotik und ungehemmter Begierde. Andere Bilderfetzen von »Buschmännern«, naturnah, wild und primitiv. Mindestens zwei Generationen von Journalisten haben angesichts von Faszination und Sprachnot Klischeetexte produziert, die sich in ihrer Essenz etwa so anhören: »Und dann trommeln sie wieder.« Ich will nicht in diese Falle tappen und fühle mich in der Pflicht, festzustellen, was und wer die Konso eigentlich sind.

Gerade als ich dabei bin, meine Klischeefestplatte im Kopf zu löschen, stapft über den Hügel ein Konso auf mich zu. Es ist Toraito Kussia, ein Mann mit forschem Schritt, schwarz-weiß gemustertem Hemd, beigefarbener Hose und Lederschuhen. Er schüttelt mir die Hand, begrüßt mich in perfektem Englisch, und wenn er lächelt, sieht man seine blütenweißen Zähne und ein Gebiss, wie man es normalerweise nur von Plakaten in Zahnarztpraxen kennt. Toraito wird uns die nächsten Tage begleiten und uns die Welt der Konso näher bringen.

Wir fahren mit einem modernen Geländewagen, den ihm die lutherisch-reformierte Kirche Äthiopiens für seine Arbeit zur Verfügung gestellt hat, durch eine straßenlose Savanne. Toraito kann im Auto kaum ruhig sitzen, sprüht vor Tatendrang und Zuversicht und erzählt mir die wichtigsten Stationen seines Lebens in der ersten halben Stunde unserer langen Fahrt. Früher arbeitete er als Grundschullehrer in der Dorfschule. Heute ist Toraito Kussia Manager und trägt eine Menge Verantwortung, er leitet ein ländliches Entwicklungsprojekt im Gebiet Yanda Faro im äußersten Südwesten Äthiopiens. Er hat sogar ein eigenes kleines Büro und ein paar Mitarbeitern. Viele hören auf seine Ratschläge. Seine Hauptaufgabe gilt der »Ernährungssicherung«, wie es im Jargon der Entwicklungshilfe heißt, und sein Projekt wird seit mehr als zehn Jahren von »Brot für die Welt« gefördert und finanziell unterstützt. In Toraitos Heimat beim Volk der Konso sind über 50 Prozent protestantische Christen. Jahr für Jahr versuchte die evangelische Kirche mit Geldmitteln und Nahrungsmittelspenden die Hungersnot in der Region zu lindern. Vergeblich. Seit zwei Jahren jedoch sind die Konso auf dem besten Weg, ihre Versorgung selbst in die Hand zu nehmen. Wie es dazu kam, soll Thema eines Filmes sein, den wir für »Brot für die Welt« drehen.

Wir fahren auf einen Hügel, von dem aus man kilometerweit über das Land schauen kann. Eine Augenweide. Die Landschaft ist vulkanischen Ursprungs und stark zerklüftet. Wir steigen aus, bauen das Equipment auf, Toraito läuft ein Stück den Berg hoch, bleibt auf der Spitze stehen und beginnt zu reden: »Ich bin da hinten an diesem Berg geboren, ich erinnere mich, als ich klein war, gab es hier überall Wälder. Und die Äcker meiner Familie lagen da hinten«, sagt er und zeigt in die weite Landschaft. »Früher sagte man bei uns: Wird ein Kind geboren, fallen hundert Bäume. Heute ist durch das enorme Wachstum unserer Bevölkerung alles abgeholzt. Heute leben mehr als 250.000 Konso in dieser Region, und alle sind abhängig von der Landwirtschaft.« »Cut«, danke, besser kann man es nicht sagen.

Mit den Bäumen schwinden viele Ressourcen. Über 1.600 Meter hoch sind die kahlen Berge in der Ferne und leuchten gelbgrün. Alle sind kultiviert mit Terrassenfeldern. Kunstvoll angelegt, jedoch schwer zu bewirtschaften und kaum ertragreich. Die Konso ernähren sich durch Ackerbau. Ihre Feldarbeit verrichten sie immer noch mit zweizackigen Hacken, die Felder düngen sie mit Viehmist. Allein der Anblick der Terrassenfelder gibt schon eine Vorstellung davon, wie schwer es hier sein muss, sich zu ernähren, wie viel menschliche Kraft eingesetzt werden muss, um ein paar Nahrungskalorien wertzuschöpfen.

Aufgrund des schnellen Bevölkerungswachstums und der begrenzten landwirtschaftlichen Flächen waren die Bauern schon vor zehn Jahren gezwungen, ihr Ackerland immer weiter auszudehnen und auch das trockene Tiefland zu bebauen. Das Hauptproblem in der Ebene ist der Wassermangel. 13 Monate Sonnenschein, ein Slogan, mit dem die äthiopische Tourismusbehörde wirbt, gilt auch im Gebiet der Konso. Aber allein durch die Sonne wächst nichts, ein ertragreicher Landbau in tieferen Lagen ist ohne Bewässerung nicht möglich. Je mehr Felder die Konso nach unten verlagerten, desto größer wurde ihre Not. Jahrzehntelang kämpften sie gegen Dürre und Hunger, oft überlebten sie nur durch Lebensmittelspenden. »Wir waren daran gewöhnt, mit wenig auszukommen«, erzählt Toraito Kussia, »aber wir waren dünn wie ein Grashalm«.

Wir fahren weiter und sehen in der Ferne eine riesige Staubwolke. Beim Näherkommen entpuppt sich diese als Baustelle. Über 200 Konso, Frauen wie Männer, mit Schaufeln bewaffnet, heben aus der schweren roten Erde einen Kanal aus. Wenn er fertig ist, wird er zwei Kilometer lang, drei Meter tief und drei Meter breit sein. Ein Mann mit Kappe und Trillerpfeife gibt den Takt der Spatenstiche vor. Ein anderer feuert die Grabenden mit Rufen an. Alle schaufeln im Takt, und die ausgehobene Erde fliegt weit über den Grabenrand. Spatenstich für Spatenstich graben die Konso für eine bessere Zukunft. Es herrscht eine Hitze von über 40 Grad, die Sonne sticht erbarmungslos, aber niemand gönnt sich eine Pause. Der lange Kanal, der hier entsteht, ist Teil des größten kleinbäuerlichen Bewässerungsprojektes in Äthiopien. Ingenieure haben die Flüsse vermessen, dann sechs Wehre aus Beton und Stahl gebaut sowie ein sich daran anschließendes Netz von Kanälen geplant. »Wir haben auch Experten von der Regierung eingebunden und viele Fachkräfte für das Projekt genutzt«, sagt Toraito nicht ohne Stolz.

Im Bergland der Konso regnet es von März bis April und von Oktober bis November. Früher wurde das Wasser der beiden kurzen Regenzeiten nicht genutzt, es versickerte planlos im Boden. Nicht selten vernichtete es auch die Ernte durch Überschwemmungen. Das Wasser wird nun während der Regenzeiten in die Wehre eingespeist und durch die Kanäle auf die Felder in der Ebene geleitet. Über 50 Kilometer Wasserrinnen haben die Konso bereits gegraben. Das einfache, aber ausgeklügelte Bewässerungskonzept zeigt schnelle Erfolge. Die Konso haben einen kleinen Sieg errungen: 6.000 Hektar Ackerland sind fruchtbar geworden. Wo früher allenfalls Ziegen weiden konnten, wachsen jetzt Mais und Baumwolle.

»Wenn wir früher zusammen auf dem Feld arbeiteten und es nichts zu Ernten gab, haben wir uns oft gefragt, warum wir so leben müssen. Hätten wir das Bewässerungsprojekt nicht, hätten wir abwandern müssen in eine andere Gegend«, erzählt uns ein Kleinbauer, der wie alle hier einen Hektar Land bewirtschaftet, mit Mais und Baumwolle. »Oder wir hätten uns wie früher mit wilden Blättern am Leben halten müssen.«

Als er mit seiner Rede zu Ende ist, lächelt mich der Bauer an. Es ist kein unsicheres Lächeln, das man aus vielen Drehsituationen kennt, nach dem Motto: »Habe ich das jetzt richtig gesagt?« Es ist ein erhabenes Lächeln am Ende eines guten Statements. Es freut mich, dass die Kommunikation beim Filmen funktioniert. Ich versuche in Yanda Faro wie bei allen anderen Drehorten auch, nicht sofort das Auge am Okular zu haben, nicht sofort auf den Auslöser zu drücken. Es geht zuerst darum, sich zumindest ein bisschen kennen zu lernen. Ein wenig Vertrautheit herzustellen, bevor gefilmt wird. Ich halte es für wichtig, der gefilmten Person Zeit zu lassen, sich auf die Kamera einzustellen. Ich möchte die Bilder nicht rauben, sondern sie geschenkt bekommen.

Wir fahren an einem weiteren Kanal vorbei, an dem drei Männer Wassersperren aufbauen. Sie hantieren mit großen Schaufeln in einer dunklen Brühe und graben Seitenverzweigungen zu einem Feld mit kleinen Pflänzchen, die ich nicht kenne. Jedes Mal, wenn die Männer über den breiten Kanal springen, denke ich, sie müssten doch ins Wasser fallen. Aber niemand fällt. Behend und voller Energie sind alle konzentriert bei der Arbeit. »Wir kontrollieren die Verteilung der Bewässerung sehr genau«, erklärt Toraito. »Es gibt sogar Wächter, die aufpassen, wie lange das Wasser auf die Felder geleitet wird. Wir sind hier sehr gut organisiert.«

Trotz einer besseren Wasserversorgung ist der Alltag der Konso unvorstellbar hart. Die Ernten reichen zwar zum Überleben, aber Rücklagen für eine Notsituation gibt es nicht. Auf einem Pistenweg kommt uns eine junge Frau entgegen, der man ansieht, dass sie schon lange gelaufen ist. Sie wirkt ziemlich erschöpft. Auf dem Rücken trägt sie ein Baby, in der einen Hand hält sie einen gelben Plastikwasserkanister, an der anderen führt sie zwei Kleinkinder. Wir bleiben stehen und reden mit ihr. Vor zwei Tagen ist ihr Mann umgekommen, erschlagen von einem Baum. Die Frau klagt nicht. Irgendwie wird es weitergehen. Die Familie ihres Ehemannes wird sich um sie kümmern, sagt sie. Vermutlich wird sie die zweite Ehefrau ihres Schwagers werden.

Hundert Meter weiter im Gebüsch stehen drei Männer und räuchern einen ausgehöhlten Baumstamm aus. In der Nähe geht ein weiterer Mann mit Flinte auf und ab. »Wozu ist das Gewehr?« »Es könnten wilde Tiere in der Nähe sein, er hat immer eine Waffe über der Schulter«, erklärt mir Toraito. Ich filme, wie die drei Konso geschickt das Ende des Baumstamms mit Erde und einer mir unbekannten Masse abdichten. Dann laufen sie mit dem ganzen Stamm los und tragen ihn im lose angewinkelten Unterarm wie eine leichte Einkaufstasche. »Honig«, meint Toraito. »Ein Bienenhaus«. Die Männer werden für den hohlen Baustamm einen geeigneten Platz suchen und ihn dort quer an anderen Bäumen aufhängen. Sie hoffen, dass ein Bienenvolk diesen Nistplatz annimmt und Honig produziert.

Wir fahren in ein Konso-Dorf, das tatsächlich wie eine Festung aussieht. Es liegt versteckt an einem Hügel, ist schwer zu finden und noch schwerer zu filmen. Wirkt unnahbar und unübersichtlich labyrinthisch.

Die Unesco ernannte vor kurzem die Dörfer der Konso, ihre steinernen Terrassen und Befestigungen zum Weltkulturerbe, da sie »ein spektakuläres Beispiel für eine lebendige kulturelle Tradition sind«. Noch nie habe ich ein solches Dorf gesehen. Es ist eine scheinbar wirre Zusammenballung von natürlichen Materialien wie Holz und Lehm in allen Schattierungen erdfarbener Töne. Rund 130 Großfamilien sollen hier leben, das Dorf ist von innen nach außen gewachsen und wurde langsam mit der wachsenden Zahl der Bewohner erweitert. Nur wenige, enge gemeinschaftliche Wege führen durch den Ort. Alles sieht »privat« aus, jede Familie umzäunt ihr Gelände mit Holzgittern, Latten und Pfählen. Hinter dem dichten Verhau ragen die Rundhütten aus Lehm empor. Neben den Hütten liegt der überdachte Kochplatz und ein Unterstand für die Tiere. Meist sind es zwei, drei Ziegen oder ein paar Hühner, die glücklichsten Bauern sind die, die eine Kuh ihr eigen nennen können.

Frau Urmela sitzt vornübergebeugt vor ihrer Hütte auf dem Boden. Sie rührt mit einem Stöckchen in einem alten Blechtopf mit gekochten Kohlbaumblättern. Zu ihren Füßen steht ein Plastikteller mit ein paar hellgelben Kugeln, auf denen sich die Fliegen tummeln. Diese Getreideknödel hat sie soeben gekocht. Sie hat zwei Hände voll Maiskörner mit ein wenig Wasser in einem Mörser zerstoßen und dann unter Zugabe von Wasser aufgekocht, bis die Masse stockte. Daraus hat sie Maisknödel geformt, neben Kohlbaumblättern das Hauptnahrungsmittel bei den Konso.

»Es geht uns wirklich besser«, sagt Frau Urmela und ihr Blick bestätigt, dass sie das auch wirklich so meint. »Früher habe ich ständig wilde Blätter gesammelt, weil wir keinen Mais hatten, und war stundenlang unterwegs. Manchmal musste ich auf dem Markt die Körner zusammensuchen, die eigentlich für die Hühner bestimmt waren, und habe sie für meine Kinder gekocht. Kinder können sehr laut schreien, wenn sie Hunger haben«, weiß Frau Urmela. Die resolute Frau scheint maximal 35 Jahre alt, ihr Alter ist schwer zu schätzen. Während wir mit ihr drehen, schiebt sie ungeniert ihr löchriges T-Shirt hoch und legt ihr Baby an die Brust, um es zu beruhigen. Elf Köpfe zählt ihre Familie. Die Versorgung des Haushaltes, Holz und Wasser holen, Feuer machen, Essen kochen, all das ist ihre Aufgabe und braucht viel Zeit. Die größeren Kinder sitzen neben ihr und beobachten aufmerksam, was wir machen. Das ganze Dorf steht hinter dem Zaun und schaut bei den Aufnahmen zu. Eine Kamera hat hier noch nie jemand gesehen, und es dauert mindestens eine Stunde, alle kurz durch den Sucher schauen zu lassen, damit sie Frau Urmela und ihre Kinder durch meinen Apparat begutachten können. Ich filme die Familie beim Feuermachen, beim Essen und beim Füttern der beiden Hühner. Am Schluss mache ich doch noch ein stereotypes »Afrika-Bild«. Von Frau Urmelas Sohn, vielleicht zwei Jahre alt, mit kleinen Patschhändchen und fliegenübersätem Gesicht, der mit seinen großen Augen direkt in die Kamera schaut. »Gebt mir eine Chance«, scheint er sagen zu wollen.

Ob diese Konso als weitgehend in Subsistenzwirtschaft lebende Ackerbauern eine echte Zukunftschance haben, weiß niemand. Überlebenswichtig sind sauberes Trinkwasser, Wissen und Bildung. Das haben alle hier erkannt. Die Familien sind froh, dass sie von Helfern der evangelischen Kirche Äthiopiens bei ihrem Transformationsprozess in die Moderne unterstützt werden. Dazu gehört eine medizinische Betreuung ebenso wie die Versorgung mit Moskitonetzen. Auf dem entwicklungspolitischen Programm stehen auch Familienfürsorge und Geburtenplanung. Erstaunt und ein wenig ungläubig hören die Männer zu, wenn erklärt wird, dass Aids keine Bestrafung von Gott für böse Taten ist. Es ist ein schwieriger Lernprozess, zu begreifen, dass sie sich und ihre Frauen mit Kondomen vor Aids schützen können. Bescheidenes Auskommen durch kluge entwicklungspolitische Projekte hat die Konso ein Stück weit konsolidiert und unabhängig gemacht. Es bleibt zu hoffen, dass sie nie mehr als Hunger- und Umweltflüchtlinge enden wie viele andere Stämme Afrikas.

Obwohl das Licht noch viel zu grell zum Filmen ist, fahren wir noch einmal zu den Feldern. Ich möchte einige Bilder machen von der Arbeit auf den Maisäckern. Wir klettern die Hügel hoch und filmen flinke Hände, die durch die Pflanzen zupfen. Die Technik ist interessant: die Konso sitzen in der Hocke und hüpfen nach dem Zupfen ein Stück weiter, um wieder zu zupfen. Chemischen Dünger oder Pflanzenschutzmittel kennt man hier nicht, keiner hätte das Geld, die westlichen Chemiekeulen zu bezahlen.

Dann gibt es eine große Überraschung: Toraito führt uns an einen kleinen, schattigen Rastplatz und fordert uns auf, uns hinzusetzen. Aus dem Gebüsch kommen zwei Bauern mit langen Messern und einer Decke, in die acht große Papayas eingewickelt sind. Sie breiten die Decke auf dem Erdboden aus, beginnen die Papayas zu zerteilen und legen die Stücke behutsam in eine geschnitzte Holzwanne. Goldorange leuchtet das vollreife Fruchtfleisch. Stefan legt sein Tonequipement beiseite und wir suckeln mindestens vier Papayas aus, genießen es, wie der klebrigsüße Saft an den Mundwinkeln, Händen und Armen herunter rinnt. Außer einem harten Ei am frühen Morgen haben wir den ganzen Tag noch nichts gegessen und zu wenig getrunken. Als wir eine Stunde später ein weiteres Interview auf dem Feld drehen, hüpft Stefan von einem Bein auf das andere. »Ich muss mal schnell«, sagt er, wirft sein Mikrofon ins Feld und verschwindet in die Büsche. Papayas sind bekanntlich sehr verdauungsfördernd.

Die tropischen Früchte stehen bei den Konso erst seit Kurzem auf dem Speiseplan und bieten eine willkommene Abwechslung zu Maisknödeln und gekochten Kohlbaumblättern. Toraito zeigt uns, wo die Pa-

payabäume wachsen. Er führt uns auf seine Versuchsfelder in der kleinen Saatschule, auf die er besonders stolz ist. Eingezäunt stehen viele neue Pflänzchen und Bäumchen, auch hier keimt Hoffnung. Auf Mais- und Sorgumanbau allein wollen sich die Konso nicht mehr verlassen. Seit neuestem lernen sie, Obst anzubauen und Bäume zu veredeln. Sie experimentieren mit Früchten und Gemüsen, die sie bisher nicht kannten und die ohne Bewässerung auch nicht wachsen. Mit Äpfeln, Mango, Orangen und Papaya wollen sie ihren Vitaminbedarf aufbessern und vielleicht sogar etwas verkaufen.

Immer häufiger kommen jetzt Konso-Bauern montags und donnerstags den langen Weg hinunter in die Kreisstadt Konso zum Marktplatz. Schwer beladen mit Strohballen, Teff-Getreidebündel, Berbere-Gewürzen, Viehfutter, Obstkörben oder einer Ziege am Strick. Unglaublich bunt und geschäftig begegnen uns die Menschen auf dem Markt. Mit dem Verkauf ihrer Überschüsse und dem erzielten Geld können sie sich jetzt manchen Wunsch erfüllen, von dem sie früher nur geträumt haben. Ein paar Schuhe, Kleidung, Werkzeuge, vor allem aber können sie ihren Kinder eine Schulbildung finanzieren.

Manchmal reicht das Geld sogar für ein wenig Luxus vor dem langen Nachhauseweg: Einen äthiopischen Kaffee in der kleinen Blechhütte an der Straßenkreuzung am Markt. Das »Café Obama«, in dem manche ihren Marktgang ausklingen lassen, gehört Miriam. Es ist ganz anders als übliche Cafés. Geduckt betritt man ein gemütliches Zimmer mit Erdfußboden, dessen schiefe Innenwände mit Zeitungsfotos des amerikanischen Präsidenten tapeziert sind, eine Hommage an den schwarzen Mann, der jetzt die Geschicke Amerikas lenkt.

Ich nehme auf einem der wackeligen Hocker Platz und beobachte die Chefin bei der Arbeit. Im hinteren Teil des Raumes röstet Miriam die rohen Kaffeebohnen in einer alten Eisenpfanne. Auf einem Holzfeuer kocht bereits das Wasser. Miriam ist jung, hübsch und hoch gewachsen. Ihr langes Haar hat sie mit einem blauen Band zusammengebunden. Ganz gemächlich zerstößt sie die gerösteten Bohnen in einem Mörser, damit nichts daneben fällt, obwohl außer mir noch drei Personen auf ihren Drink warten. Sie schüttet das Kaffeemehl in eine Blechkanne und lässt die Mischung aufkochen. Dann füllt sie den tiefschwarzen Energiedrink in kleine, blaue Porzellantässchen ohne Henkel, von denen die eine oder andere schon einen Sprung hat, und reicht sie lächelnd ihren Gästen. Dass Miriam jetzt ein stolze Caféhausbesitzerin ist und selbstverantwortlich wirtschaften kann, verdankt sie einem Freier, der der ehemaligen Prostituierten Geld geliehen hat für ein besseres Leben. Den Kredit hat sie längst zurückgezahlt. Jetzt denkt sie sogar daran, den Boden ihres Cafés betonieren zu lassen. Miriam will auch von der Straßenseite her einen kleinen Weg pflastern, damit die Gäste nicht jedes Mal im Schlamm stecken bleiben, bevor sie ihren Kaffee genießen können.

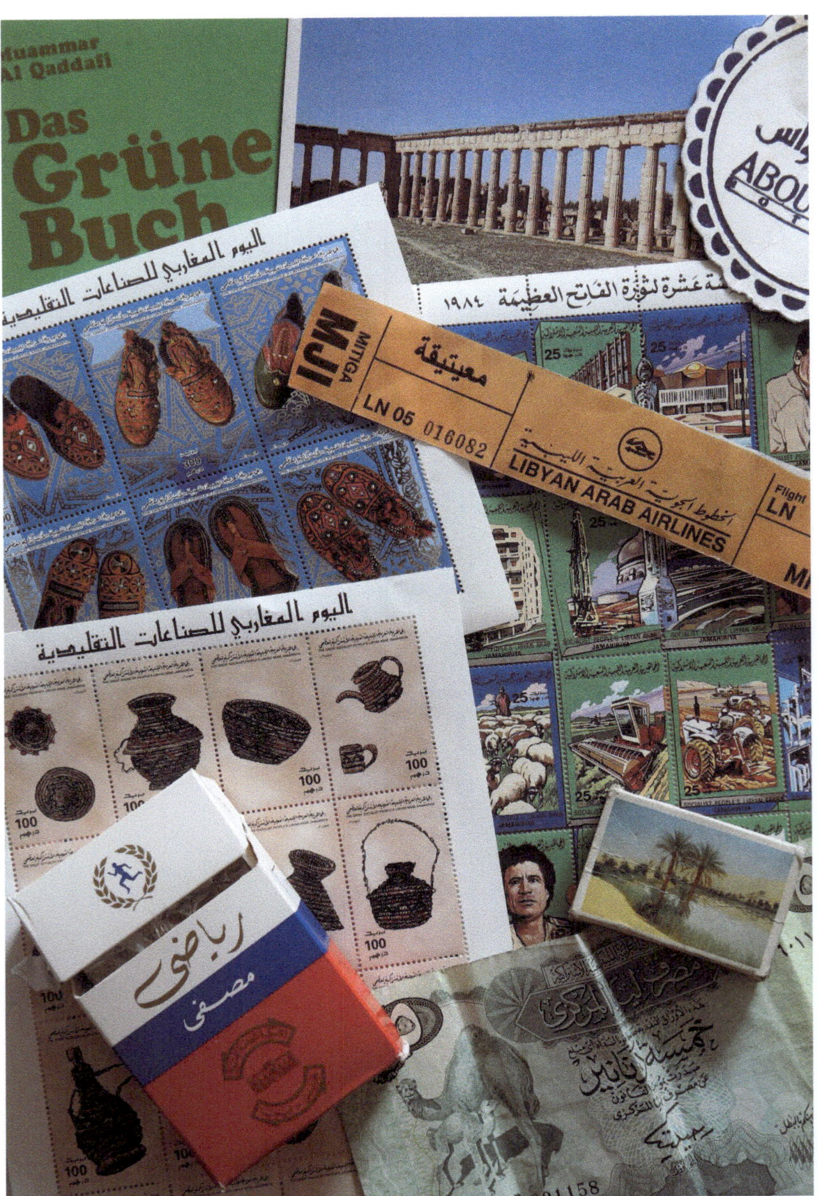

Muammar
Al Qaddafi
Das Grüne Buch
اليوم المغاربي للصناعات التقليدية
١٩٨٤
MJI
MITIGA
معيتيقة
LN 05 016082
الخطوط الجوية العربية الليبية
LIBYAN ARAB AIRLINES
Flight
LN
اليوم المغاربي للصناعات التقليدية
رياضي
مصفى

Unbekanntes Libyen

»I hope good life for you with my best wishes« schreibt mir der 27-jährige Foushi in mein Reisenotizbuch und klebt einen glitzernden Fisch dazu, einen Bonusaufkleber aus einer »La vache qui rit«-Käseschachtel. Foushi, der damals unsere erste vierwöchige Dokumentarfilmreise quer durch Libyen begleitet hat, ist schon lange tot. Er stammte aus einer gut situierten Familie und hatte einen Körper, dem jede Anstrengung fremd war. Er liebte schnelle Autos und verstarb bei einem Unfall mit überhöhter Geschwindigkeit.

Salem, unser Dolmetscher bei den Dreharbeiten, halb Brite, halb Libyer, versucht sich mittlerweile als Businessmann. Der stämmige, blauäugige Berber mit einem Hang zur Romantik ist jetzt Manager bei einer Firma auf Malta und hofft auf gute Geschäfte mit seinem Heimatland. »Forget politics, make business.« Aber an gute Geschäfte ist derzeit in Libyen nicht zu denken, nicht einmal an eine Rückkehr zum Status der Planwirtschaft vor dem Bürgerkrieg. Alle Deals, die nichts mit Erdöl zu tun haben, sind mehr oder weniger »on hold«. Nach 40 Jahren Gaddafi-Herrschaft hat die Übergangsregierung der wirtschaftlichen Entwicklung noch keine Priorität eingeräumt. Es gibt Wichtigeres zu tun. Mehr als 30.000 Menschenleben hat der blutige Bürgerkrieg gekostet, der mit dem gewaltsamen Tod Gaddafis am 20. Oktober 2011 endete. Das Land ist traumatisiert und hat nicht zur Normalität zurückgefunden, die politische Lage ist alles andere als stabil. Noch sind Ressourcen und Macht nicht gerecht verteilt, zu viele Waffen im Land, die einzelnen Clans zerstritten. Auseinandersetzungen finden nach wie vor statt und können jederzeit ausbrechen.

Was aus Adel und Chamri, unseren anderen damaligen Begleitern bei den Filmaufnahmen geworden ist, weiß ich nicht. Auch nicht, ob unser meist mürrischer und immer hungriger »Zwangsbegleiter« vom Außenministerium, Mr. Mohammed, noch in Amt und Würden ist. Vermutlich ist der regierungstreue Mohammed tot oder im Gefängnis. Vielleicht hat er sich auch noch rechtzeitig ins Ausland abgesetzt, wie Zehntausende andere Libyer.

Unsere Filmreise beginnt im Altertum. Wir schnuppern »Vergangenheitsluft« in Leptis Magna, dem »Großen Leptis«. Die alte Kaiserstadt in Tripolitanien gehörte ab 46 v. Chr. zum römischen Reich. In der Antike stand der Name Libyen für Afrika. Libyen war damals die Kornkammer Roms und Leptis Magna ihr Brückenkopf. Wo einst hohe Mauern eine reiche Stadt beschützten, steht heute ein Zaun. Davor parken wir unseren Bus. Fahrer Chamri trägt mir noch das Stativ in das extrem weitläufige Gelände, um sich dann wieder ins Auto zurückzuziehen und Radio zu hören. Die anderen libyschen Begleiter laufen gleich ins nächste Dorf, um etwas zu Essen zu besorgen, damit wir später picknicken können. Die antiken Ruinen interessieren sie eher weniger. Meine Kollegen und Autoren des Films sind ausgeschweift, wollen sich die passenden Drehorte anschauen, ebenso der Kollege, der als Tonmann mit seinem Mikrofon auf dem Gelände unterwegs ist, um saubere Atmo-Töne von Grillen einzufangen. An meinem Standort höre ich nur ein leises, unregelmäßiges Schlagen von Wellen an die alte Hafenmauer. Es ist noch früh am Morgen, aber die Hitze fängt sich bereits in den Mauern, und auch das schwarze Kameragehäuse beginnt jetzt schon, unangenehm warm zu werden. Einige pathetische Minuten lang stehe ich gebannt in der großen, alten Stadt. Dann stelle ich Stativ und Kamera dorthin, wo vermutlich einmal Kaiser Septimius Severus entlang spazierte, der in Leptis geboren war und alles daran setzte, seiner Heimatstadt im 2. Jahrhundert nach Christus den Rang einer Weltstadt zu verleihen. Die

Kamera blickt durch seinen Triumphbogen, und das Bild öffnet sich auf die gepflasterte Via Trionfale, an deren Ende nach rund 800 Metern das alte Forum steht. Eine Einstellung von 15 Sekunden ist mehr als genug. Dann räume ich das Equipment vom sonnenwarmen Kopfsteinpflaster und beginne, das Gelände zu erkunden.

Es ist nicht schwer, gute Bildmotive in Leptis zu finden. Hier taumelt man auch nicht haltlos durch die Antike, die Stadt ist eine versinnbildlichte Ordnung. Rechteckige Straßenkreuzungen, eine lange Hauptverkehrsader, Via Colonnata, Forum, Basilika, Thermen, Sakralbauten, Theater, Stadtmauern, Hafen. Dazwischen liegen die Wohnquartiere. 100.000 Einwohner genossen damals schon den Komfort moderner Infrastruktur wie Unterbodenheizungen, fließend Wasser und Kanalisation. Sogar öffentliche Marmortoiletten mit körpergerecht geformten Sitzschalen gab es in Leptis, aber in den zerfallenen Steinnischen nisten jetzt die Eidechsen. Heerscharen von Sklaven bedienten die Freien von Leptis, denen der römische Kaiser die vollen Bürgerrechte gewährt hatte. Die Einwohner profitierten von großen Bauprogrammen. Leptis war eine Stadt vom Reißbrett, für die damalige Zeit unendlich modern gebaut und dem natürlichen Standort entlang der Küste und eines Wadis angepasst. Noch dazu aus edlen Materialien, die Jahrtausende überdauerten. Kalksteinsäulen aus lokalen Kalkadern, Granit aus Kleinasien und grünlichweiß geäderter Marmor aus Griechenland und Ägypten. Eine Harmonie von monochrom erdfarbenen Tönen, die besonders im Abendlicht zur Geltung kommt.

Für den Film sind anspruchsvolle Zeitraffer-Aufnahmen vom Theater geplant. Schattenwanderungen vom Nachmittagslicht über die Nacht bis zum nächsten Tag. Wir erstehen eine Autobatterie, an die die Kamera für zwei Tage angeschlossen werden soll, um stabile Einzelbilder zu gewährleisten. Wir tragen das schwere Equipment zum Amphitheater hinunter, im dem damals bis zu 1.600 Besucher Platz fanden. Der Bildausschnitt zeigt im Vordergrund die steinernen Sitzreihen, dahinter die Bühne mit den Säulen, den rechten und linken Bildrand begrenzen die beiden Statuen der Kommandanten, im Hintergrund das türkisfarbene Meer.

Tick, tick, tick, tick, präzise schnurrt die Einzelbildschaltung. Wir verhüllen das schwere Gerät mit Stoff, um es vor der Sonne zu schützen, und beauftragen einen Mitarbeiter der Ausgrabungsstätte, die Kamera über Nacht zu bewachen. Als wir am nächsten Morgen zum Nachschauen kommen, ist er nicht mehr da. Und es tickt auch nicht mehr. Die Batterie ist leer. Aber nicht nur das, wir stellen fest, dass ausgelaufene Batteriesäure während des Tragens zum Drehort am Tag zuvor zentimetergroße Löcher in unsere T-Shirts und Hosen gefressen hat. Leider macht sich der zerstörerische Effekt von Säure erst später bemerkbar. Auch der zweite Versuch der Langzeitbelichtung durch Einzelbilder mit einer angeblich absolut neuen Batterie scheitert. Erst ein dritter bringt den gewünschten Effekt der wandernden Schatten über das Theater, in dem zu römischen Zeiten blutige Spektakel mit Gladiatorenkämpfen statt gefunden haben. Auch die Löwenkäfige kann man heute wieder besichtigen, ebenso die prachtvollen Mosaiken, die leicht bekleidete Gefangene im Kampf mit den Bestien zeigen.

Der Film versucht einen direkten Zugang in das alltägliche Leben in Leptis Magna zu finden, und wir hatten uns vorgenommen, die Geschichte zu vermenschlichen. Deshalb steift die Kamera mit Iddibal Caphada Aemilius, einem Kaufmann aus der Zeit des Kaisers Augustus, durch die antike Stadt und ihre Umgebung und rekonstruiert dessen Tagesablauf. Ebenso mit Lucius Caphada, einem Nachfahren des Kaufmanns zur Zeit von Septimius Serverus. Lucius plantscht am Morgen in den Hadrianthermen, plaudert mit anderen Kaufleuten im Neuen Forum über Kornpreise und römische Politik, entspannt sich am Abend bei einem Besuch im Amphitheater. Nie sieht man einen Kaufmann, wir zeigen nur dessen subjektive Perspektive. Die Bilder dazu filmen wir mit einer Steadycam-Kamera, die verwacklungsarm subjektive Gänge und Bewegungen nacherlebbar macht. Auf der Tonebene im Filmtext lassen wir dazu den Kaufmann in Ich-Form erzählen. Aber es waren nicht nur Geschichten, Illusionen. Wir haben uns im Text an alte Quellen und Inschriften gehalten, ein bisschen Phantasie und Farbe zugefügt, und die Bilder mit bewegten Gängen weniger statisch gehalten, um die alte Geschichte und die Ruinen wieder lebendig werden zu lassen.

Leptis ist ein ganz besonderer Ort. Allein optisch bei weitem eindrucksvoller als das, was im heutigen Rom an antiken Sehenswürdigkeiten übrig geblieben ist. Die nordafrikanische Stadt hat sich auch deshalb so gut erhalten, weil sie lange unter meterdicken Sandschichten begraben lag. Die Natur hatte sich zurück geholt, was unter den Kaisern Augustus und Tiberius begonnen, unter Septimius Severus vollendet und unter Konstantins Herrschaft zerfallen war. Der Niedergang war schleichend gekommen, Erdbeben, Überschwemmungen und Kriege entvölkerten die Stadt. Es gab schon damals Menschen, die sich fragten, warum das große Leptis für Rom bedeutungslos geworden war. Inschriften auf Steinen geben Erklärungen. Sie besagen, dass manche Bauten schon um 310 aufgegeben wurden, weil die Kaufleute die Kosten nicht mehr tragen konnten. Selbst den stärksten Männern stehen unbesiegbare Feinde gegenüber, allen voran die Wirtschaftskrise, die Leptis erfasste. Den letzten Schlag versetzte der Hafenstadt der Niedergang des Mittelmeerhandels. Jahrhundertelang hatte man von Leptis aus gute Geschäfte gemacht, mit Olivenöl, Löwen, Elefanten und Getreide aus dem Hinterland Afrikas. Als keine Schiffe mehr kamen, verfiel auch Leptis.

Erst in den 1920er Jahren haben Archäologen begonnen, Teile der antiken Hafenstadt auszugraben, aber bis heute schlummern noch viele Gebäude unter dem Sand. 1982 wurde Leptis Magna zum Unesco-Weltkulturerbe ernannt. Seither gehört ein Besuch der antiken Handelsmetropole, die rund 130 Kilometer westlich von Tripolis liegt, zum Pflichtprogramm aller Libyen-Touristen. Aber ein Hotspot wie Karthago in Tunesien ist Leptis nicht geworden, eigentlich zu unrecht.

Zwei Tage später verlassen wir die Küste Richtung Jabel Nafusa, zum gebirgigen Land der Berber. Eines der ersten arabischen Wörter, die ich lerne, ist »bischweija«, »langsam«, denn Chamri, der Fahrer unseres Busses, hat noch nicht verstanden, dass wir auch Landschaftsbilder für den Film brauchen. Die wilde Bergregion mit abgerissenen Felskanten, uralten Olivenhainen und vereinzelten Schafherden verspricht archaische Aufnahmen. Aber Chamri fährt viel zu schnell über die gut ausgebaute Landstraße, und bevor wir etwas Genauer sehen können, sind wir schon daran vorbei gefahren. Das nächste Wort, das sich sofort einprägt, war dann »yallah«, »auf geht's«. Ein Wort wie ein Peitschenknall, im Arabischen am besten dreimal gerufen, »yallah«, »yallah«, »yallah«, die Mahnung versteht hier jeder.

Acht Männer und eine Frau mit Kamera unterwegs durch ein großes Land. Sogar mit zwei Kameras, weil wir zusätzlich für die großen Landschaftsaufnahmen noch eine 16mm-Filmkamera dabei hatten. Vier Deutsche und fünf Libyer, die uns das Reisen erleichtern sollten, dolmetschen, organisieren, Brücken bauen zu Porträtpartnern für den Film. Über alle kulturellen Gegensätze hinweg hatten wir eine gute Zeit zusammen, obwohl sich die ersten beiden Wochen für beide Seiten eher wie ein Crashkurs in Toleranz anfühlten.

Für uns Deutsche war Libyen ein wirklich neues Thema, das uns forderte. Lange bevor die Arbeit begonnen hatte, hatte ich mir eine Menge Gedanken gemacht, wie es denn so werden würde, an all den Drehtagen auf fremdem Terrain, in dem ungewöhnlichen Team, mit den Menschen, die nicht gewohnt waren, gefilmt zu werden. Gefragt war die

Strategie der kleinen Schritte. Riskieren und ausprobieren. Ein Autoritätsproblem gab es nicht, auch deshalb, weil meine große, schwarze Kamera ein Machtsymbol war. Eine schwere Maschine wie eine Waffe, die Respekt abverlangt, nicht nur beim Team, auch bei allen anderen Personen, die wir auf der langen Fahrt durch Libyen getroffen und gefilmt haben. Kein einziges Mal bin ich angemacht worden. Wäre ich als Touristin unterwegs gewesen, wäre das vermutlich anders abgelaufen. Für unsere Begleiter war ich schon nach den ersten paar Tagen »Sister Elka«, bekam den beschütztem Status einer Schwester. »Schukran«, »danke«.

Seit Alters her war das Nafusa-Gebirge ein Rückzugsgebiet für die Berber, fruchtbarer, regenreicher und geschützter als die Ebene. Die Siedlungen liegen versteckt an den Hängen, von unten kaum sichtbar. In etwa 750 Meter Höhe entdecken wir eine einsame Werkstatt. Krummbeinig kommt ein alter Mann aus der Tür und wundert sich über die Fremden. Der Alte ist ein Steinmetz, der immer noch tonnenschwere Mahlsteine für die Getreide- und Ölmühlen produziert, und er hat jede Menge Zeit, um uns seine Werkstatt zu zeigen. »Ich bin einer der letzten hier, niemand will diese Arbeit mehr machen«, erzählt er, während er ständig mit seinen Fingern über die Mahlsteine streicht, als müsse er sie von Hand noch mehr glätten. Die Werkstatt ist staubig und stockdunkel und der Meister rutscht mir beim Filmen aus der Schärfe, weil er sich so viel bewegt wie ein junger Hund. Ich bitte ihn, sich in die Nähe des einzigen Fensters zu setzen, damit das einfallende Seitenlicht sein zerfurchtes Gesicht aufhellt. »Früher haben wir von jedem Baum 20 Kilo Oliven geerntet, aber daraus kann man nur drei Liter Öl machen. Es braucht gute Mahlsteine, um sauber zu pressen, dass die Kerne nicht zerbrechen, die das Öl sonst bitter machen, so ist das.« Schon sein ganzen Leben lang dreht sich alles um Oliven. 60 Bäume versorgt er nebenbei und führt für die Kamera durch seinen Olivenhain.

»Die Ernte ist schlecht gewesen in diesem Jahr«, sagt er, und sein Blick wird noch ernster, als er vorher schon war. Einfach alles sei schlechter geworden, und viele würden von hier weg ziehen.

Im Nachbarort Tsmisda, einer alten Berbersiedlung, haben die meisten Bewohner ihre Häuser schon verlassen. Fast alle gingen nach Tripolis. Zu hart war das Leben in den Bergen, zu mühsam und wenig einträglich die Olivenwirtschaft. Wie stolz manche Bauten einmal waren und welche Reichtümer man dem kargen Boden abgewinnen konnte, lässt noch der Qsar in Kabao erahnen. Ein merkwürdiges, hohes Gebäude aus Lehm, das wie eine unnahbare Festung wirkt. Aber ein Qsar ist eine Speicherburg, groß, rund und höhlenartig gebaut. Dieser ist einer der letzten seiner Art und vermutlich schon über tausend Jahre alt. Ein Qsar diente den Berbern als gemeinsames Lagergebäude. In seinen einzelnen, verschieden großen Kammern aus Lehm verwahrten mehrere hundert Familien ihre Waren und Besitztümer. Im Erdgeschoss das Olivenöl, in der zweiten Etage das Getreide und in den oberen Stockwerken die wertvollsten Dinge wie Stoffe, Aussteuer, Gold Schmuck und Waffen. Im Qsar von Kabao gab es 365 Kammern, so viele wie Tage im Jahr, und außerdem spezielle Geheimzimmer.

Wir übernachten privat in Nalut bei der Familie von Salem, unserem Begleiter und Dolmetscher. Ich darf bei seinen hübschen Cousinen Naima, Armina und Rocaia schlafen. Die drei Bauernmädchen tragen noch traditionelle Berberkleidung und stellen sie auch selbst her. Zum Beispiel den enggewebten »Jered«, ein schwerer Männermantel aus Schafwolle, der im Winter getragen wird. Wir gestikulieren wild miteinander, und ich nehme an, dass sie mich fragen wollen, ob auch ich Handarbeiten machen kann. Es reicht nicht, »yes« zu sagen, ich muss es auch noch vorführen. Und so häkle ich ihnen dann im Beisein der Mutter und sämtlicher Frauen des Hauses eine Reihe rosa Luftmaschen mit einigen Kettenmaschen. Schließlich hat man das auch einmal in der Grundschule im Handarbeitsunterricht gelernt. Prüfung bestanden. Zum Dank schenken sie mir ein schwarz-weißes gehäkeltes rundes Etwas, das ich noch heute zu besonderen Gelegenheiten als Kopfbedeckung trage. Das Teil ist äußerst »fashionable«, hat aber in der Mitte einen Schlitz, dessen tieferen Sinn ich zunächst nicht verstehe. Im Laufe der Reise merke ich dann, wozu es dient. Es ist ein gehäkelter dekorativer Überzieher für Kleenex-Papier-Packungen. Wird vorzugsweise auf die Ablage ins Auto gestellt und verschönert die schnöden Papierboxen.

Das Frühstück, das uns die Familie am nächsten Morgen zubereitet, ist reichhaltig und sättigt für den ganzen Tag. Es gibt selbstgebackenes Brot aus dunklem Mehl, auf Kohlefeuer nachgetoastet, mit Olivenöl, Datteln und einer dicken Sesamsoße. Wir essen mit den Händen, und am Ende der Mahlzeit spült man uns mit kleinen Plastikwasserkännchen die klebrige Süße von der Haut. Dann fahren wir weiter.

Unser nächster filmischer Porträtpartner heißt Moussa. Er ist eine Art »Teilzeitnomade« aus dem Ort Shawoa. Ihm gehört zwar ein festes Haus im Dorf, aber er lebt lieber mit seiner Frau und seinen sieben Kindern im Nomadenzelt draußen in der Steppe. In krasser Einfachheit, aber nicht arm oder elend. Moussa erzählt, dass er lange bei der Marine gewesen ist. Dort hat er auch gelernt, wie man alleine zurecht kommt. Er ist knapp 50, hat eine Haut wie Ziegenleder und große Hände, die zupacken können. Er ist einer, der einfach alles »richten« kann, ein defektes Zeltdach, einen löchriger Wasserschlauch am Auto oder ein krankes Tier, das er mit Heilkräutern aus den Bergen wieder aufpäppeln kann. Moussa hat schon einiges von der Welt gesehen, war sogar sechs Monate in Kiel gewesen, mit dem Schiff seiner Marineeinheit. Er spricht ein paar Brocken englisch und russisch und erzählt nicht ohne Stolz, dass er auch ein guter Jäger sei. »Vom Auto aus schieße ich Gazellen bei Tempo hundert, das ist mein Lieblingssport.« Als müsse er seine Glaubwürdigkeit unterstreichen, hebt er vom Boden eine leere Patronenhülse auf und dreht sie zwischen seinen Fingern.

Heute lebt Moussa von dem Ertrag der Milch, des Fleisches und der Felle seiner rund 150 Ziegen und Schafe, die Tag für Tag das spärliche Grün der Steppe abknabbern. In seiner mobilen Wohnstatt ist alles selbst gemacht: die Zeltplanen, die Decken, die Teppiche, sogar die Tonschüsseln. Wenn die Frauen bei Kerzenlicht den Teig für das Fladenbrot kneten, singen sie dabei zu Ehren des Heiligen Mohammed, leise und inbrünstig.

Moussa will hier nicht weg. »Freiheit, das ist das Leben hier draußen in der Steppe«, lässt er uns wissen. Alle seine Vorfahren haben so gelebt, und auch er hat schon gespürt, dass ihm die Enge und der Komfort in der Stadt die Kehle abschnüren. Er weiß, dass die besten Dinge im Leben einfach und umsonst sind. »Das Schlimmste hier draußen ist nur der Wind«, sagt er. »Nein«, meint seine Frau, »das Schlimmste ist das Holz zu holen, weil wir so weit laufen müssen, um etwas zu finden.« Zwei Tage vergehen mit Filmaufnahmen vom Melken, Tee kochen, Mehl mahlen, Essen, wieder Melken, Beten. Gerne wäre ich noch einige Zeit bei Moussa und seiner Sippe geblieben, aber wir müssen weiter.

Die nächste Station: Ghadames. Die Stadt ist zweigeteilt. In eine moderne Stadt und das »alte« Ghadames, ein Labyrinth aus traditionellen Lehmhäusern, Unesco-Weltkulturerbe. Die Oase des alten Ghadames war früher ein zentraler Stützpunkt des Saharahandels gewesen, ein Schnittpunkt alter Handelswege durch Afrika, ein Kreuzungspunkt von Nord nach Süd und von West nach Ost. Bis zum Beginn der Kolonialzeit trafen sich hier Kamel-Karawanen, die auf der Strecke zwischen Ghana und Kairouan unterwegs waren. Oder zwischen Kairo, Tripolis und Timbuktu. Dass Ghadames wie viele Oasen vor allem durch den Sklavenhandel reich geworden war, darüber redet man nicht so gerne. Längst ist die Blütezeit vergangen, spätestens als 1914 italienische Truppen Ghadames besetzten.

Um 1970 wurde neben dem alten Ghadames eine Neustadt gebaut mit komfortablen Wohnungen. Alle Einwohner hat man dorthin umgesiedelt. Aber manche kommen immer wieder zurück. Männer wie Ibrahim, die schon morgens die Neustadt verlassen und hinüberlaufen zu ihrer alten Heimat. Die sich dort auf ihre angestammten Bänke vor das Gebetshaus setzen oder sich in den halbverfallenen Häusern und Gärten zu schaffen machen. Sie halten in der verlassenen Stadt einen Rest von Leben aufrecht. 53 Jahre ist Ibrahim alt, sein Haus in Alt-Ghadames ist viermal älter. Er hat sechs Söhne und drei Töchter, einen kleinen Tante-Emma-Laden sowie einen gepflegten Dattelpalmengarten. Nebenher verdient er sich etwas Extra-Geld als Stadtführer. Obwohl sein Familienbesitz in der Altstadt weder Komfort noch fließendes Wasser hat, konnte Ibrahim in seiner modernen Wohnung in der Neustadt nie richtig Fuß fassen. Dort ist es für ihn zu modern, und die Nachbarschaft funktioniere auch nicht richtig, beklagt er. Seit sein altes Zuhause Weltkulturerbe geworden ist, gibt ihm die Regierung etwas Geld für die Instandhaltung der Lehmhäuser und für frische weiße Farbe, der Rest ist Privatinitiative. Und Ibrahim will, wie fast alle alten Männer aus der Altstadt, erhalten und festhalten, was möglich ist.

Im alten Ghadames sieht man nie jemanden aus dem Fenster auf die Straße schauen. Mit seinen engen, schlitzartig geöffneten Häusern gleicht es einer Festung gegen die Hitze. Auch jetzt noch, im November, gibt es außerhalb der Häuser schon frühmorgens kaum kühle und schattige Plätze. Wer über Mittag draußen sein muss, flüchtet in die Gärten, wo das zarte Grün der Palmen den intensiv blauen Himmel abfiltert und die Hitze dämmt. Noch gibt es über 200 in der Oasenstadt, nur die Hälfte von ihnen wird gut gepflegt, in den anderen verfaulen die Datteln. Fünf Kanäle leiten das kostbare Wasser den Gärten zu, wie ehedem. Regen fällt hier ganz selten, vielleicht alle zehn Jahre einmal. Ghadames ist um eine natürliche Quelle gebaut und war berühmt für sein hoch entwickeltes Wasserrecht. Das kostbare Wasser, das unter der Stadt hindurch in die Gärten fließt, wurde mit unglaublicher Genauigkeit verteilt. In einem Häuschen auf dem großen Platz saß damals der »Zeitzähler« mit seiner Wasseruhr. Die Zeit des Wasserzulaufs maß man in »Gaddus«. Der Gaddus war ein eiserner Topf mit einer runden Öffnung am Boden, durch welche das Wasser, wenn der Topf gefüllt war, in etwa drei Minuten ablief. War ein Gaddus durchgelaufen, wurde ein Knoten in ein Palmblatt geschlungen. »Sieben Gaddus reichten, um 60 Palmen auf 200 Quadratmeter Gartenfläche zu bewässern,« erklärt Ibrahim fachmännisch.

Der Mann kann nicht aufhören zu erzählen, ist froh, dass jemand seine Erinnerungen teilen will und die Geschichten aus der alten Zeit hinaus in die Welt trägt. »Als ich ein Junge war, streiften wir über die Dächer der Stadt, von Viertel zu Viertel. Ich erinnere mich an jede Kleinigkeit. Plötzlich hieß es, wir seien Männer, und fortan war uns die Oberstadt streng verboten. Denn die Dächer von Ghadames waren ja nur für die Frauen. Da oben bei den Zinnen konnten sie sich frei bewegen, ohne Schleier, unbeobachtet. Von oben sahen die Frauen die ankommenden Karawanen zuerst. Dann gellten ihre Rufe über die Stadt. Kamen verdächtige Reiter, riefen sie die Männer zu den Waffen.«

Diese Situation wollen wir für den Film nachstellen, aber die Frauen von Ghadames weigern sich trotz aller liebevoller Ermunterungen ihrer Männer, auf den Dächern gefilmt zu werden. Ibrahim kommt dann die glorreiche Idee, man könne ja den Männern ein paar Frauenkleider überziehen und die Männer auf die Dächer stellen. Das sei ja wohl eine große Bildtotale und der Zuschauer würde das sicher gar nicht bemerken. Gesagt, getan. Wir casten ein paar Kamele, die mit Reitern im entscheidenden Moment vor die Stadt reiten sollen. Acht Männer aus Ghadames schlüpfen in Kleider, ziehen sich einen Schleier vors Gesicht, klettern auf die Dächer und halten nach den Reitern Ausschau. Auf Ibrahims Kommando beginnen sie in hohen Tönen zu trillern. Die Laienspielgruppe funktioniert überzeugend.

Zur Feier des Tages und zum Abschluss der Dreharbeiten in Ghadames hat Ibrahim auch noch eine andere Idee. Ich soll als Berberbraut verkleidet werden und mit jedem Teammitglied, ebenfalls in Berbertracht, für ein Foto posieren. »This would be a nice memory for you«, sagte er. Ich habe eigentlich keine Lust dazu, aber sein bittendes »tu es für uns« stimmt mich um. Die Mädchen malen mir die Hände mit Henna an und tragen komplizierte symbolische Muster auf mein Gesicht auf. Dann darf ich das traditionelle weite Brautkleid anziehen. Ich werde mit schweren goldenen Berberketten aus altem Familienbesitz geschmückt. Und mit zahlreichen Armreifen. Die ganze Verkleidungsaktion dauert rund zwei Stunden. Für die Fotos posiere ich hockend vor einem gestickten Wandbild im traditionellen Wohnzimmer, zuerst mit den deutschen Teamkollegen, dann noch mit den Ältesten von Ghadames. Es war recht anstrengend. Wir sind dann schleunigst weiter gefahren, um eventuelle Eingemeindungsszenen zu vermeiden, aber zum Glück gibt es in Libyen ja keinen Alkohol zu trinken.

Ein Ortswechsel und ein Zeitsprung in die Moderne führt uns nach Ash-Shwayrif. Ein leichter Wind verwirbelt Flugsand über den blauen Plastikplanen einer Großbaustelle. Ich setze mich auf ein Betonstück und reinige die Optik. Vier koreanische Bagger rotieren direkt vor mir mit ihren Schaufeln im Wüstensand. Sie machen einen Höllenlärm. Koreanische Arbeiter in weißen Kurzärmelhemden und gelben Bauhelmen rammen mannshohe Stahlbetonrohre in die Erde. In der Ferne hängt ein großes Plakat mit einer sprudelnden Quelle. Es verspricht eine fruchtbare Zukunft. Hier, in Ash-Shwayrif, entsteht gerade ein weiterer

Streckenabschnitt des »Großer-Menschengemachter-Fluss-Projekts« und eine Pumpstation. Es ist das weltweit größte Wasser-Pipeline-Projekt und soll quer durch Libyen führen. Gaddafi lässt an seinem »achten Weltwunder« bauen, in das bisher rund 20 Milliarden Euro geflossen sind und dessen Gesamtkosten bis 2030 auf gut 27 Milliarden Euro kalkuliert werden. Wir drehen ein erstes Interview mit einem Ingenieur, der uns erzählt, dass das Verlegen eines einzigen Pipelinestücks 10.000 Dollar kostet, aber dass es sich auf jeden Fall rechnen würde.

Das große Land Libyen hat keinen einzigen Fluss. Die Wadis führen nur dann Wasser, wenn in ihrem Einzugsbereich Niederschläge fallen. 95 Prozent von Libyen sind Wüste. Das Land ist abhängig von teuren Nahrungsmittelimporten, und Landwirtschaft gibt es nur wenig. Das wollte Gaddafi ändern, wollte Kornfelder und Obstbäume in der Wüste blühen lassen. Auch am relativ fruchtbaren Küstenstreifen, wo die meisten der 6,5 Millionen Libyer leben, gibt es ein großes Problem: Es herrscht Mangel an gutem Wasser. Der Grundwasserspiegel ist stark abgesunken, das Wasser an der Küste versalzen. Ein gigantisches Rohrleitungssystem durchs ganze Land soll Abhilfe schaffen.

Gaddafis künstlicher Fluss zapft Wasservorräte an, die noch aus der letzten Eiszeit stammen. Sie liegen weit entfernt von Libyens Küste in Kufra, im Nubischen Aquifer, und gelten als das größte unterirdische Frischwasservorkommen der Erde. Berechnungen gehen davon aus, dass dieser Wasserspeicher eine Menge umfasst, die so groß ist wie zehn Prozent des Mittelmeeres, aber genau weiß das niemand. Und keiner kann die Frage beantworten, wie viel Wasser sich letztendlich abpumpen und verwerten lässt.

Schon 1953 war man auf der Suche nach Öl unvermutet auf Wasser gestoßen. Seit langem schon speist dieses fossile Wasser Oasen, Wüstenseen und Brunnen in Ägypten. Libyen will dieses kostbare Nass über verschiedene Rohrleitungssysteme in einer Länge von rund 3.500 Kilometern an die Küste bringen. Es ist nicht nur das größte, sondern auch das mysteriöseste Bauvorhaben der Welt. Schon jetzt werden über bereits fertig gestellte Bauabschnitte täglich mehr als sechs Millionen Kubikmeter Trinkwasser transportiert. Die Produktionskosten für einen Kubikmeter Wasser sollen bei nur 25 Eurocent liegen, wären damit also wesentlich geringer als durch eine ölbetriebene Meerwasserentsalzungsanlage.

Die marode Wasserversorgung von Küstenstädten wie Tripolis, Sirt und Bengasi hat sich seitdem erheblich verbessert. Dennoch gibt es ein Problem für die Zukunft: die unterirdischen Wasservorkommen erneuern sich nicht. Einmal ausgebeutet, sind die Vorräte unwiederbringlich leer. Was passiert, wenn die Wasserreserven verbraucht sind, und dies könnte vermutlich schon in fünfzig Jahren der Fall sein, darüber möchte man sich jetzt lieber keine Gedanken machen. Und auch unsere Begleiter meinen lakonisch: »An morgen denken wir heute nicht.«

Zum Abendessen gibt es wieder Harira, wie immer Harira, eine Suppe aus Kichererbsen, Tomaten, Zwiebeln und Rindfleisch. Meist reicht man uns dazu einige erfrischende Zitronenstückchen, aber wir sind schon sehr südlich, da ist an Zitronen nicht zu denken. Die männlichen deutschen Teammitglieder phantasieren von kühlem Bier, das es an keinem einzigen Ort in Libyen gibt, weder kühl noch Bier. Bei der abendlichen Lagebesprechung stellen wir fest, dass das noch zu drehende Programm ziemlich umfangreich ist. Ich schleiche mich unter dem Vorwand davon, ich müsse die Kamera putzen, mache meine letzte Tafel deutsche Schokolade auf und nutze die Zeit, endlich mal wieder ausführlich mit heißem Wasser zu duschen. Normalerweise bin ich die Letzte, die ins Bad kommt. Und normalerweise stehen die Libyer ziemlich lange unter der Dusche. So lange, bis das warme Wasser restlos verbraucht ist. Egoismus? Nein, niemals, denn die Gesetze Allahs schreiben ja vor, dass das Wasser fließen muss bei der Reinigung!

Wir fahren frühmorgens weiter nach Germa, eine antike Ruinenstadt, die einst Zentrum der Garamanten war. Stolz, unbeugsam und kriegerisch soll das Volk der Garamanten gewesen sein. Und berühmt-berüchtigt als Herrscher über den Trans-Saharahandel. Ich filme einige Ruinen des hoch entwickelten Berber-Reiches, das sich mit Streitwagen gegen die Römer zur Wehr gesetzt haben soll, aber die Bilder werden nicht so richtig überzeugend. Das Licht ist schon zu steil, die würdevolle Geschichte vermittelt sich nicht mit ein paar Einzelszenen. Auch der große gemauerte Steinquader, der angeblich das Grabmal der römischen Prinzessin Lucilla sein soll, gibt optisch nicht besonders viel her. Interessanter als die architektonischen Überreste ist das Schicksal des Garamantenvolkes. Viel Blut ist in Germa geflossen, aber die mysteriösen Krieger ließen sich nicht unterwerfen. Dennoch verschwanden sie plötzlich und spurlos. Ob die Nachfahren der Garamanten das Volk der Touareg sind, wie viele vermuten, bleibt bis heute ein Rätsel.

Wir sind im Fessan, dem südlichen Landesteil von Libyen. Auf der Straße, die bis zur Stadt Murzuk am Rande des riesigen Erg Murzuk führt, kommen uns zahlreiche Lastwagen entgegen. Wir fahren auf eine große Tankstelle vor der Stadt, in der das Benzin wieder einmal billiger ist als das Trinkwasser in Plastikflaschen. Aber auch daran kann man sich gewöhnen.

Murzuk war und ist ein wichtiger Kreuzungspunkt des Trans-Saharahandels. Auch die ersten europäischen Forschungsreisenden wie Heinrich Barth nahmen diese Stadt als Ausgangspunkt für ihre Erkundungen der Wüste. Im Mai 1850 weilte Barth in Murzuk, beschrieb und zeichnete die damalige Stadt mit ihren Mauern, den großen Stadttoren, der

Moschee, der Residenz des türkischen Statthalters. Er skizzierte die Lage des Hauses des Scheichs und das Gebäude des englischen Vizekonsulats. Den großen Sklavenmarkt vor der Moschee erwähnte er nicht, wir filmen zumindest den heute leeren Platz.

Für den nächsten Abend ist ein Treffen mit dem Volkskomitee von Sebha anberaumt. In Sebha, dem politischen und wirtschaftlichen Zentrum des Fessans, kann man ohne Sonder-Genehmigung keine Filmaufnahmen machen. Die Papiere aus Tripolis sind hier so gut wie wertlos. Die Stadt mit rund 100.000 Einwohnern gilt als besonders strikt und ultra-gaddafitreu. Gleich nach unserer Ankunft wundern wir uns über Männer mit schlecht sitzenden Anzügen und Sonnenbrillen, die auffallend unauffällig hinter uns stehen. Und über Fahrzeuge mit verdunkelten Scheiben, die uns auf dem Weg zum Hotel verfolgen.

Bei dem Treffen mit den Vorsitzenden des Volkskomitees erläutern wir bei einer Tasse Tee, was wir in Sebha gerne drehen möchten: ein Porträt einer jungen Ärztin, einige Bilder von ihrem Arbeitsplatz im Krankenhaus, einige Bilder im Haus mit der Familie und beim Couscous-Kochen, einige Aufnahmen beim Stadtbummel. Mehr oder weniger unwillig wird uns dafür eine Genehmigung erteilt. Diese Zusage hindert aber den örtlichen Geheimdienst nicht daran, uns gleich am ersten Drehtag rüde zu stoppen. »No camera! No camera! No photos!« Wir werden in ein Auto geschubst und zu einem merkwürdigen Gebäude gefahren, das ziemlich nach Verhör aussieht. Dort sollen wir warten. Mr. Mohammed, unser Regierungsbegleiter, tritt in Aktion. Wir sehen von weitem zu, wie er mit sonnenbebrillten Männern gestikuliert und verhandelt. Er braucht ungefähr eine Stunde, um die Situation zu klären. Was das Problem war, erfahren wir nicht, aber wir dürfen weiter arbeiten.

Insgesamt haben wir während der gesamten Dreharbeiten für die beiden 45-minütigen Filme sowie eines zweiten Filmprojektes Jahre später für zwei »Schätze-der-Welt«-Kulturfilme einen relativ großen Spielraum in Libyen gehabt. Aber wir machten ja auch keinen politischen Journalismus. Wir drehten auch andere Aufnahmen als die, die man als Bebilderung politischer Weisheiten aus den Nachrichten kannte.

Unsere Dreharbeiten in Libyen sind lange her. Die meisten Bilder sind Ende der 90er Jahre entstanden, in einer Zeit, als Libyen unter UN-Sanktionen und Embargo litt. Und eine vorsichtige Öffnung zur Welt anpeilte. Den Versuch startete, vom Terrorismus-Image zum Tourismus-Image zu wechseln. Aber damals gab es keine internationalen Flüge, keine Ersatzteile, keine Mobiltelefone. Auch keine Waren aus den USA oder Europa. Politisch war Libyen international geächtet. Libyen blieb in den Augen der Welt ein »bizarrer Schurkenstaat«. In Wirklichkeit begann das Land Ende der 90er Jahre mit einem vorsichtigen Umbruch in die Moderne. Und uns hat man ein kleines Stück weit dabei zuschauen lassen. Wir hatten den Vorteil, dass wir keinen »politischen« Film gemacht haben, sondern nur einen Film über »Land und Leute«. Es war der Versuch, ein einigermaßen realistisches Bild von Libyen zu zeichnen, und unsere Filme blieben lange Zeit die einzige ausführliche Dokumentation über den Wüstenstaat, die man im deutschen Fernsehen sehen konnte.

Unser Interesse galt den »normalen Leuten«. Solchen, die keine exponierten Persönlichkeiten waren und noch nie vor einer Kamera gestanden hatten. Wir wollten zeigen, wie sie leben, essen, wohnen, arbeiten. Die wichtigsten Wissensquellen waren immer Menschen, Gespräche. Von andere Kollegen, die eher in Richtung »politische Berichterstattung« unterwegs waren, hörten wir viele Klagen. Sie sagten, man hätte ihnen eine Drehgenehmigung verweigert, sie wochenlang in Tripolis im Hotel festgehalten und ohne Filmaufnahmen aushungern lassen.Manche sind nach dieser Zermürbungstaktik unverrichteter Dinge wieder abgeflogen, manche haben es ohne Drehgenehmigung probiert und wurden schon am ersten Drehtag gestoppt.

Was haben unsere Bilder politisch zu bedeuten? 1969 kam Gaddafi an die Macht. Ab 1977 wird Libyen von der von Gaddafi geführten Volkskongressbewegung regiert. Im Staatssystem der libyschen Volksjamahiriya, wie sich das Land damals selbst nennt, hat der Allgemeine Volkskongress das Sagen. Das war eine parlamentsähnliche Nationalversammlung der Staatstreuen. Demokratie gab es nicht in der Volksjamahiriya. Zwei Generationen von Libyern sind mit der täglichen Angst aufgewachsen, das Falsche zu sagen, litten unter dem Verbot der Pressefreiheit und der Einschränkungen der freien Meinung. Wer gegen das System war, verlor Job und Ansehen, wurde bespitzelt, verfolgt, gefoltert, eingesperrt. Politische Fragen konnten wir unseren Portraitpartnern nicht stellen, und wenn, hätten wir keine Antworten darauf bekommen.

Was ein Fremder beobachten kann und was man auch in unseren Bildern sieht, ist, dass das »normale Volk« an den Einnahmen aus den gewinnträchtigen Ölvorkommen partizipiert, was ja eher eine Seltenheit ist. Dass Libyen eines der höchsten Pro-Kopf-Einkommen des afrikanischen Kontinents hat, es wenig Armut gibt und niemand bettelt. Wer durch das Land fährt, kann auch feststellen, dass Erlöse aus dem Öl »sozialistisch« an das Volk weiter gereicht werden, in Form von Infrastrukturmaßnahmen, billigen Mieten, kostenloser Gesundheitsversorgung, günstigen Nahrungsmittelpreisen.

In unseren Bildern sieht man auch, dass Männer das öffentliche Bild dominieren. Sie sitzen in den zahlreichen Cafés, in Teestuben, hinter Marktständen, auf Parkbänken, auf den Mauern. Sie sitzen breitbeinig, selbstbewusst und reden meist laut. Frauen meiden den öffentlichen Raum. Was die alltäglichen Beziehungen zwischen den Geschlechtern betrifft, ist das Land durch und durch islamisch, mit getrennten Welten für die Kopftuch tragenden Frauen und die Männer. Frauen nehmen am Berufsleben teil und gehen auch zum Militärdienst. Sie dürfen Polizistinnen werden, steuern Autos, Busse und Flugzeuge. Aber natürlich nur, wenn sie politisch auf der »richtigen Seite« stehen.

Libyschen Frauen stehen eine Reihe von Rechten zu, die Frauen im restlichen Nordafrika oder im Nahen Osten nicht gewährt werden. Libyen ist der »Konvention zur Eliminierung aller Formen von Diskriminierung von Frauen« beigetreten. Hat auch das »Protokoll zur Afrikanischen Charta der Menschen- und Frauenrechte« unterzeichnet, das den Frauen Zugang zu Gerichten und gleichen rechtlichen Schutz gewährt. Aber trotz der Gleichberechtigung auf dem Papier sind die Frauen im Alltag des Gaddafi-Regimes vielen Diskriminierungen ausgesetzt. Ihr Spielraum zur Selbstverwirklichung ist klein. Die libysche Gesellschaft ist patriarchal, viele Frauen werden wie Minderjährige und Unmündige behandelt. Oder nach der Heirat in der Küche eingesperrt. Es gibt kein Gesetz gegen häusliche Gewalt und kaum Gesetze gegen sexuelle Übergriffe. Als das Gaddafi-Regime gestürzt wurde, haben die libyschen Frauen ihren Teil dazu beigetragen. Ob sie aber in Zukunft eine Chance bekommen und auch hohe politische Ämter bekleiden können, ist mehr als fraglich.

Wir fahren weiter nach Ghat, in den äußersten Südwesten ins Grenzgebiet zu Algerien. Im 19. Jahrhundert stand die Region am Rande der Sahara unter türkischer Herrschaft, 1930 gehörte sie zu Italien. Heute ist Ghat ein relativ autarkes Gebiet der Tuareg. Die Herren der Wüste sehen wirklich noch so aus, wie man sie aus den einschlägigen Afrikabüchern kennt, blau gewandet, groß und stolz. Vielen Europäern gelten die Tuareg als die Wüstenbewohner schlechthin. Als berühmte

Krieger, gefürchtete Räuber, Helden und Dichter hat man sie verklärt. Manche verdienen ihr Leben heute als Händler, andere als Touristenführer. Wir filmen bei einem Schmied, einem ehrgeizigen Mann ohne Schulbildung. Er sitzt auf einer wackeligen Holzbank in seiner dunklen Werkstatt. Dunkel war auch seiner Rede Sinn, er wirkte wie aus der Zeit gefallen. Fast taub vom ewigen Hämmern schreit er uns die Antworten auf die Fragen ins Mikrofon, versteht nicht richtig, was wir eigentlich fragen wollen, während er mit einem einfachen Blasebalg aus Ziegenleder sein Holzkohlefeuer anfacht, um die Temperatur zu erhöhen. Viel Werkzeug braucht er nicht, einen Amboss, große und kleine Hämmer, ein paar Feilen und Gravierstichel. Gold zum Schmieden verwendet er nie, »das bringt Unglück«, meint er. »Nur gutes Silber, Kupfer und Messing.« Begehrt seien vor allem seine Amulette, die den Träger vor Unheil und dem bösen Blick schützen. Der Schmied ist Moslem und geht regelmäßig in die Moschee zum Beten, aber wie alle hier glaubt auch er an böse Geister und an Dschinnen, die in den Felsen ihr Unwesen treiben. Die kleine Kinder verhexen oder Frauen unfruchtbar werden lassen. Und gegen das Böse braucht man einen Schutz, einen Glücksbringer vom Schmied, wie in alten Zeiten.

Unser nächstes Tuareg-Abenteuer führt uns zu Ali Aisa. Der moderne Tuareg hat sich der Zeit angepasst, alle seine Kamele verkauft, er fährt jetzt Warentransporte mit einem Laster durch die Wüste. Heute hier, morgen dort, Ali Aisa ist immer unterwegs. Er hält es mit dem Tuareg-Schriftsteller Ibrahim Al-Koni, der gesagt hat: »Solange du wanderst, bis du mit deiner Seele verbunden. Wenn du stehen bleibst, geht sie weiter und entfernt sich von dir.«

Rast macht Ali Aisa nur, um Tee zu trinken oder wenn er seine LKW-Reifen flicken muss. Auch für uns und die Kamera zelebriert er das Tuareg-Teeritual im spärlichen Schatten des Vorderreifens seines Lastwagens. Er packt seine kleine, blaue Emaillekanne aus, macht mit ein paar mitgebrachten Holzscheiten ein Feuer, wirft noch ein paar Zweige aus einem in der Nähe liegenden Tamariskenbüschel auf die Flammen und entrollt seinen grünen Tee aus einem Stoffsäckchen. Drei Tassen gießt er aus großer Höhe in die Blechnäpfe, bis sich ein leichter Schaum bildet. Die erste soll bitter schmecken wie das Leben, die zweite süß wie die Liebe und die dritte sanft wie der Tod. Bis der Tee getrunken ist, ist mehr als eine Stunde vergangen. Wir machen unser Interview im Sand, Ali Aisa fuchtelt mit beiden Händen in der Luft herum und zeigt nach hinten in die Dünen, »Wadi kebir«, das große Wadi, es liegt hinter uns, und er fügt hinzu, dass man sich hier ganz leicht verfahren kann, was wir uns auch schon gedacht haben. Ali Aisa redet nicht viel, weder bei den Takes für die Kamera noch in der normalen Unterhaltung. Aber er hat einen trockenen Humor : »Wenn du hier bleiben willst, tausche ich Dich gegen sieben Meharis ein. Nein, das geht ja nicht, ich habe ja gar keine Kamele mehr.« Alle grinsen. Und dann kann er es sich doch nicht verkneifen zu fragen, ob denn im reichen Deutschland alle Frauen so hart arbeiten müssen wie ich.

Die nächsten Tage fahren wir immer weiter in die libysche Wüste hinein. Die Landschaft ist wunderschön, wir halten oft an. Ein leeres, gelbes Land. Die Straße wird schlechter, und wegen der Sandverwehungen ist sie oft kaum noch zu sehen. Wir schmecken den Sand auf der Zunge, fühlen ihn hinter den Ohren, in der Kameratasche. »Bar bela ma«, »Meer ohne Wasser«, nennen die Libyer ihre unwirtlichste Region. Aber nicht immer war es hier so wüstenhaft wie heute. Zahlreiche uralte Felszeichnungen im nahe gelegenen Akakus-Gebirge belegen, dass die Wüste in prähistorischen Zeiten ein fruchtbares Land war. Im witterungsbeständigen verhärteten Kalk- und Sandstein verbergen sich unscheinbare Zeitzeugen der Erdgeschichte: fossile Muscheln, Krebse,

Schnecken und anderes Urgetier. Sie sind ein Beweis für ehemals ausgedehnte Gewässer und ein milderes Klima in der Sahara. Flora und Fauna deckten damals den Menschen reichlich den Tisch.

In dem kleinen Oasen-Wadi Tssawa treffen wir Abdel Uwahab, der gerade auf eine Dattelpalme geklettert ist und die wenigen, nach der Ernte verbliebenen verschrumpelten Datteln an seine drei Ziegen verfüttert. Abdul Uwahab ist schon 60 Jahre alt, klein, energisch und drahtig, ein echter Tuareg. Er wird uns die nächsten Tage begleiten und helfen, dass wir uns bei den Mandara-Seen zurecht finden. Als wir aufbrechen, nimmt er so gut wie gar kein Gepäck mit. Aber er verabschiedet sich von seinen vier Kamelen mit einer so zärtlichen Geste, wie sie Männer normalerweise allenfalls ihrer Geliebten angedeihen lassen würden.

Unser Fahrer Chamri, der aus Tripolis stammt, wird langsam unruhig. Nach 9.200 Kilometer ist er müde, und außerdem fährt er schon lange auf unbekanntem Terrain. Nur seine Lieblingsmusik hält ihn noch wach. Zum dritten Mal hintereinander läuft im Auto-Kassettenrekorder »Enta Omri«, »You are my Life« der legendären ägyptischen Sängerin Umm Kulthum. Die Texte können alle unsere libyschen Begleiter auswendig, die Musik gefällt ihnen besser als moderne westliche Popmusik. »Aicha, Aicha, écoute-moi« von Cheb Kahled ist auch ein so Lied, das wir nach der Libyen-Reise nicht mehr hören wollen. Und wenn wir es trotzdem wieder hören, erwarten wir einen Sprung an der Stelle »Aicha, prends, tout est pour toi!«, ein Ruckeln der Kassette wie in Chamris Auto-Kassettenrekorder, und wir sind verwundert, wenn es nicht kommt.

Nach einer Stunde ist Pinkelpause mit der üblichen Prozedur, die Männer treten rechts vom Bus in die Büsche, ich gehe auf die linke Seite und vermeide es, zu weit in die Dünen hineinzulaufen. Hänge mir ein Tuch um die Hüften, damit niemand etwas sieht, und pinkle in den heißen Sand.

Chamri war noch nie so weit im Süden unterwegs und muss sich ganz auf Abdel Uwahab verlassen. Wir haben genügend Benzin gebunkert und jede Menge Wasservorräte. Essen und Zelte sind aufs Dach geschnallt, stundenlang hat es gedauert, alles zu verpacken. Schwerer als sonst rumpelt unser Bus über die schmale Piste durch den Sand. Dicht neben der Fahrrinne türmen sich Dünen an Dünen. Abdel Uwahab gibt außer kurzen Weganweisungen kaum etwas von sich. Er dirigiert mal nach rechts, dann wieder nach links, für uns sieht alles gleich aus. »Am Tag schaue ich nach der Struktur des Sandes, dem Verlauf der Dünen«, erklärt er. »Dort steht ein leeres Benzinfass, da müssen wir abbiegen, dahinter liegen noch Knochen von einem Kamel, das vor zwei Jahren hier gestorben ist, da müssen wir wieder abbiegen.«

Wir begegnen niemandem. Der Mann, der die Wüste kennt, hat uns richtig geführt, zum Mandara-See, der inmitten des Erg Ubari liegt. In den endlosen Sanddünen glitzert Wasser, umgeben von dichtem Schilfgras. Ein Garten Allahs in der Wüste. Wie eine Fata Morgana spiegeln sich in dem türkisfarbenen Wasser des Sees die umliegenden Dünen und einige wenige zerzauste Palmen. Das Dorf Mandara ist komplett verlassen, in einem verfallenen Innenhof liegen Zigarettenkippen und Müll von Touristen. Abdel Uwahab umrundet den See zu Fuß und ich hechte ihm mit der Kamera hinterher. Er zeigt uns ein Geheimnis: ein Teil des Sees führt Süßwasser, ein anderer ist salzig. Der Wasserspiegel ist extrem niedrig. Bald wird das Wasser verdunstet sein und nicht mehr zurücklassen als eine ausgetrocknete Salzpfanne. Dann setzt sich Abdel Uwahab in den Sand und zieht einen Plastikbeutel unter seinem Gewand hervor. Er hat Mehl dabei und will Brot backen. Er türmt zwei, drei Äste aufeinander und entzündet ein Feuer. Bis das Feuer richtig brennt, hat er das Mehl mit etwas Wasser vermengt und knetet freihändig den Brotteig über sandigem Boden. Er steckt die dünnen Brotfladen auf Stöckchen übers Feuer, und nach knapp zehn Minuten können wir frisches, heißes Fladenbrot essen. Dann geht es weiter.

Schon bald treffen wir auf das nächste Wüstenwunder: Um al Maa, ein weiterer See. Blaugrün schimmert seine Oberfläche. Nur scheinbar ein Idyll, denn sein Salzgehalt beträgt 34 Prozent, erheblich mehr als das Tote Meer. Plötzlich wird es laut. Eine Gruppe von sieben Enduro-Fahrern aus Italien auf Offroad-Abenteuer kreuzt das Gelände. Den See mitsamt dem Plasmodium falciparum, den klassischen Malaria Tropicana-Erregern, die in der Gegend vorkommen sollen, lassen sie links liegen. Drei Minuten später hören wir nur noch entferntes Motorengeheul.

Früher hat es hier ganz anders ausgesehen. Wissenschaftler vermuteten schon lange, dass die Seen im Erg Ubari in der heutigen libyschen Kernwüste Relikte von ausgedehnten Seen aus der Altsteinzeit sind. Inzwischen steht die Existenz dieser Seen außer Zweifel. Mehr noch: Schon vor 200.000 Jahren, so glaubt ein Hamburger Archäologe, der lange hier gearbeitet hat, lebten hier Gruppen von Frühmenschen in Häusern, gingen mit Booten dem Fischfang nach, jagten Wild und verarbeiteten dessen Fell zu Kleidung. Vielleicht war der Frühmensch der Sahara seiner Zeit weit voraus.

Nach einer Nacht unter sternenklarem Wüstenhimmel, in der wir alle zivilisatorischen Errungenschaften weit hinter uns lassen, inklusive Waschen und Zähneputzen, kippt am nächsten Tag die gute Stimmung um. Schuld sind die Dünen. Und auch unser Fahrer aus Tripolis, der seine Fahrkünste überschätzt. Zudem vergisst, für die extremen Dünenfahrten den Luftdruck in den Reifen zu vermindern. Wir haben eine

Aufnahme geplant, bei der ich von unten mit der Videokamera drehen will, wie unser Bus die steile Düne hochfährt. Die 16mm-Kamera und unser gesamtes Gepäck befinden sich darin. Das Gefährt stiebt problemlos die 400 Meter-Steigung hoch. Anstatt oben stehen zu bleiben und auf uns zu warten, gibt Chamri Vollgas. Der Wagen verschwindet hinter dem Dünenkamm. Dann passiert nichts mehr. Als wir keuchend hoch laufen, sehen wir unseren Bus mit dem kompletten Vorderteil im Sand stecken. Chamri ist zum Glück unverletzt und steht leichenblass neben dem Wagen. Er zuckt ratlos mit den Schultern. Nach dem ersten Schreck drehen wir den Bus mit vereinten Kräften wieder in eine stabile Position, und ich öffne die gut gepolsterte Kamerakiste. Die Optik, die mit vier Schrauben am Kamerakörper befestigt ist, hat es abgerissen. Das Ende aller 16mm-Filmaufnahmen in Libyen ist besiegelt.

Von Sebha aus fliegen wir nach Bengasi, um im östlichen Teil Libyens zu filmen. Der Flug hat drei Stunden Verspätung, und es stellt sich eine allgemeine Ermüdung ein. Aber noch fehlt uns eine wichtige Region: Die Kyrenaika, der Nordosten des Landes, in dem rund drei Millionen Libyer zu Hause sind. Eher beiläufig filmen wir die spektakuläre Stahlbetonbrücke im Wadi Khuf, die die wichtige Küstenroute zwischen Ägypten und Tunesien verbindet. Danach warten Motive aus der Antike auf uns. Die Ruinen von Apollonia, einer ehemals griechischen Hafenstadt, die heute Susah heißt. Dass dort bereits um 440 vor Christus eine frühgriechische Demokratie geherrscht haben soll, sieht man heute nicht mehr. Der Wind pfeift um die Säulen der schlecht erhaltenen Tempel und Kirchen. Auch das begehrte wertvolle Heilkraut Silphium, das auf den meisten kyrenischen Münzen abgebildet ist, sucht man in der Neuzeit vergebens. Mir schmerzen die Beine vom vielen Herumlaufen und Motivesuchen. Meine Augen sind müde vom starken Wind und dem ständigen Fokussieren am Kameraokular. Weitere Außenaufnahmen können entfallen. Das Wetter wird langsam unfreundlich, es fängt sogar an zu regnen. Auch unsere libyschen Begleiter sind erschöpft, wollen immer helfen, schaffen es aber kaum noch, aus dem Auto auszusteigen. Zur allgemeinen Aufmunterung schaufeln wir uns erst einmal eine gehörige Portion French Fries und Steaks in einem französischen Restaurant in den Bauch. Zum Abschluss noch zwei, drei gute Tassen Kaffee, die nicht aus Instantpulver gemacht sind wie die improvisierten Getränke während der gesamten Reise. Danach geht es erheblich besser. Wir freuen uns auf ein Porträt einer Gruppe Fischer aus Susah.

Die Fischer, mit denen wir filmen wollen, sind hilfsbereit, haben aber Angst, mich mit der Kamera aufs kleine Boot mitzunehmen. Es herrscht immer noch ein starker Wellengang. Mohammed, der Jüngste der Gruppe, hat im gestrigen Unwetter sein Netz verloren und will es mit uns suchen gehen. Plötzlich sind alle verschwunden und kommen nach einer Stunde fröhlich lächelnd mit drei dicken schwarzen Schwimmringen zurück, die sie mir überstreifen. Ich sehe aus wie ein Michelin-Männchen und bin so gut wie unbeweglich. »Hold tight« brüllt Salem, der nicht schwimmen kann, als das Schiffchen in den Wellen Achterbahn fährt, er stemmt sich mit seinen Beinen so stark gegen die Bordwand, dass ich fast aus dem Boot falle. Die Bilder werden aber ganz gut und realistisch, die Interviews weniger, weil die Fischer wieder einmal das sagen, was viele Protagonisten gerne erzählen, nämlich: »Mein Großvater war Fischer, mein Vater war Fischer und ich bin auch Fischer. Und mein Sohn soll auch auf dem Meer fahren.« Cut, danke.

Eine ziemliche Überraschung beschert uns der Besuch einer Bauernfamilie in der Kyrenaika. Wir hatten uns falsche Vorstellungen davon gemacht, was Landwirtschaft in Libyen bedeutet. Weil wir deutsche Maßstäbe angelegt haben: Bauernhof und Bauer als Einheit. Der Landwirt, den uns die Damen von der regionalen Agrarabteilung zuweisen, ist 45 Jahre alt, hat Jura studiert und dann einen Crash-Kurs in einer Farmerschule absolviert. Seit 20 Jahren agiert Herr Farkash schon als

»Bauer«. Aber auf seinem Bauernhof wohnt er nicht, sondern weit entfernt davon in einer Villa in der Stadt Bengasi. Beim Abendessen mit Mandel- und Rosinenreis an zartem Rindfleisch erzählt uns Herr Farkash, dass es große Nachwuchsprobleme in der Landwirtschaft gäbe, und zwar deshalb, weil die libyschen Frauen auf keinen Fall einen Bauern zum Ehemann wollen. Auch seine eigene Frau hat bis jetzt noch nicht ein einziges Mal einen Fuß auf sein Land gesetzt. Schnell wird klar, dass auch Herr Farkash keine »schmutzige« Arbeit macht, die überlässt man hier den Ägyptern. Libyer entstammen der Tradition der Viehwirtschaft, können mit Kamelen, Ziegen und Schafen umgehen, aber Bauern wollen sie eigentlich nicht sein.

Wir nehmen verwundert zur Kenntnis, dass bereits eine stattliche Fläche von 800.000 Hektar als Ackerland neu kultiviert wurde, um die libysche Selbstversorgung mit landwirtschaftlichen Produkten zu verbessern. In der Kyrenaika gibt es mittlerweile rund 3.600 Farmen. In dem grünen Gürtel fällt sogar ausreichend Regen. Die Gegend ist berühmt für Äpfel und Trauben, der Boden fruchtbar, was wir merken, als wir über den schweren Boden stapfen und uns die roten Erdklumpen an den Schuhsohlen hängen bleiben.

Herr Farkash führt uns stolz über seine Farm und zeigt uns, was er bisher erreicht hat. Er betrachtet seine Landwirtschaft wie ein normales Business, befiehlt über 80 Hektar Land, das bis jetzt nicht künstlich bewässert werden kann. Sein größtes Problem ist aber nicht der Wassermangel, sondern das Marketing, denn alle seine Produkte werden billig im eigenen Land verkauft. Exportieren kann er bis jetzt noch nichts.

Auf 15 Hektar ließ er Weizen pflanzen. Auf 20 Hektar wachsen Trauben, 40 Hektar tragen Apfelbäume und auf dem Rest seines Ackerlandes experimentiert er mit Pistazien. Dazu kommen einige Kühe sowie eine vollautomatische Hühnerfarm mit 500 Hennen. Herr Farkash sorgt jetzt wie viele andere dafür, dass jeder Libyer pro Tag mindestens ein Ei zu essen hat. Auf glückliche Hühner kommt es dabei nicht an, und schon die Besichtigung der Hühnerzucht ist ein Schock. Bilder dieser Anlage werden vermutlich sofort den deutschen Tierschutzbund auf den Plan rufen, befürchte ich, mache aber trotzdem ein paar Aufnahmen in seinem Zuchtbetrieb, in dem die Tiere rund um die Uhr mit Leuchtstoffröhren zum Eierlegen animiert werden.

Zurück im großen Tripolis. Unsere Begleiter haben sich kurz abgemeldet, gehen erst einmal nach Hause, frische Wäsche besorgen. Danach noch eine schnelle Wasserpfeife rauchen in einer der vielen Shisha-Cafés und die neuesten Nachrichten aufschnappen. Das große Tripolis gilt nicht als die Hauptstadt von Libyen, denn eine Hauptstadt gibt es nicht, darf es nicht geben unter Gaddafi. Da Tripolis aber der politische, wirtschaftliche und kulturelle Mittelpunkt des Landes ist, kommt es auf dasselbe heraus.

Wir filmen am Hafen, in der Altstadt und in den neuen Vierteln mit den modernen Hochhäusern, begleiten einen Kamelzüchter und einen Wasseringenieur bei ihrer Arbeit. Wir treffen uns wieder mit Rabia, mit der wir am Anfang der Reise schon ein kleines Filmporträt begonnen haben. Auch Rabia ist so etwas wie eine Vorbotin der neuen Zeit in Libyen. Sie will dem Land ein zeitgemäßes Outfit geben, als Modeschöpferin mit einer eigenen, kleinen Fabrik. Rabia, elegant, zurückhaltend und immer auch ein wenig melancholisch, versucht in ihrer Heimatstadt Tripolis einen Lebenstraum zu verwirklichen. Sie hat in Italien studiert, in der Schweiz und in London und ist die erste und einzige Fashion-Designerin Libyens. »Es ist sehr schade, dass Europäer die arabischen Frauen immer nur als mysteriöse, unterdrückte Personen in dunklen Kutten betrachten«, sagt sie und spielt mit einer mit Silberlitzen bestickten Jacke.

Rabia würde das gerne ändern. Sie möchte das Moderne und das Traditionelle in ihrer Mode verbinden. Ihre Entwürfe sind deshalb elegant und exklusiv, sollen aber auch die alte Tradition Libyens spiegeln. Sie verwendet grobe Beduinenstoffe in den dezenten Farben der Wüste und mixt sie mit modernen Materialien. Ich filme ihre drei Models bei einer Fashion Show in cremefarbigen engen Kleidern mit silbernen Beduinengürteln, phantasievoll bestickten Jacken, halb durchsichtigen Chiffon-Blusen und Turbanen, die aussehen, als seien sie Bestandteil einer Theaterinszenierung über 1001 Nacht. Alle Teile hat Rabia entworfen und in ihrem Hinterzimmer mit einigen Schneiderinnen auf fünf Nähmaschinen produzieren lassen. Für die meisten Libyerinnen dürften ihre Kreationen viel zu extravagant sein, aber zu ihren Kundinnen zählen vor allem Gattinnen von Diplomaten und junge Frauen, die im Ausland studiert haben und es wagen, sich modisch zu kleiden. Nachdem all die schönen Stücke gefilmt sind, gibt es Gelegenheit, »nur unter Frauen« zu reden. Und bei Tee und süßem Baklava erfahre ich, was ich schon vermutet habe. Dass ihr Leben verdammt schwierig ist. Nicht nur, was das Business betrifft, sondern vor allem im Alltag. »Weißt du«, sagt sie, »als Unverheiratete bist du immer unter Beobachtung«. Seit Jahren setzen ihr die Verwandten zu, doch endlich zu heiraten, schließlich sei sie ja nicht mehr die Jüngste. Seit Jahren werden ihr potentielle Ehepartner vorgestellt. Und die Souveränität, die Rabia durch ein eigenes Einkommen hat, spielt schnell keine Rolle mehr, wenn es darum geht, abends einmal ausgehen zu wollen. Alleine ist das nicht möglich.

Dass Rabia auch viele extravagante Kleidungsstücke für »Brother Leader« Gaddafi entworfen hat, dessen großformatiges Porträt über ihrem Schreibtisch hängt, darüber möchte sie nicht reden. »Ich bin Künstlerin und habe überhaupt nichts mit Politik zu tun«, meint sie und streicht sich mit einer eleganten Bewegung das Haar aus der Stirn. Vor der Kamera will sie auch nicht erzählen, dass Gaddafi 1969 auf dem

Weg in eine sozialistische Gesellschaft die Textilfabrik ihres Vaters enteignete. Und die Hotels ihres Onkels verstaatlichte. »Das ist lange her«, sagt sie. Rabia will die Vergangenheit vergessen, sie glaubt an die Zukunft Libyens.

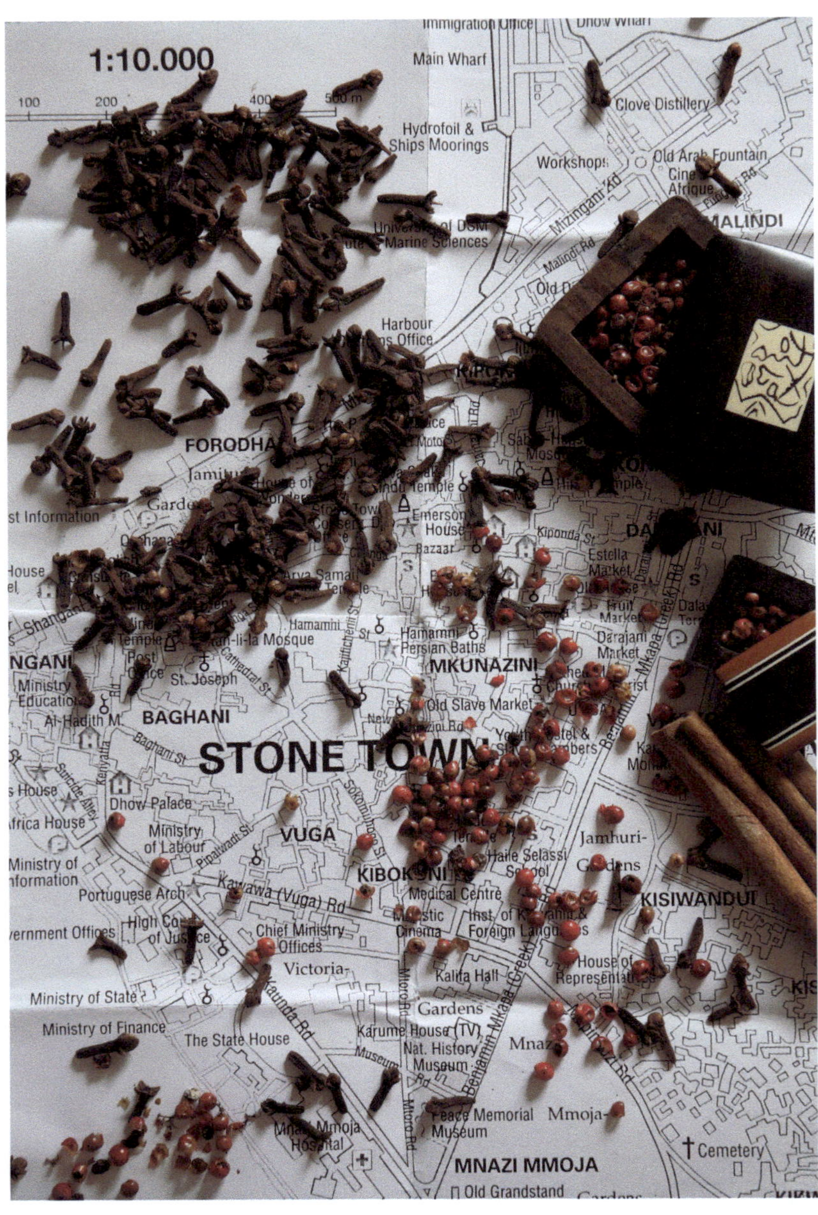

1:10.000
100
200
Main Wharf
Clove Distillery
Hydrofoil &
Ships Moorings
Workshops
Mizingani Rd
MALINDI
Malindi Rd
Harbour
FORODHA
Emerson
House
Bazaar
Kiponda St
Estella
Market
Darajani
Market
Hamamni St
Hamamni
Persian Baths
MKUNAZINI
St. Joseph
Cathedral St
Old Slave Market
Al-Hadith M.
BAGHANI
Baghani St
STONE TOWN
Dhow Palace
Kenyatta
Ministry
of Labour
Pipalwadi St
VUGA
Jamhuri-
Haile Selassi
School
Ministry of
Portuguese Arch
Kaunda (Vuga) Rd
Medical Centre
KISIWANDUI
Chief Ministry
Offices
Victoria-
Kalifa Hall
Gardens
House of
Ministry of State
Ministry of Finance
The State House
Kaunda Rd
Karume House (TV)
Nat. History
Museum
Mnazi
Peace Memorial
Museum
Mmoja-
Mnazi Mmoja
Hospital
Mtoro Rd
MNAZI MMOJA
Cemetery
Old Grandstand

Der Duft Sansibars

Das wichtigste Papier, das wir dabei haben, ist eine Drehgenehmigung des »Revolutionary Government of Zanzibar«, versehen mit einem Wappen mit Hammer und Sichel, ausgestellt vom »Department of Information«. Es trägt einen dicken Stempel und besagt, dass es uns erlaubt ist, »Mji Mkongwe na Historia yake Z'bar«, Bilder über die Geschichte Sansibars und die spezielle Swahili-Kultur zu drehen. Eine schöne Eintrittskarte ins Paradies der Klänge, Düfte und Farben am Indischen Ozean.

Es ist der 20. Januar, ein tropisch warmer Morgen. Die Nacht hat die Hitze kaum herunter gekühlt. Zum Frühstück gibt es Rühreier, frische Papaya und Ananas. Wir sind bereits geduscht und haben saubere Kleidung an. Eigentlich will man danach nicht arbeiten, sondern nur planlos umherschlendern. Zuvor waren wir schon einige Tage zum Filmen auf der Nachbarinsel Pemba, davor im Oman, und so langsam beginnt sich eine gewisse Müdigkeit einzuschleichen. Abdullah, der junge Sansibari, der unsere Dreharbeiten vor Ort unterstützt, ist auch noch nicht eingetroffen. »Sorry, sorry« kommt er verschwitzt angerannt und schnappt sich eine Cola an der Hotelbar. Er hat sich verspätet, weil er seine Tochter noch zur Schule bringen musste. Aber wir haben heute keine Eile, der Drehtag wird einfach, geplant sind Bilder am alten Hafen im Norden von Stone Town, auf dem Fischmarkt und am späten Nachmittag noch von ein paar historischen Gebäuden.

Sansibar: Schon der Name allein weckt Sehnsucht und Fernweh. Duftet nach Pfeffer, Nelken, Muskatnuss und Vanille. Die Gewürzinseln in Äquatornähe vor der Küste Ostafrikas, zu denen auch Sansibar gehört, sind Teil des Staates Tansania und besitzen halbautonomen Status.

Rund eine Million Menschen leben auf der größten Insel, die »Unguja« oder einfach »Sansibar« heißt. Sie beheimatet die weltberühmte Altstadt Stone Town. Ein Ort mit einem besonderen Klang. Auf Sansibar ist nicht nur 1946 Freddie Mercury geboren, hier groovt auch die Taarab-Musik, deren Ursprung bis ins Jahr 1870 zurückgeht, als Sultan Said Barghash eine Gruppe ägyptischer Musiker an seinen Hof holte. Schon damals soll es ihnen gelungen sein, die wunderbare Verschmelzung von arabischen, indischen und afrikanischen Klängen zustande zu bringen, die die Taarab-Musik bis heute ausmacht. Zu jener Zeit war Sansibar Zentrum eines boomenden Wirtschaftsreichs. Es wurde beherrscht und kontrolliert von omanisch-arabischen Sultanen, mit engen Handelsbeziehungen in die ganze Welt. Damals entstand die spezielle Swahili-Kultur, die Sansibar so angenehm multikulturell macht. Sie ist das Ergebnis einer jahrhundertelangen Vermischung verschiedenster Einflüsse am Indischen Ozean.

»Karibu sana!« rufen die Verkäufer am Fischmarkt, »herzlich willkommen«. Die Händler haben ihr Tagesgeschäft schon so gut wie abgewickelt. Nur einige Kisten mit Blauflossenmakrelen, ein paar Barrakudas und viele Schuber mit kleinen Schnecken stehen noch auf den improvisierten Verkaufstheken, auf denen sich langsam die Mücken breit machen. Aufregender ist der Blick hinaus auf das Meer. Dort blähen sich Segel vor türkisfarbenem Himmel. Flatternde weiße Trapeze. Sie gehören zu den Dhaus, den typischen Segelbooten des Indischen Ozeans. Es sind archaische Bilder, abenteuerlich und geheimnisvoll. Bilder, die Rätsel aufgeben, woher die Schiffe kommen, wohin sie segeln und welche Ladung manche in ihrem dicken Holzrumpf haben.

Sie sind seltener geworden, aber noch sieht man die traditionellen Segelboote vor den Küsten Ostafrikas kreuzen. Die Werft, auf der sie hergestellt werden, liegt im östlichen Teil des Hafens, gleich hinter der Hafenpolizei. Experten sind hier am Werk, die ihren Bauplan im Kopf haben und die für die kleineren Schiffe noch immer ohne Nägel auskommen. Wie ehedem werden die Dhaus nur auf Bestellung gefertigt, je nach Größe dauert es zwischen zwei Wochen oder vier Monaten, bis die Schiffe in See stechen können. Die meisten sind kleine, einmastige Segelboote, im Indischen Ozean kreuzen aber auch mehrere hundert Tonnen fassende Transportschiffe mit drei Masten und riesigen Baumwollsegeln. Wie schon vor 2000 Jahren treibt sie der Monsunwind, obwohl die meisten inzwischen auch einen Motor haben. Von November bis Mai bläst sie der »Kaskasi« südwestwärts von der Küste Ostafrikas nach Indien. Mit dem »Kusi« von Mai bis November treiben sie nordwestwärts in die andere Richtung. Viele Jahrhunderte lang fuhren Menschen und Waren mit dem Wind, er brachte andere Kulturen, Religionen, Ideen und Lebensstile nach Sansibar. Diese Mischung macht die Hafenstadt aus. Eine »Küstenkultur«, weltoffen und liberal, eine Kultur, vereint durch eine gemeinsame Sprache: Swahili, Kisuaheli. Anders als die Bewohner des Hinterlandes von Tansania gelten die Sansibari als besonderer Menschenschlag, fröhlich und von entwaffnender Natürlichkeit. »Hakuna matata« ist ein Spruch, den man an jeder Ecke hört, »es gibt keine Probleme und alles ist in Ordnung.« Und hier meint man das auch so.

Das öffentliche Stadtbild ist von Männern geprägt, und es könnte danach aussehen, dass der ganze Film optisch männerlastig wird, Seefahrerromantik eben. Mit vielen kernigen Typen auf dem Spice-Trail oder Seeleuten, die rauschende Backenbärte tragen und Experten im Fischfang sind. Mit bunt gewandeten Händlern hinter Ladentheken in abgeblätterten Brauntönen oder ehrwürdigen Älteren mit wallenden langen Gewändern und unergründlichen Augen, die die politischen Geschicke zu bestimmen scheinen. Viele dieser Männer erwecken den Anschein, dass sie nie nach Hause gehen. Sie schlendern durch die Straßen, diskutieren, sitzen stundenlang auf den steinernen Bänken, den Barazas. Sie verwenden viel Energie darauf, so auszusehen, als seien sie »local heroes«. Als seien ihnen körperliche Anstrengungen fremd, Gelassenheit und Ruhe ihr Lebensinhalt. Deshalb wenden sie ihre Blicke auch nicht uns zu, dem deutschen Filmteam, das mit großen Alukoffern durch die Gassen der Altstadt zieht.

Keiner kann so schön von den alten, wechselvollen Zeiten erzählen wie Mr. Ali, unser Ratgeber und Dolmetscher, der seit langem in Stone Town lebt. Außerdem kennt er fast jeden hier, und jeder kennt ihn. Er wird zu Hochzeiten, Beschneidungsfesten oder Taufen eingeladen, zu muslimischen Familien, Hindus und Christen. Aber trotzdem wirkt Mr. Ali immer ziemlich melancholisch. »Was haben Sie? Geht es Ihnen nicht gut?«, frage ich. »Ach was«, sagt er, »meine Trauer ist nur Liebe, die heimatlos geworden ist«. Seine große Liebe war lange Jahre das Tiefseetauchen, ohne Sauerstoffgerät, aber seit er »die Krankheit« hat, sei das vorbei. Jetzt fühle er sich alt. Manche Tage kann er deshalb nicht mit uns unterwegs sein, weil er hohes Fieber hat und ihn seine Malaria ans Bett fesselt. »Das ist normal«, meint er, »wir alle hier müssen damit umgehen, und zum Glück ist es nicht die Schlafkrankheit«.

Wenn Mr. Ali zu erzählen anfängt, dann holt er sie zurück, die gute alte Zeit von Sansibar, auch für uns. »Den ganzen Reichtum verdankt Sansibar den Segelschiffen. Schon im Altertum brachten sie Waren für die Pharaonen. Dann kamen zuerst arabische, persische und indische Zuwanderer, später folgten die Portugiesen. Sie eroberten Sansibar im Jahr 1503 und bauten einen Handelsposten in der Hafenstadt. Als der berühmte Seefahrer Vasco da Gama in Sansibar anlandete, schwärmte er von einer gut gebauten und reichen Stadt, die lebhaften Handel mit Indien trieb, so war das«, berichtet uns Mr. Ali, der nicht nur die genauen historischen Zahlen kennt, sondern so erzählt, als sei er persönlich dabei gewesen.

Knapp 200 Jahre später war das Sultanat Oman Herr der Gewürzinseln und verjagte die Portugiesen. Die neuen Herren ließen Wälder roden und Gewürzplantagen anlegen. Sie forcierten den Handel und bescherten dem kleinen Sansibar einen märchenhaften Boom. Der erste Sultan aus dem Oman, der 1840 seine Residenz nach Sansibar verlagerte, hieß Said ibn Sultan. Er brachte seinen ganzen Hofstaat mit, drei Ehefrauen, 75 Nebenfrauen, 47 Kinder. Die Damen seines Harems bewohnten ein eigenes Gebäude im Garten. Gerne erzählen heute die Stadtführer davon, wie sich die Konkubinen jeden Abend in den Badehäusern versammeln mussten, um dem Sultan die Gelegenheit zu geben, sich durch Gucklöcher seine Gespielin für die Nacht auszusuchen. Längst vorbei sind diese Zeiten, der Palast der Regentenfamilie ist ein Museum. Wir werden durch original erhaltene Wohnräume geführt, in denen viele Tränen geflossen sein müssen. Die schweren dunklen Möbel erinnern auch an das traurige Schicksal der Prinzessin Salme. Salme war eine Tochter des Sultans, die einst, von einem Hamburger Kaufmann geschwängert, aus ihrer Heimat Sansibar verstoßen wurde und ins kalte Hamburg flüchten musste.

Mitte des 19. Jahrhunderts begann der Aufschwung der steinernen Stadt, die noch heute vielen wie ein Märchenort aus 1001 Nacht erscheint. Ausschlaggebend war der Handel. Schiffe aus der ganzen Welt ankerten damals in der weiten Hafenbucht, brachten Stoffe, Porzellan,Waffen oder Schießpulver. Auf der Rückfahrt füllten sie ihre Frachträume mit Gewürzen, Elfenbein und Sandelholz. Auch mit Sklaven. Am Ende der Uferstraße Mizingari Road steht ein Gebäude, das ahnen lässt, wie gut die Geschäfte gingen. Wir filmen es ausführlich, das »Haus der Wunder«, das noch heute manchen Besucher zum Staunen bringt. Sultan Barghash, der zweite Sultan von Sansibar, war der Bauherr. Er ließ sich hier eine neue Residenz mit allen innovativen Raffinessen errichten. Das »Haus der Wunder« war das erste Gebäude südlich der Sahara, das schon 1883 über fließend Wasser und Strom verfügte. Es hatte sogar einen elektrischen Fahrstuhl. Der Architekt soll ein Mitglied der englischen Marine gewesen sein, englischer Geschmack galt damals als stilbildend. Das schneeweiße vierstöckige Gebäude ist gekrönt von einer frei tragenden Kuppel, die Stützpfeiler sind Importe aus England aus hochwertigem Sheffield-Stahl. Auf breiten Veranden konnte man die frische Brise des indischen Ozeans genießen. Böden aus edlem Marmor kühlten den Palast der Wunder. Überwältigend war auch der Empfangssaal und das Portal, groß genug, um mit einem Elefanten hinein zu reiten. Beflügelt von Geltungsdrang und Prunksucht stürzten sich die Sultane von Sansibar von einem Bauprojekt ins nächste. Sie setzten dabei auf Langlebigkeit: Die Häuser durften nur aus Stein sein, eine damals für Afrika eher untypische Bauart und der Grund dafür, dass die Altstadt heute »Stone Town« heißt.

Die omanische Said-Dynastie ließ den Hafen und die Stadt immer weiter ausbauen und begünstigte indische Händler und Seeleute, die sich hier nieder ließen. Deren Lebensgewohnheiten waren anders, ebenso ihre Häuser. Während die arabischen Gebäude ausschließlich zum Innenhof orientiert waren, den Lebensmittelpunkt der Bewohner nach innen verlagerten und vor den Augen der Fremden verbargen, bauten die Inder Häuser mit Balkonen und Veranden nach außen, zur Straßenfront, zu den Gassen und Plätzen. Offener, luftiger. Die Veranden verzierten sie mit geschnitzten, gitterartigen Holzverkleidungen, damit auch die Frauen das öffentliche Leben beobachten konnten, aber von der Straße aus nicht gesehen wurden. Als typisch indischer Baustil galt eine Ladenfront mit Verkaufsräumen im Erdgeschoss, daran erkennt man die Häuser noch heute. Die erfolgreichen Kaufleute mit Handelsbeziehungen in die ganze Welt bescherten Sansibar üppige Einnahmen. Zum Dank zeigte sich der Sultan tolerant. Er gewährte den indischen Hinduisten die gleichen Privilegien wie den Muslimen und schenkte ihnen Religionsfreiheit. Ihren Göttern Vishnu und Shiva durften sie Tempel bauen, sechs davon gibt es heute noch in Stone Town. Sie behaupten sich gegen 41 Moscheen, denn 90% der sansibarischen Bevölkerung gehören der islamischen Religion an.

Neben den Indern haben auch die Briten Fuß gefaßt auf der Tropeninsel. 1890 sicherten sie sich das koloniale Zuckerstückchen und übernahmen offiziell die Schutzherrschaft über Sansibar. Sechs Jahre später zerschossen britische Kriegsschiffe die Uferpromenade und den Palast, um einen lästigen Thronanwärter zu vertreiben. Das Ganze dauerte nur 45 Minuten und ging als der kürzeste Krieg in die Weltgeschichte ein. 1964 kam letztendlich eine sozialistische Regierung an die Macht, aber die Architektur der Altstadt Stone Town reflektiert bis heute diese Synthese aus arabischen, indischen, europäischen und schwarzafrikanischen Einflüssen, ist multikulturell wie ihre Bewohner. Moscheen, Hindu-Tempel, christliche Kirchen, Märkte, Kolonialbauten und britische Handelshäuser, ein omanisches Fort und indische Holztüren: Die ganz eigenartige Mischung verschiedener Kulturen und Religionen macht die Faszination Sansibars aus. In die Stadt aus Stein verliebt man sich genau so schnell wie in einen Mischlingshund der Straße. Der erste Blick genügt, dann ist sie da, die Sympathie.

Für Fremde wie uns ist die Kernaltstadt ein verworrenes Labyrinth von Gassen, in denen man sich kaum zurecht findet. Dicht an dicht stehen die Häuser, wenig Sonne fällt in die Straßenschluchten, in denen kein Auto Platz hat. Rund zehn Prozent der Inselbewohner leben im historischen Stadtkern, in dem viele Häuser noch aus dem 19. Jahrhundert stammen. Der frische Wind vom Meer erreicht das Stadtinnere kaum, Häuserfronten bremsen den Luftaustausch. Es ist tropisch heiß mit hoher Luftfeuchtigkeit, selbst nachts kühlt es hier kaum ab. Das Klima nagt an der Bausubstanz und lässt den Putz an den Fassaden bröckeln. Besucher lieben den morbiden Charme, die Bewohner nehmen ihn nicht mehr zur Kenntnis. Still ist es in Stone Town nie. Aus der Ferne hört man Möwengeschrei und einen leisen Taarab-Rhythmus. Das Rufen eines Kaffee-Verkäufers und schrilles Fahrradklingeln. Fünfmal am Tag erklingen die Allahu-Akba-Gebete der Muezzine, vermischen sich mit dem Gebimmel hinduistischer Tempel oder den Glockentönen der wenigen christlichen Kirchen. Die verschiedenen Geräusche Sansibars schweben über der Hafenstadt wie der Duft eines Parfums. Intensiv und unverwechselbar.

Mr. Ali zeigt uns eine der charmantesten Ecken der Altstadt: Jaws Corner. Ein Platz an einer Wegkreuzung, an dem es zu jeder Tageszeit Besucher gibt. Hier trifft man sich zum Philosophieren und Entspannen, erzählt sich den neuesten Tratsch, die aktuellsten Nachrichten. An einer Hauswand hängt ein großes Fernsehgerät, das selten ausgeschaltet wird, auch nicht, als wir dort filmen. Alkohol gibt es am Jaws Corner keinen, aber jede Menge Kaffee, ungesüßt und stark, serviert in kleinen Schälchen. »Gahwa« eben, arabischer Kaffee. Er wird aromatisiert mit grünem Kardamom oder Ingwer. Der würzige Geruch dringt bis in die Seitengassen. Es raucht und dampft. Den verbeulten Metallkessel zum Wasserkochen erhitzt der mobile Kaffeeverkäufer in einer windgeschützten Ecke auf Holzkohlefeuer. In einer anderen Ecke, unter einem Schild »Pillar 10«, auf dem eine Blechplakette klebt, die mit roter Schrift vor gefährlichen Stromschlägen warnt, lümmeln zwei Männer auf einer Holzbank, ins Gespräch vertieft. Als die Kamera auf sie gerichtet ist, schauen sie nicht einmal auf. Jung und alt sitzt hier beisammen, aber es sind vor allem Männer, die den Platz auch nutzen, um leidenschaftlich zu politisieren. »CUF« steht in großen blauen Lettern an eine Wand gemalt. CUF, die »Civic United Front«, ist die islamische Oppositionspartei zu der herrschenden Regierung, und es ist mehr als wahrscheinlich, dass das Viertel rund um Jaws Corner zu den Hauptquartieren der Opposition gehört.

»Do you want to make a Spice Tour, Madame?« fragt mich ein junger Sansibari und hält mir ein buntes Informationsblatt entgegen. Vier Millionen Nelkenbäume sollen auf der Insel wachsen, auf Sansibar wird rund ein Viertel der Weltproduktion an Gewürznelken angebaut und geerntet. Aber eine Geschichte der Gewürze, die zweifellos spannend wäre, steht jetzt nicht auf dem Drehprogramm. Statt dessen mache ich ein paar heimliche Bilder, wie junge Europäerinnen mit jungen Sansibari Hand in Hand durch die Straßen wackeln. Die Frauen sehen glücklich aus, wie Hinterhofkinder, die endlich an die Sonne kommen. Viele sind der Liebe wegen hier, weiblicher Sex-Tourismus ist ein neuer Trend auf Sansibar. Viele europäische Ladies, egal ob jung oder alt, stehen auf Boys aus Tansania. Die erste Welt scheint sich nach Abenteuern zu sehnen. Nach dem Motto: Lebe und genieße heute, nimm dir einen bilderbuchhübschen Jungen mit sonnengebräunter Haut und kräftigen Schultern.

Die Dunkelhäutigen haben hier den schöneren Körper, die Weißhäutigen das Geld. Bei den »Mzungu«, wie Weiße hier genannt werden, gibt es meist etwas zu holen. Was sollen sie auch sonst machen, die gut aussehenden jungen Männer aus wohlsituierten Familien, da es doch keine adäquate Arbeit für sie gibt. Fast ein Drittel der Sansibari sind arbeitslos, vor allem die Jungen. Die Privatisierung ehemaliger Staatsbetriebe brachte kaum neue Arbeitsplätze, und die öffentliche Verwaltung hat mit den Modernisierungsmaßnahmen nicht Schritt halten können. Zudem gibt es auf der Insel wenig Unternehmergeist. Weil die Lebensmittelpreise so hoch sind und die Löhne niedrig, ist jedes Zubrot willkommen. Deshalb ist es vom »Spice Tour-Guide« zum Lover nur ein kleiner Schritt. Ich sehe ungleiche Paare, die Hand in Hand über die farbenprächtigen Gewürz- und Obstmärkte schlendern und ihren Abend wahrscheinlich mit einem »Sundowner-Cocktail« auf der stimmungsvollen Terrasse des African House ausklingen lassen. Die europäischen

Frauen traben schwergewichtig neben ihren Boys, manchmal unterschreiten sie den »europäischen Schönheitsstandard« bei weitem. Aber rundliche Formen und Speck auf den Hüften gelten hier immer noch als wohlgefällig, weil sie nach Wohlstand und Gesundheit aussehen.

Ich habe eher das Bedürfnis nach einer regulären Massage, die Schulter schmerzt seit Tagen von der Kamera. Ein kleines, seriös aussehendes Schild neben einer Apotheke ermutigt mich, dort anzurufen und für den Abend einen Massagetermin auszumachen. Lange vor der vereinbarten Zeit klingelt es dann am Eingangstor unseres Hotels. »Da kommt dein Masseur«, ruft mein Kollege Bernd und grinst. Ich schaue aus dem Fenster und sehe, wie sich ein baumlanger, kräftig gebauter Sansibari über den Kiesweg nähert. Schon als er mir die Hand schüttelt, möchte ich einen Rückzieher machen. Aber dafür ist es zu spät. Bevor ich es mir anders überlegen kann, soll ich mich auf den Fußboden legen, während er bereits mit einem stark duftenden Öl hantiert. »Spice massage, special«, sagt er. Na ja, eine Gewürzmassage habe ich noch nie gehabt, denke ich mir und lege mich auf den Bauch, ohne zu viel auszuziehen. Er reibt mich mit dem Öl ein und rubbelt ganze Nelken über die Haut, bis es prickelt. »Good for your body, good against insects« sagt er und schrubbt mich ab. Ich schlafe himmlisch nach der Nelkenmassage. Die ätherischen Öle begleiten mich noch tagelang, und auch die Mückenstiche bleiben aus.

Am nächsten Tag wollen wir Schienen legen für eine Kamerafahrt in der alten Dispensary. Wir schleppen das schwere Equipment auf den Balkon, ganz vorsichtig, denn das Haus wurde vor kurzem frisch restauriert und wir haben Angst, dass wir den Fußboden beschädigen. Heute dient die Dispensary als Kommunikationszentrum, im vorigen Jahrhundert war das Gebäude noch ein Krankenhaus mit angeschlossener Apotheke für die indische Gemeinschaft auf Sansibar. Das vierstöckige Haus hatte der Geschäftsmann Tharia Topan 1885 gestiftet, anlässlich des goldenen Regierungsjubiläums der britischen Königin Victoria. Nach vielen Jahren komplizierter Wiederaufbauarbeiten erstrahlt die Dispensary heute wieder in ihrem alten Glanz und gilt als Musterbeispiel für eine stilgerechte Restaurierung. Fast alles wurde erneuert, auch die auf acht Säulen ruhenden Holzveranden, die man in leuchtendem Himmelblau angestrichen hat. Durch die geschnitzten dekorativen Verzierungen öffnet sich von der Veranda aus der weite Blick auf den Indischen Ozean und lädt zum Träumen ein.

Neben Stein gilt Holz als ein beliebtes Baumaterial auf der Insel. Legendär sind kunstvoll geschnitzte Türen, die Rückschlüsse auf die Bewohner geben. Wenn auch viele Hausbesitzer die Fassaden bröckeln lassen und im Kampf mit dem Monsunklima das Streichen aufgeben, so pflegen sie doch ihre Eingänge, ölen die Türhölzer und polieren die Messingverzierungen. Denn die Türen gelten als Symbol für den Wohlstand des Besitzers, da will niemand einen schlechten Eindruck hinterlassen. 560 geschnitzte Türen sind in der Altstadt erfasst. Die älteste aus solidem Teakholz stammt sogar noch aus dem 17. Jahrhundert. Fasziniert von der Vielfalt der Motive und dem Detailreichtum der Schnitzarbeiten filme ich eine Tür nach der anderen. Solche mit Rosetten, andere mit Blumenranken, geometrischen Formen in allen Farbschattierungen, riesige Schlösser, Knaufe, Türklopfer. Danach macht mir heftiges Bauchweh zu Schaffen, denn das schwere Matoke, der Brei aus Kochbananen, den wir zum Mittagessen verspeist haben, war vermutlich mit ranzigem Fett zubereitet. Zwei starke Tässchen rabenschwarzer »Gahwa« mit Ingwer helfen beim Verdauen, dann kann es weiter gehen.

Herr Mene, einer der örtlichen Schreinermeister, lässt uns in seine Werkstatt blicken, in der er Türen restauriert und neue anfertigt. Über Arbeitsmangel kann er sich nicht beklagen. Die Nachfrage nach schönen Portalen im alten Stil sei enorm, und nach wie vor gelte auf Sansibar: Je größer und reich verzierter die Tür, umso einflussreicher der Hausbesitzer. Früher hätten die Bauherrn sogar zuerst die Tür bestellt und danach erst das Haus gebaut, erzählt er uns. Die meisten Motive für die Verzierungen seien uralte Symbole. Holzschnitzereien in Form einer Dattelpalme sollen ein Zeichen für Gesundheit und Reichtum sein, eine geschnitzte Kette sicheren Schutz für die Bewohner bieten. War der Eigentümer beruflich mit der Seefahrt verbunden, dann ließ er sich Fischmotive schnitzen oder gar eine hölzerne Dhou. So habe man oft schon von außen sehen können, welchen Geschäften der Hausbesitzer nachgeht, sagt Herr Mene und setzt seine laute Säge wieder in Gang, damit die Bestellung fertig wird.

Im Westen von Stone Town, im Stadtteil Mkunazini, filmen wir den alten Sklavenmarkt, den Mr. Ali »unsere Schande« nennt. Dass Elfenbein- und Sklavenhandel die Insel reich machten, darüber spricht man nicht mehr so gerne. Statuen in Ketten sollen heute daran erinnern, dass hier allein im 19. Jahrhundert eine Million Menschen verkauft wurden. Vielleicht waren es auch mehr, genaue Zahlen kennt man nicht. Die Insel Sansibar war die Handelsdrehscheibe. Von hier aus verschiffte man die Sklaven auf französische Zuckerplantagen im indischen Ozean oder in die Karibik. Viele mussten auch auf den Gewürzinseln bleiben, landeten in den Nelken- und Zuckerplantagen auf Sansibar oder Pemba. Deren Nachfahren erkennt man noch heute an der dunkleren Haut, und die meisten arbeiten sogar noch in den gleichen Plantagen wie ihre Vorväter, sind schlecht bezahlt und ohne Aufstiegschancen.

Gefährdete Stone Town: Nach Jahrzehnten des Verfalls und trotz großer wirtschaftlicher Schwierigkeiten kämpft Sansibar um sein kulturelles Erbe. Ein Wunder, dass sie überhaupt noch steht, denn nicht immer galt die Altstadt als schützenswert. Nach der Revolution von 1964 hatten im sozialistischen Tansania andere Dinge Vorrang. Weder Regierung noch Stadtverwaltung kümmerten sich um die Erhaltung der Stone

Town, galt sie doch als der Stadtteil der früheren Eliten und als Symbol einer verhassten reaktionären Gesellschaft. Wohlhabende Araber und Inder wurden damals enteignet und vertrieben. Das Geld der Regierung floss in den Bau von Massenwohnungen für Arbeiter in der angrenzenden Neustadt Ng'ambo. Mit Unterstützung der DDR wurden die »Michenzani Flats« errichtet. Trostlose Wohnblöcke aus Beton-Fertigteilen, die schon seit langem Löcher in den Fenstern haben und Schimmelpilz in den Zimmern.

Leicht hätte auch Stone Town einem Modernisierungswahn zum Opfer fallen können, und im Nachhinein wirkt es visionär, dass Ende der siebziger Jahre die ersten historische Monumente der Altstadt unter Denkmalschutz gestellt wurden, darunter die von Sultan Barghash errichteten Hamamni-Bäder. Nachdenkliche Menschen gründeten 1985 die erste Institution, die sich für den Erhalt der Altstadt stark machte, die »Stone Town Conservation and Development Authority«. Drei Jahre später wurde Stone Town insgesamt unter Schutz gestellt.

Experten hofften damals auf eine denkmalpflegerisch verantwortungsvolle Erneuerung. Aber die schönen politischen Ziele der achtziger Jahre, »behutsame Stadterneuerung« oder »sozialverträglicher Wandel«, wurden in Stone Town lange vernachlässigt. Es fehlte weniger an gutem Willen als an Geld. Andererseits wurden ohne Rücksicht neue Gebäude errichtet, die massiv dem historischen Charakter von Stone Town widersprachen und noch heute wie Fremdkörper in der alten Stadtsubstanz wirken. Erst 1992 widmete sich eine internationale Konferenz aus Historikern, Planern und Denkmalschützern dem Thema, wie man die Altstadt erhalten und revitalisieren könnte. Während die Experten noch diskutierten, wurde der Aga Khan Trust for Culture konkreter. Er ließ eine Studie erstellen. In ihr sollten auf einem Grundrissplan sämtliche 1713 Bauwerke erfasst werden, die dem historischen Bestand angehörten. Wissenschaftler klopften an die Türen der Sansibari, untersuchten die Besitzverhältnisse, die Größe aller Haushalte, die Wohnverhältnisse, ihre Nutzungsart und ihre Verkehrsanbindung. Die ersten Restaurierungsarbeiten des Aga Khan Trusts begannen im Jahr 2000, kurz bevor Stone Town zum schützenswerten Unesco-Kulturerbe ernannt wurde.

Sansibar wandelt sich nun zum wiederholten Mal: die Gewürzinsel wird zur Urlaubsinsel. Im Bewusstsein, dass die meisten Touristen nach dem Charme alter Gemäuer suchen, investiert Sansibar wie kaum ein anderes Land Afrikas in den Wiederaufbau der historischen Substanz der Altstadt. Auch manche ehemalige Landlords sind aus den arabischen Exilländern zurückgekehrt und halten Stone Town mit viel Kapital am Leben. Alte Omani-Häuser werden edel restauriert und zu Hotels umfunktioniert. Jetzt haben sie einladende Dachterrassen mit Meerblick, moskitosichere Himmelbetten, die zum Träumen verführen, stilvolle Schränke aus Tropenholzmöbeln und sogar steinerne Badewannen. Wer danach sucht, findet auch europäische Gastronomie und internationalen Luxusstandard. Es gibt einen Flughafen, ein internationales Filmfestival und einen Musikwettbewerb. Die 2003 gegründete »Association of Tourism Investors« hat mehr als 50 Millionen US-Dollar in die Renovierung von Gebäuden und die Ausbildung von Personal investiert. Man wünscht sich zahlreiche Touristen auf der Trauminsel. Der Gefahr der Verdrängung der Bevölkerung aus ihren angestammten Wohnvierteln, wie sie zwangsläufig jeder Vorstoß von Touristen mitsamt der dazu gehörigen Infrastruktur mit sich bringt, wird man sich erst langsam bewusst. Ob die Stadt auf Dauer noch genügend Platz bietet für die Einwohner, ist fraglich. Ungewiss bleibt auch, ob diese sich in Zukunft das Leben in Stone Town leisten können, das täglich teurer wird.

Am nächsten Tag gehen alle Männer unseres Teams auf die Dhau von Kapitän Fumo zum Filmen. Wollen mit dem Segelschiff dem Wind nachreisen. Ich darf nicht mit. Frauen sind an Bord nicht erwünscht, es wäre auch zu gefährlich, meint der Kapitän. Ich möchte bei meiner Rückreise zu gerne die Düfte und Geräusche dieser Stadt in einen Karton packen und jedes Mal, wenn im deutschen Winter die Sehnsucht kommt, aufmachen, einmal tief einatmen und den Klängen des Indischen Ozeans lauschen.

Die Filme dieses Buches

Durch das Tor zum gelben Drachen

Auftragsproduktion Feature-Filmstudio Heidelberg, Batis, Linke, Werry GbR für BMZ, CITS China und deutsch-chinesische Freundschaftsgesellschaft, 16mm, 1987

Autoren Manfred Linke und Elke Werry, Kamera PC Neumann, Ton Joseph Batis, Schnitt Manfred Linke

Mission Nordkorea – Unser Mann in Pjöngjang

Geo-Reportage 360 Grad, Produktion Along Mekong Heidelberg Girrbach, Lambert, Linke, Werry GbR in Zusammenarbeit mit WDR, NDR, Medienkontor, 2002

Autor Bernd Girrbach, Kamera Elke Werry, Schnitt Mathews Anthony

Unterm roten Stern – Alltag in Nordkorea

Produktion Along Mekong Heidelberg Girrbach, Lambert, Linke, Werry GbR in Zusammenarbeit mit WDR und NDR, 2005

Autor Bernd Girrbach, Kamera Elke Werry, Schnitt Mathews Anthony

Kampfbereit bis in alle Ewigkeit – Koguryo Gräber

Auftragsproduktion Along Mekong Heidelberg Girrbach, Lambert, Linke, Werry GbR für »Schätze der Welt – Erbe der Menschheit«, SWR, 3-Sat, Telepool, 35mm, 2005

Autor Elke Werry, Kamera Donald Saischowa, Ton und Schnitt Manfred Linke

Anuradhapura – Stadt des Glaubens

Auftragsproduktion Along Mekong Productions Girrbach, Lambert, Linke, Werry GbR für »Schätze der Welt – Erbe der Menschheit«, SWR, 3-Sat, Telepool, 35mm, 2010

Autor Elke Werry, Kamera Donald Saischowa, Ton Manfred Linke, Schnitt Manfred Linke

Reinhold Messner in der Mongolei bei den Tuwa-Nomaden

Produktion Along Mekong Heidelberg Girrbach, Lambert, Linke, Werry GbR in Zusammenarbeit mit SWR, 2005

Autor Elke Werry, Kamera Jörg Jeshel, Ton und Schnitt Manfred Linke

Steine, Städte, Stupas, Orchontal – Mongolei

Auftragsproduktion Along Mekong Productions Girrbach, Lambert, Linke, Werry GbR für »Schätze der Welt – Erbe der Menschheit«, SWR, 3-Sat, Telepool, 35mm, 2006

Autor Elke Werry, Kamera Donald Saischowa, Ton Stefan Eichinger, Schnitt Manfred Linke

Drei Wege nach Samarkand

Dreiteilige Fernsehserie, Produktion Along Mekong Heidelberg Girrbach, Lambert, Linke, Werry GbR in Zusammenarbeit mit BR, Arte 1999/2000

Autoren Rolf Lambert und Bernd Girrbach, Kamera Elke Werry, Ton und Schnitt Manfred Linke

Ruinenstadt an der Seidenstrasse, Turkmenistan Merw

Auftragsproduktion Along Mekong Productions Heidelberg Girrbach, Lambert, Linke, Werry GbR für »Schätze der Welt – Erbe der Menschheit«, SWR, 3-Sat, Telepool, 2006

Autor Manfred Linke, Kamera Donald Saischowa, Ton Mathews Anthony, Schnitt Manfred Linke

Rätsel der Berge – Expeditionen ins ewige Eis

Fernsehserie SWR / Schwenk Filmproduktion, 2002

Autor und Regie Liesl Clark, Gunilla Laatsch, Rolf Schlenker, Kamera Elke Werry, Ton Susanne Kraus

Accra: Wo Gold und Menschen verschifft wurden

Auftragsproduktion Along Mekong Productions Girrbach, Lambert, Linke, Werry GbR für »Schätze der Welt – Erbe der Menschheit«, SWR, 3-Sat, Telepool, 35mm, 2002

Autor Elke Werry, Kamera Donald Saischowa, Ton und Schnitt Mathews Anthony

Ashantiland: Der Chief, das Gold und der König

Auftragsproduktion Along Mekong Productions Girrbach, Lambert, Linke, Werry GbR für »Schätze der Welt – Erbe der Menschheit«, SWR, 3-Sat, Telepool, 35mm, 2002

Autor Bernd Girrbach, Kamera Donald Saischowa, Ton und Schnitt Mathews Anthony

Ohne Wasser kein Leben

Auftragsproduktion Along Mekong Productions Girrbach, Lambert, Linke, Werry GbR zur 51. Aktion von »Brot für die Welt“, Äthiopien, 2009

Autor und Kamera Elke Werry, Ton Stefan Eichinger, Schnitt Mathews Anthony

Libyen – Reise in ein unbekanntes Land

zweiteilige Fernsehreihe, Produktion Along Mekong Productions Girrbach, Lambert, Linke, Werry GbR in Zusammenarbeit mit BR, Arte, 1998

Autoren Bernd Girrbach und Rolf Lambert, Kamera Elke Werry, Ton und Schnitt Manfred Linke

Leptis Magna, römische Handelsmetropole in Afrika

Auftragsproduktion Along Mekong Productions Girrbach, Lambert, Linke, Werry GbR für »Schätze der Welt – Erbe der Menschheit«, SWR, 3-Sat, Telepool, 35mm, 1999

Autor Manfred Linke, Kamera Donald Saischowa, Schnitt Manfred Linke

Des Sultans Perle vor Ostafrika, Sansibar-Stonetown

Auftragsproduktion Along Mekong Productions Girrbach, Lambert, Linke, Werry GbR für »Schätze der Welt – Erbe der Menschheit«, SWR, 3-Sat, Telepool, 35mm, 2001

Autor Manfred Linke, Kamera Donald Saischowa, Schnitt Manfred Linke

Jeder Wind hat seine Reise

Zweiteilige Fernsehreihe, Produktion Along Mekong Productions Girrbach, Lambert, Linke, Werry GbR in Zusammenarbeit mit BR, Arte, 2002

Autoren Bernd Girrbach und Rolf Lambert, Kamera Elke Werry, Rolf Lambert, Ton und Schnitt Manfred Linke

Weitere Veröffentlichungen des Verlags

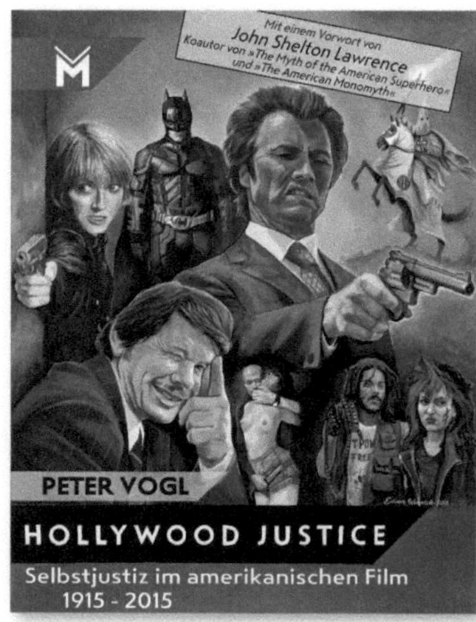

Peter Vogl:

Hollywood Justice

Selbstjustiz im amerikanischen Film

1915 - 2015

217 Seiten, zahlreiche Abbildungen.
E-Book: 14,99 Euro, Print: 18,90 Euro.

Ein Jahrhundert Selbstjustiz im amerikansichen Film: Von BIRTH OF A NATION bis CARTEL LAND nehmen Vigilanten das Recht in die eigene Hand. *Hollywood Justice* ist die weltweit erste Veröffentlichung, die alle wichtigen (und einige weniger wichtige) Vertreter dieses besonderen Genres vereint. Das Buch ist Nachschlagewerk, historischer Überblick und Analyse in einem – eine Enzyklopädie filmischen Faustrechts.

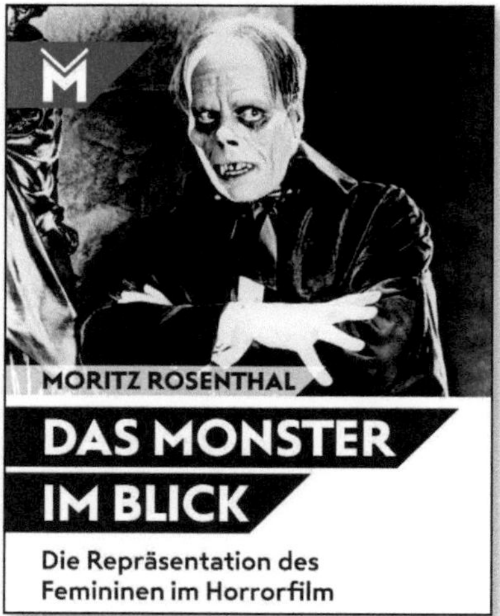

Moritz Rosenthal:

Das Monster im Blick

Die Repräsentation des Femininen im Horrorfilm

96 Seiten, zahlreiche Abbildungen.
E-Book: 9,99 Euro, Print: 12,90 Euro.

Wie wird das Weibliche im Horrorfilm präsentiert? Eine Einführung ins Horrorgenre wie auch in Gendertheorien von Laura Mulvey, Linda Williams, Carol J. Clover, Julia Kristeva und Barbara Creed – anhand von Peter Jacksons BRAINDEAD.

Weitere Informationen unter
www.muehlbeyer-verlag.de